课程思政浸润教材

“互联网+”融媒体教材

U0837703

新时代高职信息化体育与健康

（微课版）

《新时代高职信息化体育与健康》编委会　编

北京体育大学出版社

策划编辑：高　飞
责任编辑：杨　洋
责任校对：李云虎
版式设计：高荣华

图书在版编目（CIP）数据

新时代高职信息化体育与健康 /《新时代高职信息化体育与健康》编委会编 . -- 北京：北京体育大学出版社，2021.4（2022.8 重印）
ISBN 978-7-5644-3333-8

Ⅰ . ①新… Ⅱ . ①新… Ⅲ . ①体育－高等职业教育－教材②健康教育－高等职业教育－教材 Ⅳ . ① G807.4 ② G717.9

中国版本图书馆 CIP 数据核字 (2020) 第 006969 号

新时代高职信息化体育与健康
XINSHIDAI GAOZHI XINXIHUA TIYU YU JIANKANG　　《新时代高职信息化体育与健康》编委会　编

出版发行：北京体育大学出版社
地　　址：北京市海淀区农大南路 1 号院 2 号楼 2 层办公 B-212
邮　　编：100084
网　　址：http://cbs.bsu.edu.cn
发 行 部：010-62989320
邮 购 部：北京体育大学出版社读者服务部 010-62989432
印　　刷：艺堂印刷（天津）有限公司
开　　本：787mm × 1092mm　1/16
成品尺寸：185mm × 260mm
印　　张：20.5
字　　数：486 千字
版　　次：2021 年 4 月第 1 版
印　　次：2022 年 8 月第 2 次印刷
定　　价：45.00 元

《新时代高职信息化体育与健康》
编委会

主　编　杜少辉

副主编　邓万先　陈绿波　林　鹏　梁小莉　梁松尚

编　委（按姓氏笔画排序）

马辉利　王　男　王晓宇　元向耿　云　峰
邓良志　卢炳坤　叶　柳　丘展浩　朱利兰
朱晋源　刘　宁　刘　俊　李冠贤　吴瑶珍
张红雷　张沛锋　陈　俊　陈义聪　陈丽霞
陈清华　陈必江　林哲莹　林　麟　易小红
罗　凯　罗建华　周新乐　赵双云　郝　卉
胡　志　柯　明　钟林冲　莫　滨　翁健荣
唐　诗　黄荣军　梁慧敏　梁伟强　蒋　维
蒋志定　程学庆　鲁杰斯　曾小玲　曾展林
谢志彪　穆海斌

前言

实施新时代人才强国战略，建设学习型社会和技能型社会，必须大力发展职业教育，培育应用型人才。体育教育和健康教育是高职院校课程体系的重要组成部分，是增强学生体质、砥砺学生品格、开发学生心智的重要手段。为了认真落实中共中央国务院《关于全面加强和改进新时代学校体育工作的意见》，进一步深入贯彻《全国普通高等学校体育课程教学指导纲要》的精神，编者针对当前我国高等职业院校体育教学的实际情况，并据高等职业院校人才的培养目标、体育教学的需要和师生对体育教材的需求，编写了这本适用于高职院校的公共体育教材。

编者在“健康第一”的指导思想下，力求使本教材体现高职体育的职业教育特色，坚持基础性、实践性、专业性和发展性的有机统一，积极吸纳职业教育前沿理念。编者希望学生在学习本教材后，得以掌握体育基础知识和基本健身技能，培育和巩固专项体育技能，展现“学会、勤练、常赛”的体育生活风貌，树立终身体育意识，并弘扬爱国主义精神和集体主义精神。另外，本教材针对新冠肺炎疫情防控常态化的现实情况，为学生提供了省时、高效的居家（在宿舍）锻炼方法。

本教材具有以下显著特色。

1. 课程思政分步浸润，立德树人

本教材以“立德树人，德技并修”为指导思想，围绕全面提高人才培养能力的核心点，将价值传播、知识传授和能力培养融于一体，确保思想政治教育全面贯穿于人才培养体系中。编者在编写本教材时，逐步实践“春风化雨”和“融会贯通”的方法论，旨在提高学生的体育文化素养及道德修养，确保教材为师生提供一个能够“真学、真懂、真会、真用”的课程思政框架；确保“铸魂育人”的教育使命落到实处。

2.“一生一案”创新教学

本教材立足培养当代技能型人才、建设技能型社会的现实需求，着眼于职业教育“一生一案”的前沿探索，注重高职学生的基础体能和职业体能教育，积极探索职业教育多元定位、多元育人的新形态；强调“一生一案”的个性化教学，确保学生掌握科学健身的方法，提高身心整体健康水平。

3.“互联网+”思维引领

为适应新时代信息化教学，本教材运用“互联网+”信息化手段，在平面教材的基础上以二维码为载体插入了大量生动的教学视频、知识百科，丰富了教学资源，扩充了教学场景，提升了学生的学习体验，使学生可以更容易和更好地掌握相关运动项目的技战术，从而更加乐学、好学、善学。

4. 紧扣“学会、勤练、常赛”教学方针

本教材遵循《全国普通高等学校体育课程教学指导纲要》对高校体育课程建设的结构性、战略性指导意见，秉持“适用、实用、够用”的原则，深入浅出地讲解基础运动技能（田径运动、游泳、形体塑身），分模块讲解十几项竞技体育（足球运动、篮球运动、羽毛球运动等）和休闲体育（定向运动），并协同体育富媒体教学资源，以达到“学会”的目标。本教材还设计了一系列与校园体育文化相适应的任务和目标，并在课程思政环节积极培养学生的拼搏精神，引导学生在“学会”的基础上做到“勤练、常赛”。

5. 弘扬民族传统体育

《关于全面加强和改进新时代学校体育工作的意见》指出，推广中华民族传统体育，是深化教学改革的关键举措。本教材将中华民族传统体育独立成篇，充分挖掘武术、五禽戏、八段锦、舞龙舞狮等民族体育元素，丰富学校体育项目，支持学校开足开齐体育课，并培养学生知行合一、刚健有为、自强不息的民族精神，为课程思政浸润提供有力抓手。

由于编者编写时间仓促加之水平有限，书中若有不妥之处，恳请广大读者批评与指正，以便编者今后对教材进行进一步的修订和完善。

目录

第一篇　立德树人的体育健康与课程思政篇

第二篇　“一生一案”的自我评价与运动处方篇

第三篇　体育技能篇

第四篇　传统体育篇

第一篇

立德树人的体育健康与课程思政篇

【本篇内容简介】

一方面，体育教育是学校教育的重要组成部分；另一方面，对学生进行德育教育，不仅是学校政治思想工作和教学工作的主要任务，还是当前社会主义精神文明建设的一项重要任务。因此，把体育教育与德育教育相结合的体育思政课是培养优秀体育人才的重要阵地，是引导学生为实现体育强国而树立远大理想的主渠道。本篇包括体育概述、体育课程与课程思政浸润、“健康第一”的指导思想、体育锻炼与健康，具体介绍了体育的起源与发展及功能、高职体育的目标与任务、体育课程思政内容的构建、全民健身的理念、常态化疫情防控背景下的学生体育锻炼、运动损伤预防与处理等内容，以帮助学生树立正确的思想意识、道德观念及对体育的认识，引导学生热爱祖国、热爱体育。

【本篇学习任务】

- 了解体育的功能。
- 了解体育思政教学内容的构建。
- 了解全民健身的概念。
- 掌握《国家学生体质健康标准（2014 年修订）》的基本内容。
- 了解体育锻炼对健康的影响。

第一章 体育概述

第一节 体育的起源与发展

一、体育的起源

在漫长的人类历史文明长河中，人与体育有着密不可分的联系。大量历史资料证明，原始体育是由生产劳动开始的，而人类的劳动又是从制造生产工具开始的。因此，生产工具的使用对人类体育活动的产生起到了重要的推动作用。原始体育形态的产生可以追溯到原始社会人类劳动的最初形式。人类的祖先在采集和狩猎活动中，已经开始创造和运用简单的石制、木制工具，并逐步具备和发展了走、跑、跳、投、攀爬等各种基本的生存技能，以谋求生存和发展，进而逐步创造了人类文明。

随着物质条件和生存条件的改善，人类的体育活动方式发生了变化：一是许多工具在功能上由适应狩猎业和原始农业的实用需求，逐渐演化为具有一定独立性的适用于原始体育活动的工具；二是出现了直接用于原始体育活动的器械。这些变化推动了原始体育的发展，并为后来原始体育形态从其他社会活动中完全分离出来演化为文明时代的体育形态创造了条件。

二、体育的发展

体育是随着社会的发展而发展的。社会的进步推动着人类需求结构的变化，体育的发展与人类社会的需求密切相连，主要表现在以下三个方面。

（1）体育的发展与人们的休闲娱乐有着密切的联系。

许多体育项目是从人们的休闲娱乐活动中发展而来的。例如，1891 年，美国马萨诸塞州的体育教师詹姆斯·奈史密斯在体育馆场地两端挂上竹篮，把学生分成两组，进行向竹篮里投球的娱乐游戏。这项游戏后来演变成了风靡世界的篮球运动。

（2）体育的发展与教育紧密相连。

在教育形成独立的体系后，体育始终是教育的重要组成部分。自奴隶社会时期出现了“学校”这种专门的教育机构之后，体育就成了学校教育的重要内容。古代中国殷商时期学宫（古代地方政府设立的学校）中的射箭，以及古希腊雅典教育体系中的“五项竞技”（短跑、跳远、掷铁饼、投标枪、摔跤）的内容就是例证。

（3）体育的发展与经济有着密切的关系。

首先，经济发展水平决定了体育发展的规模。一个时代、一个国家体育发展的水平和规模，取决于当时的经济发展水平能为体育运动提供多少人力、物力和财力的支持，也取决于社会经济条件所决定的社会成员对体育需求的程度。其次，经济发展水平制约着竞技运动水平。影响竞技运动水平的直接因素，包括体育运动的基础、运动训练的规模、运动训练的物质条件、运动训练的科学化水平等，这些因素均与国家经济发展水平和经济实力相关。再次，经济发展水平决定着体育的结构。改革开放以来，中国经济的快速发展促使人民群众的生活方式不断变化、消费观念不断更新，增加了人们对健身、体育娱乐、竞赛欣赏等活动的需求。最后，体育对经济有巨大的推动作用。体育可以提高劳动生产力和劳动者的素质。适当的体育锻炼对许多疾病有一定的预防、缓解，甚至治疗作用。无论是参加体育锻炼还是观赏竞技比赛，都可以使人得到精神上的放松和快乐，有助于人们消除疲劳，恢复和保持充沛的体力及精力。目前，体育已经成为一项新兴的产业，可以带动相关产业的发展。例如，举办一次奥运会或足球世界杯等大型体育赛事，可完善举办城市的基础设施建设。另外，大型体育赛事对举办地旅游产业的拉动作用是非常直接的，同时，旅游业的发展又极大地推动了餐饮业、住宿业的发展，在为举办地带来可观的经济效益的同时也提供了更多的就业机会。

2014 年 10 月，国务院印发了《关于加快发展体育产业促进体育消费的若干意见》，部署积极扩大体育产品和服务供给，推动体育产业成为经济转型升级的重要力量。要毫不动摇地把体育产业作为绿色产业、朝阳产业进行扶植，力争到 2025 年，体育产业总规模超过 5 万亿元，使体育产业成为推动经济社会持续发展的主要力量。

第二节 体育的功能

体育的功能是指体育对人类自身和人类社会发展的作用及影响。了解体育的功能，人们才能有目的、有意识、积极主动地发挥其作用，使体育更好地为人类自身和人类社会发展服务。体育具有多功能性、多目标性、多层次性等特征。体育的功能取决于体育的自身特点和社会需求。随着人类社会的发展、实践活动的丰富和科研水平的提高，人们不仅认识到体育在增强人的体质方面所具有的医学、生物学作用，还逐步认识到体育对人的精神、教育、文化等方面亦具有特殊的价值和功能。

一、体育的健身功能

科学实验和实践证明，体育锻炼是增进健康、增强体质最积极有效的方法。体育的健身功能是医学和生物学效应的体现，即合理、科学地参加体育运动，可改善人体新陈代谢水平、提高体内营养物质的分解和合成能力，增进健康和增强体质，使人体自身得到有效发展。体育运动促进人体自身的有效发展表现：体育运动可改善和提高人体神经系统功能，尤其是中枢神经系统的机能；体育运动可促进人体的生长、发育，提高人体心血管系统和呼吸系统的机能；体育运动能改善和提高人体消化系统的机能；体育运动可提高人体对外界环境的适应能力；体育运动可增强身体素质。

二、体育的教育功能

体育的教育功能是体育最基本的功能。就体育的教育功能所起作用的广泛性而言，它对人类社会的影响是体育的其他功能所无法比拟的。虽然世界各国的社会制度、政治观念、意识形态不尽相同，但各国都很重视体育在教育中的独特作用。体育的教育功能主要表现在两个方面：一是体育在社会中的教育作用；二是体育在学校中的教育作用。

（一）体育在社会中的教育作用

体育具有竞争性、技艺性、群聚性、国际性、礼仪性等特点，这使得体育在振奋民族精神、激发爱国热情、培养社会公德等方面具有特殊的社会教育意义。当人们置身于竞赛体育场中，庄严的赛前仪式、紧张激烈的竞赛氛围、运动员令人叫绝的精湛技艺、竞赛结果的不确定性等，都能够自然地激发起人们的荣誉感、集体主义观念、进取精神等。这种由体育竞赛所激发出的社会情感因素及其所产生的社会影响和社会教育作用是难以估量的。例如，中国女排在奥运会、世界排球锦标赛、世界杯排球赛等国际大赛中的出色表现，使全国人民为之欢呼，激发了人们强烈的爱国主义热情。

（二）体育在学校中的教育作用

自体育出现以来，人们就意识到体育能够起到强身健体的作用，并将体育作为学校教育的重要内容之一，为培养全面发展的人才服务。西周官学倡导学习“六艺”，即“礼、乐、射、御、书、数”。其中，“射、御”就与体育技能有关。古希腊哲学家亚里士多德认为，体育、德育、智育是相互联系的整体。毛泽东同志曾提出“德智皆寄于体”的名言。

实践证明，体育在学校教育中的多功能性是其他学科所不具备的，其在学校教育中占有不可替代的地位。培养和教育学生，使其满足未来社会工作和生活的需要，并具备在未来担任的社会角色所应具备的体育素养，是体育在学校发挥教育作用的主要目的。学校体育采用体育教学、课外体育活动、课余运动训练等组织形式，使学生获得科学锻炼的体育理论知识，掌握一些常见的、必要的运动技能，学会科学锻炼身体的方法，提高运动实践的能力，养成系统进行体育锻炼的习惯，树立终身体育理念。

三、体育的娱乐功能

体育的娱乐功能较早被人类认识和利用。愉悦身心正是体育娱乐功能的反映。

在原始社会，体育初具雏形时，人们即在闲暇之时进行游戏和嬉戏活动。《帝王世纪》曾载“击壤而歌”，记录了古人在休闲时的一种游戏活动；《太平清话》则记载了始于黄帝时期用于调节士兵生活的蹴鞠游戏。在体育形成的早期，即古代开展民间体育阶段，一些娱乐消遣的身体活动和游戏经常在节日庆典、仪式和技艺表演中出现，对丰富人们的生活起到了重要作用。欧洲文艺复兴时期，新兴资产阶级和人文主义者为了改善和提高生活质量，曾大力提倡开展娱乐活动，且利用多种体育娱乐方式广泛开展社交活动。在以竞技体育为主的奥林匹克运动中，人们侧重的也正是体育愉悦身心的娱乐功能。

我国自改革开放以来，人民的物质生活水平日益提高，精神生活也开始受到重视，人们的业余体育活动和文化生活日渐丰富。进行游泳、登山、越野等运动不仅可使人们在紧张的生活节奏中调节自己的心情，还可使人们在大自然中陶冶情操。此外，参加一些极限体育项目，如攀岩、蹦极、汽车越野等，不仅可以挑战人体自身极限，还可以使人们从中体验人生的价值和乐趣。现今，《全民健身计划（2021—2025 年）》正在实施，人们都在积极寻找适合自己的最佳体育娱乐方式，以期消除学习和工作中的疲劳，把心态、情绪调整到最佳状态，享受生活，保持和增进健康，延长寿命。

另外，欣赏高水平体育比赛已经成为人们日常娱乐消遣的重要组成部分。经常欣赏体育比赛和表演（如体操、艺术体操、跳水、花样游泳等充满运动美感的项目）可以使人从中体会到体育的艺术美感，受到美学教育。

四、体育的经济功能

体育的经济功能是近几十年才被认识和开发的社会功能，是由体育与经济的相互促进作用决定的。经济学家认为，劳动生产力的提高是社会经济发展的重要标志，在对生产力的价值进行评估时，人的素质又是最主要的衡量标准。在人的诸多素质中，身体素质显得至关重要。世界各国都格外重视体育对发展劳动生产力的作用。

在高速发展的市场经济社会中，国民经济伴随着体育社会化、娱乐化和终身化程度的提高而不断发展。为满足体育锻炼人群的不断扩大的需要，各种运动器材、体育场馆设施、体育用品的生产和供应，乃至体育健身、体育娱乐和体育旅游业都在迅速发展，增强了体育产业在国民经济中的作用，也提高了其在国民经济中的地位。

第三节 高职体育的目标与任务

高等职业教育以服务为宗旨，以就业为导向，工学结合，突出对学生实践能力的培养，具有职业性、技术性、地方性、行业性、灵活性等特点。因此，与普通高校相比，高职院校的教学目标、教学内容及教学方法都会有很大的变化，加之现代社会对人才的要求不断提高，使得高等职业教育面临着巨大的压力和挑战。

高职院校的体育教育是素质教育的重要内容，结合高等职业教育的特点，高职院校的体育在课程性质、课程结构、教学目标、教学内容和教学形式上也要作出相应的调整，以更好地促进职业教育的发展。高职体育在增进学生健康、增强学生体质和培养学生体育素养的同时，还应针对高职院校以培养职业型、应用型人才和以就业为导向的目标进行定位，积极开展职业实用型体育课程的设置和建设工作。根据学生所学专业及其未来所要从事职业的特点和需要，选择对学生身体影响全面、实践性强、趣味性强的教学内容，以培养职业人才所需要的实用体育知识和体育技能。

一、高职体育的目标

（一）普通高校体育的基本目标

1. 运动参与领域目标

积极参与各种体育活动并基本形成自觉锻炼的习惯，基本形成终身体育意识，能够制订可行的个人锻炼计划，并具有一定的体育活动及文化欣赏能力。

2. 运动技能领域目标

熟练掌握两项以上健身运动的基本方法和技能；能科学地进行体育锻炼，提高自己的运动能力；掌握常见运动损伤的预防及处理方法。

3. 身体健康领域目标

能够测试和评价体质健康状况，掌握有效提高身体素质、全面发展体能的知识和方法；能合理选择人体所需要的健康营养食品；养成良好的行为习惯，形成健康的生活方式；具有健康的体魄。

4. 心理健康领域目标

根据自身能力设置体育学习目标；自觉运用体育活动改善心理状态、克服各种心理障碍，培养积极乐观的生活态度；运用适宜的方法调节自己的情绪；在运动中体验运动的乐趣和成功的感觉。

5. 社会适应领域目标

能够表现出良好的体育道德和合作精神；正确处理竞争与合作的关系。

（二）高职体育的特殊目标

1. 提高学生的劳动就业能力

高职院校的教学专业性很强，各专业特点迥异，类别很多。高职院校的学生今后将从事与自己专业相关的职业，每种职业各自拥有不同的劳动特点，其对从业人员的体能也就有特定的要求。因此，在高职院校的体育教学中，应紧扣各专业的特点，分析其所对应的职业的要求，并发展学生今后从事该职业所需要的身体活动能力和适应能力。例如，对于从事计算机、通信、电子工程类专业的学生，今后要从事与此相关的职业，要有很好的手指协调性、动作准确性、触觉敏感性、专注力、反应速度等，那么，在体育教学中，教师就应侧重培养学生这方面的能力，并对其进行专门的功能性或辅助性训练。

2. 培养学生的个性化和多元化能力

体育作为教育的重要组成部分，对学生的个性和意志品质的培养具有特殊的作用。体育教育和教学活动内容丰富、形式多样，有着深刻的寓意和趣味性，且富有挑战性，能够满足大学生的兴趣。体育的这些特性对塑造学生的人格具有一定的影响，并能缓解学生来自学业、就业等方面的压力。根据职业素质的需要，很多职位都需要在职者具备较强的运动能力，特殊行业甚至对从业人员的运动能力有特殊的要求。另外，很多职业技能既是职业的需要，也是运动项目。例如，航海类专业的学生须掌握跳水

（直体脚先下水）、操艇等急救（求生）技术，以及相关的游泳、潜泳、爬绳（杆）、攀登（云梯）等技能。体育课程教学可以配合专业教学的需要，集健身、健体、实用等多种功能于一体，使学生掌握应具备的职业技能。高素质的人才不但要有高超的职业技能，而且必须具备良好的心理素质和顽强的意志品质。结合职业特点的体育教育能收获更好的教学效果。

3. 培养学生的综合素质

体育除了具有竞争性、娱乐性以外，还具有教育性、实践性、文化性、社会性等特性，这些特性有助于培养学生的综合素质。由于现代体育具有开放性，可充分展现学生的个性和挖掘学生的潜力，为当代学生各方面能力的培养提供了多种途径。与其他学科教育相比，体育教育的形式具有灵活性、多样性等特点，极大地提高了学生参与体育活动的兴趣。学生可通过参与或组织各种竞赛活动锻炼自己的能力（如编排比赛规程、担任裁判、做宣传工作、统计成绩等的能力）；也可在竞技项目中展示自己的运动能力；还可以走出校门与其他院校进行各项活动的交流，不断提高自身的人际交往能力，为今后走向社会打下扎实的基础。由此看出，通过体育课提高学生的综合素质是一条很重要的途径，能为学生的顺利就业打下基础。

4. 培养学生终身体育的意识

随着学校体育课程教学改革的不断深入和终身体育思想的逐步普及，学生在重视追求学校体育课程健身效益的同时，也开始注重追求学校体育课程的长远效益，即注意提高自己的体育文化素养水平，学习并有效掌握体育健身、体育健美和体育娱乐的知识与方法，以适应将来就业的需要，为终身体育奠定基础。

二、高职体育的任务

高等职业教育具有高等教育和职业教育的双重属性。高职体育是高等职业教育的一部分，是培养全面发展的人才的一个重要手段。现代科学研究表明，体育运动与人的智力活动能够相互调节，促进体力的提升和智力的发展。同时，体育运动也是个体智力发展的重要途径。体育运动能改善和提高人体中枢神经系统的工作能力，使人头脑清醒、思维敏捷。

（一）促进身心发展，增强体质健康

锻炼学生的身体，增强学生的体质，是高职体育的首要任务。这项任务也是由体育的特殊教育作用决定的，是高职教育其他方面所不能替代的。虽然体质的强壮具有遗传性，但在后天的环境及特定的条件下，体质是可以改变的，如有计划地改变生活习惯、加强体育锻炼等，都可以增强体质。大学生处于人体生长发育的“第二生长高峰期”，可塑性极大，因此，科学、合理地安排体育锻炼十分重要。

（二）增长知识，掌握终身受益的锻炼身体的方法

随着社会的发展，体育将更加广泛且深入地融入每个人的生活，并将成为提高和衡量人们未来生活质量的方式之一。高职体育的任务就是让学生掌握锻炼身体的方法。

（三）开展竞技项目，提高竞技运动水平

在高职院校开展竞技项目，培养高水平的优秀体育人才，是当今体育教育发展的必然趋向。当前，世界各国都把发展学校体育作为教育内容的重点之一。小学是基础阶段，中学是关键阶段，大学是出人才阶段，这是一些体育发达国家的共同经验。

（四）促进理想和职业道德教育

对学生进行理想和职业道德教育是高职体育教育的重要内容之一。体育有利于培养学生的组织性、纪律性、集体主义、竞争意识等，同时，体育教师针对学生的种种表现，及时对他们进行理想和职业道德教育，可达到事半功倍的效果。

（五）提升综合职业素质

学生不仅应具备专业的知识、能力和技能，还应具备良好的身体素质。无论是哪一种职业，都对从业人员的身体素质有一定的要求，甚至不少职业对此方面的要求较高。因此，学生应该养成良好的生活习惯，积极参加体育锻炼，自觉遵守作息时间，提高身体素质，以迎接社会的检验及来自职业的挑战。

总而言之，高职体育的任务是以“健康第一”为指导思想，在体育课程教学中，传授体育的健康知识、运动技能和健身方法，增进学生的健康、增强其体质、发展其素质、提升其综合职业能力，使学生形成终身体育的意识、能力和习惯，从而为完善学生人格、提升其应职应岗能力和提高其今后的生活质量打下坚实的基础。

思考题

1. 简述体育的起源及发展。
2. 体育的功能有哪些？
3. 高职体育的目标和任务是什么？

第二章 体育课程与课程思政浸润

第一节 体育课程思政之深刻内涵

一、体育与爱国主义和团队精神

（一）体育与爱国主义

1. 体育为中华民族优秀传统文化教育提供了土壤

中华民族优秀传统文化是文明发展沉淀下来的精神财富，是经历了数千年发展的历史文化的瑰宝，也是爱国主义内涵的一个重要方面。因此，在对大学生进行爱国主义教育的过程中，不能忽视对大学生了解和传承优秀传统文化的教育和倡导。

武术是中华民族优秀传统文化的代表之一，武术运动源远流长、博大精深。例如，太极拳的拳理就是以中国传统文化为理论基础的，“虚实转换”“以柔克刚”等技艺精髓建立在中国古代哲学观的基础之上。这些传统体育运动传承到今天，展现了民族文化的发展活力，并且有力地弘扬了自强不息、不卑不亢、顽强拼搏的民族精神。充分利用体育活动传承体育精神，让大学生对中华民族优秀传统文化有更深的认识是必要的，也是可行的。

2. 体育为大学生的家国情怀提供了情感寄托

大学生在观看体育比赛时总是不由自主地将自己与国家联系起来。当代表自己国家的运动员获胜时，大学生强烈的民族自豪感会油然而生，对祖国繁荣富强的信心倍增，这无疑是爱国主义教育最为生动的一课。因此，大学生参加或观看体育活动是表达爱国主义情感、寄托民族情怀的重要途径和方式，是培育和加强爱国主义精神不容忽视的手段之一。

（二）体育与团队精神

现代体育运动基本是以团队的形式进行竞赛的，如国家队、省队或区队、市队、校队、院系代表队、班队等。团队中的成员分工虽各不相同，但目标一致。体育能有效地提升团队的凝聚力。

体育教育是一项特殊的教育，在其绝大多数的教学内容和教学方式当中，培养和强化团队意识是极为重要的一部分。体育团队讲求配合意识和团队精神。在足球、篮球、排球、接力跑等体育运动中，团队意识是决定一支队伍生命力的重要因素之一。体育教育应从以下方面培养团队精神。

1. 在集体活动中培养大学生的团队精神

体育活动有着严格的组织形式和活动规则，它要求参加者自觉遵守组织规则。对于集体活动，每位参加者都是整体中不可缺少的一部分。参加者要认识到自己的特点、长处，了解集体的部署，随时观察、注意环境的变化，并清楚地了解同伴的状态和战术设计。参加者通过与团队成员的沟通、合作，围绕共同的目标，最大程度地发挥个人水平，使团队取得理想的成绩。体育教育正是通过此种方式来培养大学生的责任感、使命感、组织纪律性，以及团结互助、热爱集体的意识的。

2. 在体育游戏中培养大学生的团队精神

教师在体育课堂中运用体育游戏教学法，对培养大学生的合作意识有良好的作用。大学生参加体育游戏，要有合作练习的意识；进行游戏对抗时，大学生之间需要相互交流、相互合作，这样才能达到共同提高、取胜的目的。因此，体育游戏教学法对培养大学生的团队精神具有独特的作用。

3. 在体育竞赛中培养大学生的团队精神

在体育教学中开展体育竞赛活动是培养大学生团队精神的良好方式。在紧张激烈的体育竞赛中，个人技术虽然重要，但战术配合是不可或缺的，而战术配合的实质就是团队协作。在体育竞赛中，大学生个人必须融入集体才能感受到团队合作的重要性，才能理解团队的成败与个人的关系，才能领略团队竞争和拼搏的艰辛。

二、体育与公平竞争

（一）培养大学生公平竞争意识的意义

从个人方面看，竞争在当代社会中无处不在。一个人一生要面临许多竞争，如升学、就业等，缺乏竞争精神和竞争能力就难以立足于社会。

从教育方面看，培养大学生的竞争精神和竞争能力是提高教育效率的手段，具有重要的教育意义。第一，竞争可以激发大学生的原始动机和内驱力，推动大学生积极思考，勤奋学习，努力实践，探索创造；第二，竞争可以为大学生提供展示其特长、个性、潜能、价值的机会或平台；第三，竞争可以为大学生提供模拟的社会竞争环境，为其搭建从大学内部竞争到社会外部竞争的桥梁，有助于其进行心理状态过渡。

具备竞争精神和竞争能力是社会发展对现代人提出的基本要求。社会的发展促使竞争精神成为大学生必备的基本素质。竞争有助于个人潜能的发挥和自身价值的实现；竞争有助于个人适应社会发展，从而成就事业；竞争有助于强化全民族的竞争精神，推动社会进步。

（二）体育课程是培养大学生公平竞争精神的途径

体育课程是培养大学生公平竞争精神的良好途径。没有竞争就没有超越，也就没有创新和发展。体育竞争激励着人们利用体能、勇气、技术、智慧去奋勇拼搏、积极进取、大胆创新，为集体争取荣誉。在体育教学中，教师要利用体育自身所特有的竞争性，培养大学生的竞争精神，发挥其他教学手段不可替代的重要作用。体育教学中的竞争无处不在，其形式多种多样：可利用比赛形成竞争；可变化形式突出竞争；可抓住差异引起竞争；也可布置作业延续竞争。另外，教师还可在体育课程的考核和达标测试中，建立不同层次的竞争机制，使大学生有较为明确的奋斗目标，从而努力锻炼，缩小与他人的差距。

三、体育在健全大学生人格方面的作用

（一）体育对健全大学生人格的促进作用

因个体存在差异，健全人格的表现要素也各不相同。健全人格是一个复杂的、多层次的结构。个体通过满足社会的需求和自身的努力，激发内在潜能，促使自己不断完善，适应社会发展。体育作为人类活动实践的精神产物，对个体健康人格的塑造有着独特的作用。体育锻炼不仅能促进个体身体机能的发展，满足个体精神层面的需求，还能促进个体“心理人格”的平衡、协调，“法律人格”的平等、公正，以及“道德人格”的友爱、高尚，从而实现个体全面发展、全面健康的最终目标。

（二）学校体育对塑造大学生健全人格的作用

体育教育作为学校教育的重要组成部分，承担着培养优秀社会人才的积极作用。大学生正确的人生观、价值观一直是人们所关心和关注的。越来越多的事实表明，大学阶段的人格教育对一个人今后在社会的发展起重要作用。

1. 促进道德规范的形成，增强法规意识

大学生通过参与各项体育运动，接触并了解体育比赛的规则和程序，在体育运动过程中逐渐接受和认同行为准则，并且在日常的学习和生活中约束自己，形成自我固有的道德规范，增强法规意识，进而养成遵守社会规范的行为习惯。

2. 促进智力发展

大学生经常参加体育锻炼可以提高身体机能，使长时间工作的大脑得到休息和放松，提升脑力工作效率。当大脑疲乏劳累时，身体适当进行活动，可使过于紧张兴奋的脑细胞得到放松，从而调动另一部分皮质细胞处于适当的兴奋状态。此时想象力、创作力、灵感会得到激发，智力也能提升到一个新的高度。

体育运动还可以增强大脑神经系统的稳定性，提高应变能力和灵活性。可以说，没有一项体育运动不需要智力，而智力发展也离不开体育运动。因此，脑力劳动与体力劳动相互结合、劳逸结合才符合机体活动的规律。

3. 培养个性美、心灵美和审美能力

经常参加体育锻炼，可使男性体格健壮、女性体态优美，有利于他们展现青春活

力。体育教育可以教会大学生如何欣赏美，陶冶他们的情操。大学生可通过体育运动展示良好的精神风貌，塑造完美形象，可以充分享受自然风光，欣赏自然之美。户外体育运动的气氛活跃愉快，能激发大学生的兴趣爱好，发挥大学生独特的潜能优势，将大学生的内在美展现出来。

4. 形成正确的世界观、价值观

引导大学生形成健康向上、科学发展的社会主义核心价值观是培养大学生健全人格的必备条件。体育运动所特有的实践性、直观性、竞技性和参与性都为个体形成正确的世界观、价值观提供了适宜的环境。

四、体育锤炼学生的意志品质

意志品质是人自觉地确定目的，并根据目的调节和支配自身的行动，克服困难，实现预定目标的心理过程，它是人的意识对一定客体的一种能动关系的反映。在中华民族优秀的传统文化中，坚毅、坚强、恒心就是意志力的代名词。意志品质是指一个人在实践中所形成的比较稳定的意志特质，是衡量人的意志是否坚强的标准。体育比赛不仅是向对手的挑战，还是对自己的磨砺，特别是对于高水平体育比赛或参加者实力接近的体育比赛，最终起决定作用的往往是个人的意志品质。体育课程在培养大学生的意志品质方面具有其他课程不可比拟的优势。体育教学具有较强的竞争性、规范性、实践性、集体性、普及性等特点，在体育教学中充分利用体育教学中的困难因素是培养大学生意志品质的良好时机。

第二节　体育课程思政之春风化雨

2020 年 5 月 28 日，教育部印发《高等学校课程思政建设指导纲要》(以下简称《纲要》)。《纲要》旨在深入贯彻落实习近平总书记关于教育的重要论述和全国教育大会精神，贯彻落实中共中央办公厅、国务院办公厅《关于深化新时代学校思想政治理论课改革创新的若干意见》，把思想政治教育贯穿人才培养体系，全面推进高校课程思政建设，发挥好每门课程的育人作用，提高高校人才培养质量。

《纲要》指出："落实立德树人根本任务，必须将价值塑造、知识传授和能力培养三者融为一体、不可割裂。全面推进课程思政建设，就是要寓价值观引导于知识传授和能力培养之中，帮助学生塑造正确的世界观、人生观、价值观，这是人才培养的应有之义，更是必备内容。"这一表述，非常准确地说明了高等学校育人工作中价值、知识、能力这三个基本要素之间的关系，深入地阐述了"课程思政"最为本质的内涵，让人们更加清晰地认识到在立德树人工作中，价值塑造比知识传授和能力培养更为重要；价值塑造是育人工作的第一要务，要将价值塑造的成分有机地融入知识传授和能力培养之中；要充分发掘各类课程所蕴含的思政要素，做到如春风化雨般沁人心田，切实达到育人成效。

全面推进课程思政建设，要紧紧抓住教师队伍"主力军"、课程建设"主战场"、课堂教学"主渠道"，实现知识传授与价值引领、显性教育与隐性教育、实践探索与理论

研究，以及统筹推进与分类施策的高度融合，寓价值观引导于教育教学之中，切实将价值塑造、知识传授和能力培养三者有机结合、一体贯通，解决好立德树人和“培养什么人、怎样培养人、为谁培养人”的根本问题。

《纲要》指出：“打造一批有特色的体育、美育类课程，帮助学生在体育锻炼中享受乐趣、增强体质、健全人格、锤炼意志，在美育教学中提升审美素养、陶冶情操、温润心灵、激发创造创新活力。”高等院校要结合专业的特点分类推进课程思政建设，要在教育类课程教学中“注重加强师德师风教育，突出课堂育德、典型树德、规则立德，引导学生树立学为人师、行为世范的职业理想，培育爱国守法、规范从教的职业操守，培养学生传道情怀、授业底蕴、解惑能力，把对家国的爱、对教育的爱、对学生的爱融为一体，自觉以德立身、以德立学、以德施教，争做有理想信念、有道德情操、有扎实学识、有仁爱之心的‘四有’好教师，坚定不移地走中国特色社会主义教育发展道路。体育类课程要树立健康第一的教育理念，注重爱国主义教育和传统文化教育，培养学生顽强拼搏、奋斗有我的信念，激发学生提升全民族身体素质的责任感”。

体育思政不是简单的“体育+思政”，也不是在体育课中安排几个课时讲授思政内容。体育与思政的关系应是“如盐化水”。学校要避免将思政内容生硬地楔入体育课程，而是将思政内容融入体育课堂的教学建设之中，切忌“贴标签”“两张皮”式的生搬硬套。体育教学应在保证教学水准的前提下，自然地融入思政元素，使价值塑造内化为体育教学中有机的、不可或缺的组成部分。

在当前高职体育课程的建设中，除了首要的技术能力培养目标之外，还应该包括健康心理建设目标。中国体育文化崇尚的是健康的生活理念，带给人们的是乐观、阳光、积极的人生态度。中国体育文化里充满了艰苦奋斗、永不言败、努力拼搏的体育精神，这些也是当今大学生需要学习的精神。在高职体育教学改革中，高职院校应在加强项目化体育教学的基础上，不断强化学生的心理承受能力，使学生树立远大的理想和坚定的信念，使其可以适应各种社会现状。在该过程中，高职院校通过贯彻落实社会主义核心价值观，使学生形成正确的世界观、人生观、价值观。用体育运动来锤炼心性和释放压力是现今大学生乐于接受的方式之一。体育体现的鼓舞力、感染力和征服力，有助于强化大学生的团队协作意识，有助于缓解大学生面临的学业、就业等方面的压力，有助于增强大学生的爱国主义情怀。

学校体育的根本目的在于增强学生体质，促进学生身心的全面发展。体育思政是一个潜移默化的过程。任何一个体育项目的教学都在传递价值、塑造价值。任何一个运动项目都在努力把学生塑造成更好的个体。

第三节 体育课程思政之融会贯通

课程思政事关“培养什么人、怎样培养人、为谁培养人”的根本问题，因此体育思政课程建设要按照“所有课程具有育人功能，所有教师负有育人职责”的要求全面建设，构建全面覆盖、层次递进、相互支撑的体育思政体系。

体育思政建设要科学设计教学体系，尊重教育教学规律和人才培养规律，适应不同运动项目及不同专业的特点，强化分类指导，既有统一性，又有差异性。体育思政的实施要深入梳理体育课教学内容，结合课程特点、思维方法和价值理念，深入挖掘体育思政元素，使其有机地融入体育教学，以达到“润物无声”的育人效果。全面推进体育思政建设，既是对传统思想政治教育的创新和提升，也是对思政课程主渠道的补充和支撑。体育课程“以人为本”的功能价值，使其在开展大学生爱国教育和培养大学生意志品质方面具有强大的说服力和感染力，在发挥课堂主渠道功能方面具有不可替代的优势。因此，要激励和引导体育教师积极围绕如何将体育教学与思政育人工作紧密结合起来，主动组织学生进行思考和实践活动，以不断丰富体育思政内涵，不断提升体育课程整体质量，实现显性教育与隐性教育的高度融合。

一、体育思政教学内容的构建

高职院校体育课程属于公共基础课，主要包括竞技体育、民族传统体育及休闲体育等多个运动项目教学。在尊重体育课建设规律的前提下，高职院校应以体育运动知识技能为载体，依据每个运动项目的特点，挖掘专业课蕴含的思政元素，构建体育思政教育内容体系，充分发挥体育的价值引领功能。

1. 体育教育专业“课程思政”内容

高职院校应针对体育教育专业的培养目标，重点开展体育教师职业素养和家国情怀精神教育。体育教师在学校体育活动的开展中发挥着主导性作用，是各项学校体育活动的主要组织者和管理者。体育教师的职业素养水平直接决定了学校体育活动的质量，以及在校学生所接受的体育教育水平。教师在传授专业知识，引导学生练习专业技能的同时，不仅要注重引导学生认识到专业素养的重要性，激发学生学习专业知识、技术技能的热情，还要引导学生理性分析当前学校体育工作面临的机遇和挑战。自 2017 年 9 月全国学校体育工作座谈会召开以来，学校体育面临着前所未有的发展机遇，全国上下都十分重视学校体育工作，一系列政策法规相继颁布，为学校体育工作的正常开展提供了制度保障和政策支持。与此同时，随着我国经济的快速发展，学校体育工作的硬件条件得到大幅度改善，标准化的体育场地、现代化的仪器设备也成为现代化学校的标配。学校在看到学校体育工作面临的发展机遇的同时，也必须直面内在的现实挑战。为此，体育教师在学校体育工作中既面临前所未有的发展机遇，又亟须直面现实的挑战。要想成为一名合格的教育者，不仅需切实承担起“传授体育知识、技术技能，促进青少年身体发展”的重大责任，还一定要有伟大的“家国情怀”。教师在专业课的教学中，应引领学生到教学实践的第一线，用更加直观的方式激发学生强烈的使命感，进而使其找准努力的方向。

2. 运动训练专业“课程思政”内容

高职院校应根据运动训练专业的培养目标，重点开展教练员的职业素养和民族使命感教育。我国在竞技体育的训练和参赛方面，积累了丰富的经验。运动训练专业的学生应充分探索竞技体育的科学性、实践性和文化性，提升自己的专业素养。同时，还应到国家需要的基层，将所学的理论知识运用到实践中，不断历练自己，使自己成为一名既熟谙技战术，又具备实战经验的优秀教练员。中国体育运动同世界体育沟通的百余年来，一代代体育精英在“为国争光、振兴中华”的民族使命感的鼓舞和激励下，努力拼搏，创造了宝贵的精神财富——中华体育精神。为此，在运动训练专业课的教学中一定要做到如下方面：第一，把“为国争光、无私奉献、科学求实、遵纪守法、团结协作、顽强拼搏”的中华体育精神传承下去；第二，理解竞技体育在振奋民族精神、增强民族自豪感和凝聚力方面的重要作用；第三，深刻理解《2011—2020 年奥运争光计划纲要》中所提出的“竞技体育所表现的积极进取、诚实守信、规则至上、团结友爱、健康自然的精神和理念”，以及“和谐社会的目标追求与价值导向”，这些可“培养人们公平竞争、团结协作和克服困难的精神”，有助于“促进人的全面发展，使人们形成健康、科学的生活方式，创造文明、和谐的社会环境”。

3. 民族传统体育专业“课程思政”内容

依据民族传统体育专业的培养目标和中国体育发展的实际情况，民族传统体育专业的课程教学主要围绕在民族传统体育领域从事教学、训练、指导与管理需要的业务能力和中国体育（武术）文化自信与道路自信的构建展开。随着我国经济社会的快速发展、综合国力的显著增强，中国的国际地位得以显著提升，在国际社会中拥有越来越多的主流话语权。为此，民族传统体育专业课的教学既要关注外来民族传统体育的引入，又要关注中华民族优秀传统文化的输出。这要求设置民族传统体育专业的院校要在制订并落实好民族传统体育专业培养计划、提升业务能力的同时，加强思想政治教育，坚定中国体育的文化自信和道路自信。民族传统体育专业的思政教育内容主要包括两个方面：一方面，坚定武术是人类自我身体想象力的完美表达，是中国人的身体语言，是最具辨识度的中华文化符号；另一方面，脚踏实地地做好武术文化的传承和发展，讲好中国武术故事。

二、职业体育课程标准和教学大纲的设计

职业体育课程标准和教学大纲的设计，对后续教学活动有指导性作用。高职院校在体育教学中实施思政教育，首先就是要对教学任务予以明确和细分，将思政教育内容纳入职业体育课程标准的制定当中。一方面，体育教师要具备与时俱进的思想意识，树立“课程思政”理念；另一方面，体育教育要对现有的体育教材内容予以完善，增加思政教育的相关内容。例如，可以在现有教学大纲中增加爱国主义教育或集体主义教育等教学任务，确保思政教育在职业体育教学中能够有效地实施和开展。

三、思政内容与体育教学的融合

在实施思政教育的过程中需要以不同运动项目特征为依据。就体育教学来讲，不同的运动项目，无论是其运动形式还是素质要求等都存在明显的差异性，这就需要体育教师深入挖掘不同运动项目中所蕴含的思政教育内容，结合学生实际情况，赋予思政教育更强的实效性。以田径教学为例，体育教师可结合长跑等专项运动，将培养学生坚韧不拔、不言放弃的意志品质作为重点内容；再如，在大球类项目教学中，体育教师可有意识地培养学生的集体荣誉感和团队合作能力，帮助其克服以自我为中心的行为。此外，体育教师还可以将我国运动员奋勇拼搏、为国争光的案例作为课堂教学的主题材料，实

施主题教育，以培养学生的爱国情操，提高其民族自信。

四、体育教育教学方法的多样化

体育思政的实施，可采用多样化的教学方法。体育教师在进行教学活动时，要注重引导学生的思想观念，结合学生的自身特点，运用不同的教学方法开展思政教育。体育课程内容的设计不仅要包含体育基本技能的教学，还要包含运动项目的竞赛规则和赛事介绍。同时，可在班内分小组开展竞赛活动，让学生在比赛过程中获得亲身体验，达到思政教育目的。以篮球教学为例，体育教师在向学生讲述篮球基础知识、基本技能和竞赛规则后，可以组织班内学生开展篮球比赛。在比赛过程中，学生由于动作错误等造成的犯规罚球，也是其对自身心理负担予以克服的过程。同时，在参与竞赛的过程中，学生的团队合作意识和抗挫折能力也能得到潜移默化的提高，这能推动学生坚韧不拔、顽强拼搏等意志的形成。就教学组织而言，体育教师可以将小组合作教学融入其中，从而使学生在参与过程中加深与小组成员的沟通和交流，既可以使学生充分展示自我，又能够培养学生的团队意识，增强学生的集体荣誉感。

五、体育教师自身思想政治素质的提升

体育教师既要始终做到以德立身，逐步强化和提升自身的思想政治素质，也要始终坚持热爱教育事业、热爱学生等正确的价值取向，对现有的教学方法和教学手段不断进行创新改革，并以自身知识技能和教学能力为基础丰富课程内容。在教学过程中，教师应帮助学生掌握最新的知识技能，还应促进学生身体素质的提升及思想政治水平的提高，使体育教学对思政教育的渠道作用得到最大限度的发挥。

六、体育思政教育评价体系的建立

在以往的体育教学过程中，高职院校通常把学生的身体素质和技能作为重点评价的内容，却没有将体育教学对学生品德的影响作为评价标准。事实上，要想将在高职体育教学中实施的思政教育落到实处，高职院校就必须把德育评价指标纳入体育教学评价中，并对其进行细化和量化，以提升体育教师对体育思政教育的重视程度，促使其对运动项目蕴含的德育价值进行充分的挖掘。

七、规则意识和体育精神的培养

体育教学是对学生进行规则意识、体育精神等思政教育的重要途径。体育教师在体育教学过程中讲授运动项目的竞赛规则，并以小组为单位开展比赛，可以培养学生的纪律观念和规则意识。在室外教学中，学生会因恶劣天气出现怕苦、怕冷、怕晒等畏难情绪，体育教师可结合优秀运动员、奥运冠军“冬练三九、夏练三伏”不畏艰难获得金牌的案例，进行有针对性的教育和引导，培养学生坚持不懈、持之以恒的体育精神。

思考题

1. 简述体育在健全大学生人格方面的作用。
2. 为什么说体育思政是一个潜移默化的过程？
3. 简述体育思政教学内容的构建。

第三章 “健康第一”的指导思想

第一节 全民健身的理念

一、全民健身的概念

全民健身是指动员和组织全国人民积极投入各种形式的身体锻炼当中，从而使全民身体强健。全民健身旨在全面增强国民体质和提高国民素质，倡导全民做到每天参加一次以上的体育健身活动，学会两种以上的健身方法。为了满足广大人民群众日益增长的体育需求，也为了纪念2008年北京奥运会的成功举办，经国务院批准，从2009年起，每年的8月8日为“全民健身日”。

二、全民健身的提出

早在1952年，毛泽东就高瞻远瞩地提出了全民健身指导方针，即“发展体育运动，增强人民体质”，简称12字方针。“十二五”时期是中华人民共和国成立以来体育史上极为重要且不平凡的5年。在此期间，我国体育事业发展取得显著成就，运动员在国际上屡获奖项。党的十八大以来，习近平对我国体育事业寄予厚望，多次发表重要讲话，强调从全面建成小康社会、实现中华民族伟大复兴的高度重视发展体育事业。2014年，国务院印发了《关于加快发展体育产业促进体育消费的若干意见》。2015年党的十八届五中全会审议通过的《中共中央关于制定国民经济和社会发展第十三个五年规划的建议》，提出要“发展体育事业，推广全民健身，增强人民体质”，简称18字方针。

无论是12字方针，还是18字方针，都以增强人民体质、提高健康水平为根本目标，充分体现了体育事业以人民为中心的发展理念，即作为世界上人口最多的社会主义国家，全体中国人民始终都是体育事业发展的主体，增强人民体质、提高全民族身体素质和生活质量始终都是体育事业发展的根本宗旨。全民健身不仅是体育事业发展的基本任务，还是实现全民健康的重要途径和手段，是全体人民增强体魄、幸福生活的基础保障。因此，实现全民健身，既是体育强国、健康强国的中国目标，又是“确保健康生活，促进全人类福祉”的国际目标中的重要一环。此外，于2015年第70届联合国大会上通过的《2030年可持续发展议程》，其中一项重要目标就是“确保健康的生活方式，促进各年龄段人群的福祉”。

三、全民健身计划

1949年中华人民共和国成立之后，大众体育运动受到国家重视并在全国开展起来。1995年6月，国务院颁布《全民健身计划纲要》；同年8月，全国人大常委会通过《中华人民共和国体育法》（已于2016年修正）。此后又有一系列法规和规章相继出台，群众体育和全民健身运动得以沿着有序的轨道向前发展。为推动全民健身运动的开展，国家体育总局采取多项措施，如包括每年一次的“全民健身宣传周”活动在内的一系列有效措施等，期望锻炼身体成为更多人的自觉行为和日常习惯，使全民健身计划得以迅速实施。群众的体育健身意识逐渐增强，体育活动普及程度显著提高。

全民健康是国家综合实力的重要体现，是经济社会发展进步的重要标志。实施全民健身计划是国家的重要发展计划。在党中央、国务院的正确领导下，在2016年之前的5年，经过各地、各有关部门和社会各界的共同努力，基本形成了覆盖城乡、比较健全的全民健身公共服务体系，为提供更加完备的公共体育服务、建设体育强国奠定了坚实的基础。2016年之后的5年，面对人民群众日益增长的体育健身需求、全面建成小康社会的目标要求和推动健康中国建设的机遇挑战，国家需要更加准确地把握新时期全民健身发展内涵的深刻变化，不断开拓发展新境界，使全民健身成为健康中国建设的有力支撑和全面建成小康社会的国家名片。为了有效地实施全民健身，提高全民族的身体素质和健康水平，国务院印发了《全民健身计划（2016—2020年）》。

“十三五”时期，全民健身国家战略深入实施，全民健身公共服务水平显著提升，全民健身场地设施逐步增多，人民群众通过健身促进健康的热情日益高涨，经常参加体育锻炼人数比例达到37.2%，健康中国和体育强国建设迈出新步伐。同时，全民健身区域发展不平衡、公共服务供给不充分等问题仍然存在。为促进全民健身更高水平发展，更好满足人民群众的健身和健康需求，国务院印发了《全民健身计划（2021—2025年）》。

四、落实全民健身的要点

落实全民健身需要从人民群众的切身利益出发，动员群众，依靠群众，秉持“从群众中来，到群众中去”的根本方针。

第一，贯彻落实《全民健身计划（2021—2025年）》，要落实好八大任务：加大全民健身场地设施供给；广泛开展全民健身赛事活动；提升科学健身指导服务水平；激发体育社会组织活力；促进重点人群健身活动开展；推动体育产业高质量发展；推进全民健身融合发展；营造全民健身社会氛围。

第二，贯彻落实《中共中央国务院关于加强青少年体育增强青少年体质的意见》《关于进一步加强学校体育工作的若干意见》等文件精神，将青少年作为实施全民健身计划的重点人群，大力普及青少年体育活动，提高青少年身体素质。加强学校体育教育，将提高青少年的体育素养和培养学生健康的行为方式作为学校体育教育的重要内容；配备和完善学校的体育场地，保证学生在校的锻炼时间；把学生体质健康水平纳入学校工作质量考核体系，加强建设学校体育工作绩效评估机制和行政问责机制。

第二节 《国家学生体质健康标准（2014 年修订）》简介*

一、《国家学生体质健康标准（2014 年修订）》的定义和基本内容

（一）定　义

《国家学生体质健康标准（2014 年修订）》（以下简称《标准》）是测量学生体质健康状况和锻炼效果的评价标准，是国家对不同年龄段学生体质健康方面的基本要求，是学生体质健康的个体评价标准。

（二）《标准》说明

为建立健全国家学生体质健康监测评价机制，激励学生积极参加身体锻炼，教育部于 2014 年对《标准》进行了修订，要求各学校每学年开展覆盖本校各年级学生的《标准》测试工作，并根据学生学年总分评定等级。

（1）《标准》是国家学校教育工作的基础性指导文件和教育质量基本标准，是评价学生综合素质、评估学校工作和衡量各地教育发展的重要依据，是《国家体育锻炼标准》在学校的具体实施，适用于全日制普通小学、初中、普通高中、中等职业学校、普通高等学校的学生。

（2）《标准》的修订坚持健康第一，落实《国家中长期教育改革和发展规划纲要（2010—2020 年）》《国务院办公厅转发教育部等部门关于进一步加强学校体育工作若干意见的通知》和《教育部关于印发〈学生体质健康监测评价办法〉等三个文件的通知》有关要求，着重提高《标准》应用的信度、效度和区分度，着重强化其教育激励、反馈调整和引导锻炼的功能，着重提高其教育监测和绩效评价的支撑能力。

（3）《标准》从身体形态、身体机能和身体素质等方面综合评定学生的体质健康水平，是促进学生体质健康发展、激励学生积极进行身体锻炼的教育手段，是国家学生发展核心素养体系和学业质量标准的重要组成部分，是学生体质健康的个体评价标准。

（4）小学、初中、高中、大学各组别的测试指标均为必测指标。其中，身体形态类中的身高、体重，身体机能类中的肺活量，以及身体素质类中的 50 米跑、坐位体前屈为各年级学生共性指标。

（5）《标准》的学年总分由标准分与附加分之和构成，满分为 120 分。标准分由各单项指标得分与权重乘积之和组成，满分为 100 分。附加分根据实测成绩确定，即对成绩超过 100 分的加分指标进行加分，满分为 20 分。

（6）根据学生学年总分评定等级：90.0 分及以上为优秀，80.0 ～ 89.9 分为良好，60.0 ～ 79.9 分为及格，59.9 分及以下为不及格。

* 节选自教育部印发的《国家学生体质健康标准（2014 年修订）》，略有改动。

（7）每个学生每学年评定一次，记入《〈国家学生体质健康标准〉登记卡》。特殊学制的学校，在填写登记卡时可以按规定和需求相应地增减栏目。学生毕业时的成绩和等级，按毕业当年学年总分的 50% 与其他学年总分平均得分的 50% 之和进行评定。

（8）学生测试成绩评定达到良好及以上者，方可参加评优与评奖；成绩达到优秀者，方可获体育奖学分。测试成绩评定不及格者，在本学年度准予补测一次，补测仍不及格，则学年成绩评定为不及格。普通高中、中等职业学校和普通高等学校学生毕业时，《标准》测试的成绩达不到 50 分者按结业或肄业处理。

（9）学生因病或残疾可向学校提交暂缓或免予执行《标准》的申请，经医疗单位证明，体育教学部门核准，可暂缓或免予执行《标准》，并填写《免予执行〈国家学生体质健康标准〉申请表》，存入学生档案。确实丧失运动能力、被免予执行《标准》的残疾学生，仍可参加评优与评奖，毕业时《标准》成绩需注明免测。

（10）各学校每学年开展覆盖本校各年级学生的《标准》测试工作，《标准》测试数据经当地教育行政部门按要求审核后，通过"中国学生体质健康网"上传至"国家学生体质健康标准数据管理系统"。测试和数据上传时间由教育行政部门确定。

（11）本《标准》由教育部负责解释。

二、《标准》的基本功能

《标准》名称的外延涉及它的教育激励功能、反馈调整功能和引导锻炼功能。

（一）教育激励功能

《标准》是促进学生体质健康发展、激励学生积极进行身体锻炼的重要手段。本《标准》所选用的指标可以反映与身体健康关系密切的身体成分、心血管系统功能、肌肉力量和耐力，以及关节和肌肉柔韧性等要素的基本状况。《标准》的实施将使学生和社会能够对影响身体健康的主要因素有一个更加明确的认识和理解，引导人们去积极追求身体的健康状态，实现学校体育的目标。《标准》实施办法还规定，对达到合格以上等级的学生颁发证章，以调动学生对体育锻炼的内在积极性。

（二）反馈调整功能

《标准》是学生体质健康的个体评价标准，规定了各校应将每年测试的数据按时上报至国家学生体质健康标准数据管理系统。该系统具有按各种要求进行统计、分析、检索的功能，并定期向社会公布；该系统可为学生及其家长提供在线查询和在线评估服务，可向学生提供个性化的身体健康诊断，使学生能够在准确地了解自己体质健康状况的基础上进行锻炼；该系统还可为各级政府机关、教育行政部门、学校提供翔实的统计和分析数据，使其了解学生的体质健康状况，及时采取科学有效的干预措施。

（三）引导锻炼功能

新修订的《标准》增加了一些简便易行、锻炼效果良好的体育项目，并提高了部分锻炼项目指标的权重，对引导学生进行体育锻炼具有较强的实效性；同时，通过国家学生体质健康标准数据管理系统，学生还可以查询到针对性较强的运动处方，以便自身有针对性地进行科学的体育锻炼，提高身体健康水平。

第三节 新时代高职学生健康管理的重要性

大学生是国家宝贵的人才资源，是民族的希望、祖国的未来。大学生的健康不仅反映了其自身的身体素质，也反映了国家民族整体的身体素质。因此，各高校应该重视加强学生健康管理。

一、健康管理的概念

健康管理的理论和实践最初由美国提出。进入 21 世纪，健康管理的理念逐渐被人们接受。健康管理是对个体或群体的健康进行全面监测、分析、评估，并提供健康咨询和指导，以及对健康危险因素进行干预的全过程。实施健康管理的根本目标是变被动的疾病治疗为主动的健康管理，以达到节约医疗费用支出、维护身体健康的目的。健康管理建立在现代营养学和信息化管理技术模式上，从社会、心理、环境、营养、运动等角度为每个人达到全面健康的状态提供保障服务，它可以帮助、指导人们高效地维护自身的健康。

二、高职学生健康管理的重要性分析

公民实施健康管理，不仅能有效降低慢性疾病发病概率，还能逐渐增强自身健康生活的意识，有效地节省有限的医疗卫生资源。

当前，部分高职学生的生活习惯、行为方式不健康，导致其身心发展不协调，并产生了一系列健康问题。因此，高职院校积极开展学生健康管理工作是非常有必要的。

健康管理对高职学生具有重要意义。高职学生通过进行健康管理能评估自身健康状况中潜在的危险性因素，做好健康预防干预措施。有效的健康管理有利于做到早发现、早治疗，健康管理也有利于提升学生的学习效率和生活质量，从而有益于其终身健康。

三、KYN 个体健康管理模式

KYN（Know Your Number）个体健康管理模式是通过收集个体的所有与健康相关的医学信息并对其进行危险评价，定量预测其患各种疾病的危险程度及可能发生并发症的危险性，并按照危险程度分级进行预防性管理，针对个体存在的危险因素进行健康管理。

（一）个体健康信息管理

个体健康信息管理是指收集和管理个人健康信息，建立健康档案。管理师通常通过建立个人健康及生活方式信息记录表来收集个人整体的健康信息。健康信息内容包

括一般信息（性别、年龄等），目前健康状况和家族疾病史，生活方式（膳食、体力活动、吸烟、饮酒等），体质监测，体格检查（身高、体重、血压等）和血、尿、便实验室检查六个部分。

（二）个体健康评价

个体健康评价是指对个体进行健康及疾病风险性评估。评估方根据所收集的个体健康信息，对个体的健康状况及未来患病或死亡的危险性用数字模型进行量化评估。个体健康评价的主要目的是帮助个体综合认识健康风险，鼓励和帮助人们纠正不健康的行为和习惯，制订个性化的健康干预措施并对其效果进行评估。

（三）个体健康管理计划

个体健康管理计划是指进行健康干预，即在前两个部分的基础上，健康管理师以多种形式来帮助个体采取行动，纠正不良的生活方式和习惯，控制健康危险因素，以实现个体健康管理计划的目标。与一般健康教育和健康促进不同的是，健康管理过程中的健康干预是个性化的，即专业健康管理服务机构（健康管理师）根据个体的健康危险因素，进行个体指导，设定个体目标，并动态跟踪健康干预效果，最终达到预防及控制个体发病、改善个体健康、降低个体医疗费用的目的。

四、体质健康个人管理

要提高整体健康素质，建立个体健康管理模式，大学生首先要树立“健康第一”的基本理念，养成健康、科学、文明的生活方式。当了解有关的健康知识后，学生应该树立积极、正确的信念与态度，这样才能自主地养成有益于健康的行为习惯，改变危害健康的行为，进而保证个人的健康生活，进行整体的人生规划。

（一）健康的生活方式

生活方式是指不同的个人、群体或全体社会成员在一定的社会条件制约下和价值观念指导下所形成的满足自身生活需要的全部活动形式和行为特征。换而言之，生活方式包括日常生活领域的活动形式和行为特征，以及由个人兴趣、爱好和价值取向决定的活动行为的独特表现形式。

健康的生活方式主要表现为以下方面。

1. 有规律的生活作息

人体的生理活动功能是有规律的。当身体内部和外部的条件刺激按照一定的顺序重复多次以后，大脑皮质的兴奋和抑制过程在时间和空间上的关系就会固定下来，条件反射也会越来越精确。这时，时间就是条件刺激，前一种活动可以成为后续活动的信号，从而形成一个连锁式的自动连接过程。如果个体的生活无规律，睡眠不足，饮食不定时，工作负担过重，长期处于身心紧张状态，机体的适应能力就会受到破坏，从而引起人体生理功能失调，甚至引起某些应激反应和疾病（如胃病、十二指肠溃疡、某些心脑血管疾患等）。有规律的生活除了要求个体合理安排学习和工作之外，还应定时睡觉、按时进餐、合理安排娱乐活动的时间等。其中，养成良好的睡眠习惯是最重要的一个方面，在自我保健中占有十分重要的地位。

2. 改变不良生活习惯

吸烟是常见的不健康的行为。吸烟不仅污染环境，带来安全隐患，而且与患高血压、慢性支气管炎、冠心病、癌症等多种疾病有直接的关系，严重危害人体健康。

长期大量饮酒会损害人体的肝脏、肾脏、神经、心血管系统等。酒后驾驶更是一种对自己和他人的生命安全不负责任的行为。

毒品危害极大，所有的人都应该远离毒品。

无规律或不良的生活习惯会扰乱人的生活节奏，降低人体免疫力，增加疾病的发生风险，对健康极为不利。因此，人们应该按时作息，保证充足的睡眠；睡前不喝茶或咖啡，进食不过饱；保持心情平静，避免焦虑或激动，不做剧烈运动；学习张弛有度，不要过度紧张和长期劳累；娱乐有度，不放纵（如不通宵看电影、上网、玩游戏等），听音乐时，音量不要过大；不喝不清洁的水，不吃不洁或腐败变质的食物。

3. 合理安排膳食

合理安排膳食包括健康的饮食和良好的饮食习惯两个方面。健康的饮食是指膳食中应该富含人体必需的营养素，同时还要避免或减少摄入不利于健康的食物。良好的饮食习惯包括按时进餐、坚持吃早餐、睡前不饱食、咀嚼充分、进食不分心、保持良好的进食心情和气氛等。

4. 坚持适量运动

生命在于科学运动。运动过少和运动过量都不利于身体健康。个人可根据自己的年龄、身体状况和环境选择适合的运动种类。

运动形式并不重要，重要的是量力而行，循序渐进，持之以恒。最简单的运动是健步走，每天健步走 3 千米或做其他运动 30 分钟以上（如爬楼梯），每周至少运动 3 次，可以收到良好的锻炼效果。

（二）良好的情绪调节

1. 克服不良情绪

克服不良情绪是自我保健的主要内容。不良情绪主要是指压抑情绪和紧张情绪。

压抑情绪与患高血压、癌症、精神病等疾病密切相关。许多社会事件（如升学、失业等）都可引起压抑情绪。为此，大学生在学习和生活中，需要提升自我素养，树立正确的人生观，放下心理负担，学会自我放松，正视现实中的问题，合理控制情绪，培养乐观的心态。

紧张情绪或心理压力多来自社会，如生活节奏加快、知识更新快、竞争加剧、人际关系复杂等，这些因素可造成人们生理和心理上的紧张。生理紧张可以通过睡眠、休息等方式消除，而心理紧张的消除则在很大程度上取决于心理的调适水平。适度的紧张情绪也有积极的一面，能使人的身心更好地被动员起来，提高个体学习、工作效率，但长时间的过度紧张（甚至高度的焦虑），则对人的健康起消极作用。

2. 保持平和心态

在学习、工作和生活中，大学生要注意让自己的思想及时跟上客观环境的变化，不断变换角色，调整心态。大学生要能够正确看待自己、看待他人、看待社会，保持良好的人际关系，主动适应社会。大学生要树立切合实际的人生目标，控制自己的欲望。

（三）科学的体育锻炼

人体系统包括神经系统、循环系统、呼吸系统、运动系统、消化系统、泌尿系统、生殖系统和内分泌系统。体育锻炼是由人体各器官、各系统协调配合完成的，体育锻炼能对各器官、各系统产生良好的影响。现代科学研究证明，体育锻炼对人体器官、系统的影响有双向效应：一方面，科学的体育锻炼对人体器官、系统能产生良好的影响；另一方面，体育锻炼如果违背了客观规律，则会损害人体健康。不科学地、盲目地进行锻炼，不但不能对人体的健康起促进作用，甚至可能使锻炼者身体过度疲劳或发生运动损伤，严重者还会损伤身体机能，因此，个体必须在科学原理的指导下进行有规律的体育锻炼。

1. 锻炼内容的分类

体育锻炼的内容是多样的、丰富的，而个体的锻炼条件又是不同的。因此，每个人必须根据自己的实际情况有针对性地选择适合自己的锻炼内容，这样才能达到科学健身的目的。表 3-3-1 是按照不同维度区分的体育锻炼内容分类表。

表 3-3-1　体育锻炼内容分类表

目　的	锻炼内容
强身健体	健身运动、健美运动、娱乐性体育运动和格斗性体育运动
竞　技	田径、游泳、球类运动、体操、举重、摔跤、滑冰、滑雪
发展不同身体素质	身体素质主要包括人体在活动中所表现出来的力量素质、速度素质、耐力素质、灵敏素质、柔韧素质等，其中力量素质、柔韧素质、耐力素质是发展体能的主要素质。锻炼者在锻炼时，要根据发展不同素质的要求，选择相应的锻炼内容

2. 制订科学的锻炼计划

（1）明确锻炼的目的。

在准备锻炼之前，锻炼者要有锻炼计划，明确锻炼的目标和基本要求。

（2）掌握自己的基本情况。

在制订锻炼计划时，锻炼者需掌握自己的基本情况，即身体健康状况、身体素质水平、体型类别、身高和骨骼的粗细、体重、个性特点、空余时间、饮食习惯等。在此基础上，锻炼者应全面分析自己参加锻炼的可行性，使制订的计划更符合个人的实际情况。

（3）落实锻炼的场地和器械。

制订锻炼计划时，锻炼者必须考虑锻炼的场地和器械条件（如自备器械锻炼，还是到附近的健身房、体育馆锻炼）。锻炼者要做到心中有数，才能根据相应的条件制订出切实可行的锻炼计划。

（4）制订锻炼计划。

制订锻炼计划是实施锻炼最基本、最重要的一个环节。其内容包括锻炼的任务和要求、锻炼的频率、锻炼的强度、锻炼的项目、锻炼的时间分配、运动量的安排等。

思考题

1. 简述落实全民健身的要点。
2. 简述《国家学生体质健康标准（2014 年修订）》的基本功能。
3. 体质健康个人管理包括哪几个方面？

第四章 体育锻炼与健康

第一节 体育锻炼对健康的影响

一、体育锻炼与生理健康

（一）对运动系统的影响

体育锻炼能够预防人体骨骼、关节、肌肉等的损伤和退化，使人们运动系统的功能得到改善。

1. 体育锻炼对骨骼的影响

体育锻炼可以促进新陈代谢，使骨骼的血液供给得到改善，使骨骼的形态结构和性能发生良好的变化。体育锻炼可使骨密质增厚，骨小梁的排列更加整齐且有规律，使骨骼变得更加粗壮和坚固，从而提高骨骼的抗折、抗弯、抗挤压和抗扭转能力。

2. 体育锻炼对关节的影响

体育锻炼既可增强关节的稳固性，又可提高关节的灵活性。

3. 体育锻炼对肌肉的影响

（1）体育锻炼能使肌纤维变粗、肌肉体积增大，从而使肌肉发达、结实、健壮、匀称、有力。

（2）体育锻炼能使肌肉组织中的化学成分发生变化，如使肌肉中的肌糖原、肌球蛋白、肌动蛋白、肌红蛋白等含量都有所增加，以提高肌肉的收缩能力。

（3）体育锻炼能使肌肉中的线粒体数量增多、体积增大，毛细血管开放数量增多，从而增强肌肉耐力。

（二）对心血管系统的影响

（1）体育锻炼对心血管系统的形态结构和机能有着积极的影响。进行体育锻炼时，人体心脏的工作量增加，心脏输送血液的功能加强。

（2）体育锻炼可影响血管的形态结构及其在器官内的分布状况，有利于改善组织器官的供血，增强机体的物质与能量交换的能力。

（3）体育锻炼可以促使心脏毛细血管开放的数量增多，这对心脏的血液供应和心肌细胞新陈代谢起着良好的促进作用，是身体健康的保证。

（4）体育锻炼可有效降低血脂。经常进行体育锻炼可使低密度脂蛋白数量减少，高密度脂蛋白数量增加。高密度脂蛋白对预防动脉硬化有着重要的意义。

（5）长期坚持体育锻炼，可以使人在安静时的脉搏徐缓、血压平稳。

（三）对呼吸系统的影响

体育锻炼能提高呼吸系统的机能，其主要表现为体育锻炼可使呼吸肌发达、呼吸肌收缩力增强、最大通气量变大、肺活量增大、呼吸加深。此外，长期坚持体育锻炼还可增强人的缺氧耐受力，提高人体对氧的吸收利用率，使机体调节呼吸节奏的能力增强。

（四）对消化系统的影响

体育锻炼对消化系统的机能有良好的促进作用。它能加强胃肠蠕动，促进消化液分泌，增强机体消化和吸收的能力，从而增强食欲。注意，不宜在饭后立即进行剧烈运动或在剧烈运动后立即进食，否则会对消化系统产生不良影响。

（五）对中枢神经系统的影响

体育锻炼可以改善和提高中枢神经系统的工作能力，使中枢神经及其主导的部分大脑皮质兴奋增强、抑制加深，从而改善神经系统的均衡性和灵活性，提高大脑的综合分析能力，增强机体适应变化的能力和学习、工作的能力。

二、体育锻炼与心理健康

（一）有助于调节情绪

情绪是人对客观事物满足自己需要程度的态度体现，是评判心理健康的主要指标。学生常因学习的压力、复杂的人际关系，以及对未来前程的担忧而持续产生紧张、焦虑、压抑、不安等消极情绪。体育锻炼可以消除或缓解个体不愉快的情绪，使其从烦恼和痛苦中解脱。

（二）有助于形成和谐的人际关系

体育锻炼可使不同职业、年龄、性别的人相聚在运动场上，增加了人与人之间的互动，使人们可以有效地进行情感和信息的交流。

（三）有助于确立良好的自我概念

自我概念是个体主观上对自己的身体、思想和感情的整体评价，它是由许多的自我认识组成的。自我概念与身体表象（大脑中形成的身体图像）和身体自尊（个体对自己运动能力、外貌、健康状况的评价）有关。无论是男性还是女性，其对身体表象的不满意都会使身体自尊降低，并产生不安全感和抑郁症状。坚持体育锻炼可使人体格强壮、精力充沛，能有效地改善人的身体表象和提高身体自尊，有助于人们确立良好的自我概念。

（四）有助于形成良好的意志品质

良好的意志品质需要在克服困难的实践过程中培养。体育锻炼本身就是不断克服客观困难（如气候条件的变化、动作的难度、其他外部障碍等）和主观困难（如畏惧心理、身体疲劳、运动损伤等）的过程，锻炼者通过努力克服客观、主观困难，可培养自身良好的意志品质。

（五）有助于解决和预防各种心理问题

适宜的体育锻炼能使有心理障碍的个体获得满足感和成就感，增强个体的自信心，使其摆脱压抑、悲观等消极情绪，并在一定程度上有助于这些个体解决心理问题。对于心理健康的个体来说，体育锻炼也有助于其预防各种心理问题。

三、体育锻炼与社会适应能力

（一）增进友谊，促进交往

人是社会中的人，要适应社会，处理好各种人际关系。在体育锻炼和各种竞赛中，人与人、队与队之间交往频繁，可增进友谊，促进交往，更重要的是可增强锻炼者处理人际关系的能力。

（二）适应环境，与时俱进

环境是人类赖以生存的场所中的情况和条件，人们只有适应自己所处的各种环境，才能生存和发展。体育锻炼有利于提高人体适应自然环境和社会环境的能力。经常参加体育锻炼，可以提高人们对社会环境和角色转换的适应能力。长期坚持体育锻炼，可以提高人的体温调节能力，使人更快、更好地适应风、雨、寒、暑等自然环境的变化。

（三）积极向上，奉献社会

经常参加各种体育比赛，人们会逐渐形成一种不断进取、勇于拼搏、积极向上的精神，从而以积极的心态去面对生活、迎接挑战、奉献社会。

四、体育锻炼与道德健康

（一）激发爱国热情，振奋民族精神

在当今世界，体育赛事具有群众性、国际性等特点。通过比赛，各国运动员切磋了技艺，各国和各民族加强了团结，增进了友谊。同时，体育比赛能激发人们的爱国热情，振奋民族精神。在赛场上，运动员的表现和他们所取得的成绩是其国家和民族形象的反映。2008 年，我国成功举办了第 29 届奥运会，受到世界各国人民的关注。这届奥运会也使中华民族的民族精神得到升华，使中国人民的爱国情怀得以彰显。

（二）培养勇敢顽强、朝气蓬勃的意志品质

体育在很大程度上是与困难、艰辛、挑战、征服联系在一起的。在体育运动中，人们不仅要挑战别人，还要挑战自己。这种对他人、对自我的挑战，是一种自我能力的实现，需要人们有不怕困难、勇敢顽强的意志品质，以及诚实、谦虚、冷静的优良作风。

（三）培养遵守纪律、尊重规则的良好道德风范

体育比赛的情况千变万化，个人之间、集体之间发生着频繁的互动，这对运动员和裁判员在思想品德方面提出了严峻的考验。体育赛事的参与者必须严格遵守赛场纪律和比赛规则，尊重裁判员，尊重对手，尊重观众，提倡“友谊第一、比赛第二”。这些规范要求不但适用于体育活动，而且是人们应具备的道德品质。

第二节　常态化疫情防控背景下的学生体育锻炼

一、常态化疫情防控背景下体育锻炼的特征

（一）学生对体育锻炼项目的选择有所改变

新型冠状病毒肺炎疫情发生前，学生的体育锻炼项目以球类运动和跑步为主，许多学生也将自行车作为锻炼项目。这是因为在疫情发生前，学生们不受场地因素的影响，在锻炼时可以自由选择运动场地。在疫情期间，为响应国家号召，各高校采取闭环管理等措施，要求学生在校内进行各种活动和学习。因此，学生的体育锻炼项目有所改变：跑步仍然为主要的锻炼项目，跳绳和瑜伽项目的选择比例有所提高。锻炼项目发生变化的主要原因在于跑步主要以个人形式为主，且不需要辅助器械，对场地要求较低，能够有效减少人与人之间的接触；跳绳和瑜伽项目符合学生在宿舍进行锻炼的需求，且锻炼效果较好。

（二）学生体育锻炼的目的发生变化

疫情发生前，许多学生主动参加体育锻炼的目的多为娱乐健身、进行人际交往。疫情发生后，学生的运动时间、运动场所均受到了一定程度的限制，在常态化疫情防控的背景下，学生往往会产生心理压力。因此，许多学生将锻炼作为缓解压力、增强身体抵抗力的方式。

二、常态化疫情防控背景下体育锻炼的指导建议

目前，新型冠状病毒肺炎疫情防控取得了阶段性胜利，但我们仍然不能懈怠，要时刻注意自己的身体健康状况。因此，学生更应认识到体质健康的重要性，增强锻炼，加强自身防护，为抗击疫情而努力，更好地实现自身价值。

坚持体育锻炼不仅可以增进健康，而且可以预防疾病。对于学习压力日趋加重的现代学生来说，适度的体育锻炼不仅可以提高身体素质，还可以提高智力水平，从而让自己以更好的状态完成学业；同时，体育锻炼还能增强学生的心理素质，缓解其在学习和生活中产生的焦虑情绪。

三、常态化疫情防控背景下体育锻炼的注意事项

（1）适度进行体育锻炼，改善自身体质，提高免疫力。

在校园里锻炼时，学生应尽量选择以跑步健身为主的运动形式，同时，要在空旷通风的室外进行错峰锻炼，不要聚集锻炼。

（2）合理安排运动量，做好自我防护措施。

在室外进行体育锻炼时，要与他人保持一定距离，科学佩戴口罩。锻炼时，不要佩戴N95口罩及医用外科口罩，以免发生危险。同时，学生要选择与自身身体素质相匹配的运动量，若在运动过程中出现身体不适等情况，应停止锻炼，避免过度疲劳。锻炼后，不宜洗冷水澡，以防着凉或感冒。

（3）增强疫情防控意识，配合疫情群防群控工作。

学生在锻炼时，若发现自己或其他学生产生发热、咳嗽、身体严重不适等症状，应立即联系辅导员，报告具体情况和信息，遇到紧急情况时，可直接拨打120，请专业医护人员进行救治。

四、常态化疫情防控背景下的运动项目示例

在常态化疫情防控背景下，为满足学生在校的锻炼需求，本节列举了部分有氧运动项目、力量训练项目、伸展运动项目的练习内容，这些练习项目对场地要求不高，均可在室内完成，学生可以参考和练习。在练习以下项目时，要注意安全、坚持锻炼，不可急于求成。

（一）有氧运动项目

有氧运动可以增强大脑皮层的工作效率和心肺功能，提高机体抵抗力，加快血液循环。有氧运动项目示例如下。

1. 吸腿跳

躯干保持直立，两手叉腰，抬起腿的大腿尽量靠近腹部，小腿垂直于地面，落地时，由脚尖过渡到脚跟。跳起时，单脚离地，身体保持自然姿势，左右脚交替为1次。（图4–2–1）

图 4–2–1

2. 蹲　踢

成深蹲姿势，将两肘放于两腿大腿上。在起身站立的同时，左腿向前提起，两手尽量触摸左脚脚尖。还原成深蹲姿势，换右腿向前提起，两手尽量触摸右脚脚尖。（图 4–2–2）

图 4–2–2

3. 后踢跑

躯干保持直立，两手交叉置于臀后，一腿屈膝后摆，髋和膝关节在一条直线上，两腿交替跑跳，后摆腿的脚跟尽量触碰掌心。跑跳过程中，膝关节、踝关节充分缓冲，左右脚交替为 1 次（图 4–2–3）

图 4–2–3

（二）力量训练项目

力量训练可以保持肌肉力量，延缓肌肉的退化，还能减缓心脏、动脉血管和免疫系统的衰老速度。此外，力量训练还可以预防骨质疏松，对减脂有很大的帮助。

1. 俯卧撑

俯身，两手、两脚支撑于地面，腰背挺直，从侧面看，身体成一条直线，两手分开，撑于胸部两侧，间距约与肩同宽。屈臂，俯身至胸部靠近地面，然后两手撑地，两臂伸直，还原至身体成一条直线。（图 4–2–4）

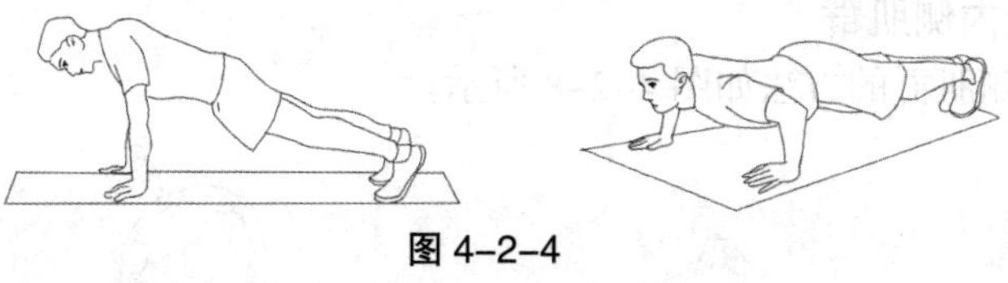

图 4–2–4

2. 平板支撑交替抬腿

身体成俯卧姿势，两肘撑地，保持头、肩、背、臀、膝、踝成一条直线。两腿交替向上抬起至最高点，抬腿时，支撑腿和上体保持不动。整个动作过程中，两腿完全伸

直。（图 4–2–5）

图 4–2–5

3. 交替单腿硬拉

身体保持直立，微收腹，身体重心移到支撑腿一侧，支撑腿微屈，另一侧腿微屈并向后抬起，上体挺直并向前俯身，俯身至躯干与地面接近平行的位置，两臂自然下垂，手指伸直。还原时，躯干和腿迅速回到起始位置。整个动作过程中，腰背保持挺直，左右腿交替进行。（图 4–2–6）

图 4–2–6

（三）伸展运动项目

运动后的伸展运动能改善由于乳酸积聚而造成的酸痛感，并放松运动后紧张的肌肉，防止肌肉僵硬。同时，系统的伸展训练能拉长肌肉和肌腱，改善身体线条，提高身体的柔韧性和协调性，有效防止运动损伤。

1. 伸展大腿后侧肌群

伸展大腿后侧肌群的方法如图 4–2–7 所示。

图 4–2–7

2. 伸展大腿内侧肌群

伸展大腿内侧肌群的方法如图 4–2–8 所示。

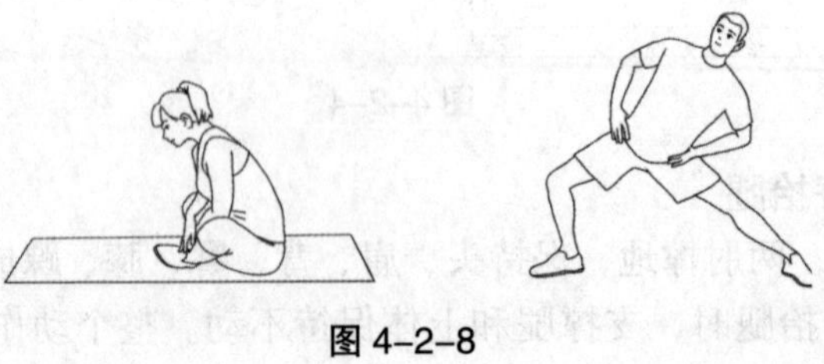

图 4–2–8

3. 伸展腹部肌群

伸展腹部肌群的方法如图 4–2–9 所示。

图 4–2–9

4. 伸展肩部肌群

伸展肩部肌群的方法如图 4–2–10 所示。

图 4–2–10

5. 伸展手臂肌群

伸展手臂肌群的方法如图 4–2–11 所示。

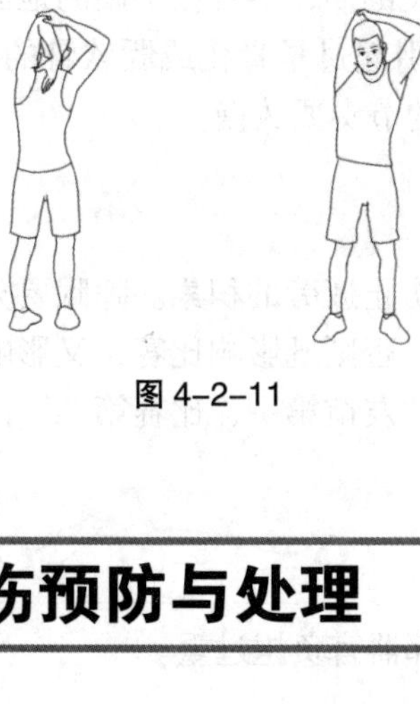

图 4–2–11

第三节　运动损伤预防与处理

一、运动损伤的预防

人们参加体育锻炼是为了增强体质，增进身心健康。如果在体育锻炼时没有采取积极的预防措施，就可能发生意外，造成运动损伤，轻者影响正常的学习和生活，重者可能造成残疾，甚至危及生命。预防运动损伤可以从以下方面入手。

（一）加强运动安全教育

学生在进行体育运动前，学校一定要对学生加强安全教育，使其克服麻痹思想，提高其防范意识。

（二）运动前一定要认真做好准备活动

对于运动中容易受伤的部位，运动前要做一些相应的准备活动。例如，打篮球、踢足球之前应有针对性地活动踝关节、膝关节，拉伸腿部肌肉等；冬天进行户外活动时，准备活动时间要适当延长；要遵循循序渐进的原则；一般应选择背风的场地和阳光充足的地方。

（三）加强运动中的自我保护

每一个参加体育锻炼的人都应掌握一定的自我保护方法。例如，身体失去平衡时，应立即向前或向后跨出一大步，以防摔倒；当快要跌倒时，要立刻低头、屈肘、团身，以背部着地，顺势做滚翻动作，不可直臂撑地；在冬季进行户外运动，呼吸时要尽量用鼻吸气，假如鼻口并用，吸气时要把舌尖卷起来，轻轻顶住上腭，让空气从舌的两侧进入，这样冷空气进入呼吸道前，能有一个预热的过程，不至于直接进入呼吸道。

（四）不要在坚硬的场地上进行活动

青少年正处在生长发育的关键期，不宜在坚硬的地面上反复进行跑、跳练习。因为长时间在坚硬的地面上跑容易引起过早骨化或骺软骨的损伤，影响骨的正常生长发育。如没有合适的活动场地，活动的节奏要放慢。

（五）保持良好的心态

每次的运动量不要太大，防止疲劳的积累。睡眠要充分，不要熬夜。练习或比赛时要控制自己的情绪，不可冲动，否则既影响比赛，又影响同学之间的友谊。运动的目的是锻炼身体，在运动中应坚持“友谊第一，比赛第二”的原则，不要因比赛的输赢而影响友谊。

（六）合理安排运动量

合理安排运动量，防止局部器官负担过重。

二、常见运动损伤的简单处理方法

常见的运动损伤主要包括擦伤、扭伤、挫伤、肌肉拉伤、骨折、关节脱位等。掌握不同运动损伤的科学处理方法对运动参与者来说至关重要。

（一）擦　伤

擦伤是运动时身体的裸露部分与地面发生猛烈摩擦而造成的以表皮剥脱为主的损伤。前臂外侧、手掌、大腿外侧、膝盖及小腿外侧都是容易发生擦伤的部位。

轻度擦伤时，伤部表面只渗出少许黄色液体（淋巴液）或出现少量分散在创面上的小血点。伤部感到轻微疼痛，肢体的功能不受影响。

重度擦伤时，皮肤、皮肤下面的血管及其他组织损伤较重，创面上可以看到大量血液，几乎可以将创面覆盖，在创面上还可以看到受损伤的不整齐的皮下组织（脂肪和肌肉）。创面上有时会沾染或刺入炭渣、碎砖石等物。

擦伤的急救方法首先是止血。血液中的血小板有凝血的功能，因此轻度擦伤时的渗出性出血在数分钟后即可自行停止。若发生范围较大的重度擦伤，如出血不止，应先将受伤肢体或部位抬高，同时用手指压住流血部位上方的动脉血管。鼻梁两侧的面部出血时，可压住面动脉；手指出血可压住尺桡动脉；前臂出血可压住腋下动脉或肱动脉；下肢出血可压住大腿内侧的股动脉。

为了防止空气中的化脓菌侵入创面，在止血的同时，应用消过毒的纱布将创面遮盖起来。在做进一步的急救处理时，用纱布或棉花浸以温水，拧干后，把创面周围的污物擦除。如创面有污物，可先用生理盐水或肥皂水冲洗，再用消毒纱布拭干，再涂以碘伏，不要包扎，使创面暴露以更利于创面结痂。这样，创面就可以很快干燥，一两天后即可结痂。就大面积的、比较深的擦伤而言，为了预防伤口感染化脓，可在创面上撒适量药物，再敷上涂有药物的纱布块，用绷带包扎。药物的使用应遵医嘱。

（二）扭　伤

扭伤多发生于关节处。不同的体育项目易引发扭伤的部位也是不同的：球类运动中的扭伤，多发生在腕关节、肩关节、踝关节、膝关节和腰部关节；体操中的扭伤多发生在腕关节、肩关节和肘关节；田径运动中最容易使踝关节扭伤。扭伤原因多为场地不平、准备活动不充分、技术不熟练或粗心大意、运动负荷安排不当造成的过度疲劳等。

轻度扭伤是关节周围的韧带或肌腱的小范围撕裂，伤处有轻微疼痛感。这种扭伤在伤部的外表看不出异常，关节活动也没有障碍，一般不需要急救处理，但伤者应暂时停止锻炼。伤势较轻者在一两周后，伤处的痛感就会逐渐消失甚至痊愈。

重度扭伤是关节周围的韧带、肌腱和血管出现断裂的情况。受伤后，伤者感到剧烈疼痛，关节不能活动。在受伤几小时后，受伤部位逐渐肿大并变为青黑色。这是血管破裂，血液流进组织间隙的缘故。

急救重度扭伤时，须先止痛、止血。在扭伤的当下可立即冷敷，冷敷时，先将伤部微微抬高，用毛巾蘸冷水，拧干后盖敷伤处，也可用冷水淋洗伤部。冷敷可使断裂的血管收缩，减轻出血程度，并有麻痹神经末梢、减轻疼痛的作用。冷敷后，伤部垫上棉花，用绷带包扎，包扎时轻加压力，但不能包得太紧，以免影响血液循环。

（三）挫　伤

挫伤是指由钝器作用造成以皮内或/和皮下及软组织出血为主的闭合性损伤，运动中的挫伤多为钝重的体育器械所致。有时，当器械作用到身上时，受伤部位的皮肤往往只有轻微的损伤，甚至外表看似完好无损，但皮肤下面的组织（肌肉、韧带、血管）可能已发生了与重度扭伤相同的损伤，如内出血、肌肉纤维断裂等。挫伤的急救方法与扭伤大致相同。

（四）肌肉拉伤

通常在外力直接或间接作用下，肌肉过度主动收缩或被动拉长时会造成肌肉拉伤。特别是在准备活动不充分、动作不协调及肌肉外力作用过于强烈时，发生肌肉拉伤的可能性极大。发生肌肉拉伤后，伤处肿胀，肌肉发生痉挛，诊断时可摸到硬块，严重拉伤会造成肌纤维撕裂，甚至完全断裂。

轻微的肌肉拉伤应立即冷敷，局部加压包扎，并抬高伤肢，若疼痛明显则可遵医嘱内服止痛药物。24 小时后可在医生指导下进行理疗。

（五）骨　折

遇到突然的强大外力打击时，或附着在骨骼上的肌肉剧烈收缩时，可能发生骨折。

轻微的骨折可能会在骨骼上出现一条很不明显的裂纹，医学上称之为骨裂。这种骨折只有通过X线检查才能看出，在急救时很难发现。明显的骨折症状是伤部变形，肢体活动功能丧失，剧烈疼痛，内出血严重。

骨折的急救步骤如下。

第一，先除去压在伤者身上或阻碍搬移伤者的障碍物，以使伤者仰卧。在移动伤者时，动作要缓慢、轻柔。

第二，伤者因剧烈疼痛及流血过多，可能发生外伤性休克。为预防休克，应使伤者身体保持温暖，用毯子或棉被等物将伤者身体盖好，然后迅速送医院处理。

（六）关节脱位

由于暴力作用（如突然跌倒、外力过度牵引、暴力打击等），使关节的关节面失去正常的相互联系，称为关节脱位（又称脱臼）。在关节脱位时，伤者本人往往能听到关节内有碎裂声，脱位关节剧痛，关节功能丧失，关节变形。由于关节的位置改变，可能出现正常关节隆起处塌陷、正常凹陷处隆起或突出、肢体变长或缩短等情况。

关节脱位的急救方法是先止痛和抗休克（具体措施与骨折同），然后迅速用夹板、绷带固定脱位变形的伤肢，并尽快送医院处理，争取尽快使伤处复位。

思考题

1. 简述体育锻炼对健康的影响。
2. 简述常态化疫情防控背景下体育锻炼的注意事项。
3. 如何预防运动损伤？

第二篇

“一生一案”的自我评价与运动处方篇

【本篇内容简介】

本篇立足培养当代技能型人才、建设技能型社会的现实需求，着眼于职业教育“一生一案”的前沿探索，在学生自我评价的基础上引入“一生一案”的运动处方建设，确保学生在增强体质的过程中可以积极适应未来职业生涯的现实需求。本篇包括自我健康状态测评、个性化运动处方制订、发展学生体质的“一生一案”、改善学生身材的“一生一案”，具体介绍了如何对自我的健康状态进行测评、个性化运动处方的制订过程，以及发展学生体质、改善学生身材的运动处方。

【本篇学习任务】

- 掌握评价身体形态与机能的方法。
- 了解运动处方的组织结构。
- 了解营养素的功能与食物来源。

第五章 自我健康状态测评

第一节 知晓自己的体能和健康状况

一、自测体能和健康状况

体育锻炼不仅能够强身健体，而且能使大学生的校园生活丰富多彩、充满乐趣，但在运动前，大学生需要知晓自己的体能和健康状况，以保证安全有效地进行锻炼。大学生可通过认真完成以下量表（表 5-1-1）来进行自我评估。

如果大学生对自己的健康状况有疑问，在参与体育锻炼之前应去医院接受体检。如果对以下任何一个问题做出了肯定的回答，那么在开始一项锻炼计划之前应去医院接受全面的体检。

表 5-1-1　健康状况自评量表

（1）在运动时或运动后，你是否有胸部疼痛或受压的感觉？
（2）在爬楼梯、迎冷风行走或从事任何体育运动时你是否有胸部不适感？
（3）你的心脏是否曾经不规则地跳动或悸动或早搏？
（4）在无明显原因的情况下，你是否曾经有过心率突然加快或减慢的经历？
（5）你是否有规律地服用过药物？
（6）医生是否曾经告诉过你，你的心脏有问题？
（7）你是否有诸如哮喘这样的呼吸系统疾病，或在从事轻微的体力活动时是否呼吸短促？
（8）你是否有关节或背部的疾患，从而使你在运动时感到疼痛？
（9）你是否存在下列心脏病的隐患：① 高血压；② 血液中胆固醇含量过高；③ 体重超过标准体重的 30% 以上；④ 长期吸烟；⑤ 近亲（父母亲、兄弟姐妹等）在 55 岁以前曾经有心脏病史。

总评：____个是，____个否

自我评价：______________________________

在决定参与体育锻炼前，很有必要了解自己的健康状况，填写疾病史自评量表（表 5-1-2），这样可以避免体育锻炼对身体造成伤害。不管以下哪一个问题，只要回答“是”，就应该在参与体育锻炼前咨询一下医生。

表 5-1-2　疾病史自评量表

评价项目	是	否
冠心病	□	□
胸　痛	□	□
肩痛和颈痛	□	□
心律失常	□	□
高血压	□	□
呼吸短促	□	□
心脏病遗传史	□	□
风湿病	□	□
高胆固醇	□	□
哮喘病	□	□
慢性咳嗽	□	□
糖尿病	□	□
镰状细胞贫血	□	□
头晕目眩或意识模糊	□	□
痉　挛	□	□
严重头痛	□	□
肥胖症	□	□
关节炎	□	□
骨头、关节或肌肉严重受损	□	□
背下部疼痛	□	□
你吸烟吗？	□	□
你正在使用药物处方吗？	□	□
你有其他身体问题吗？	□	□

总评：____个是，____个否

自我评价：______________________________

如果打算在以后的体育锻炼中增加运动量，请先填写适合健康状况运动量的自评表1（表 5-1-3）。如果年龄在 15 ～ 69 岁，该量表的最后结果会告诉锻炼者是否应咨询一下医生。仔细阅读下表中的每一个问题，并在符合自身情况的小方格中打“√”。

表 5-1-3　适合健康状况运动量的自评量表 1

问　题	是	否
医生曾说过，你的心脏有问题，但你仍在进行医生并未推荐的体育运动方式？	□	□
当你进行体育锻炼时，会感到胸痛吗？	□	□
在一个月内不参与体育运动，你会感到胸痛吗？	□	□
你因眩晕而昏倒过吗？	□	□
在体育锻炼时，你的骨或关节有问题吗？	□	□
医生为你的血压或心脏问题开过药方吗？	□	□

总评：____个是，____个否

自我评价：____________________

如果有一个或几个问题回答“是”，须咨询医生是否可以增大运动量；如果对所有问题的回答都是“否”，锻炼者就可以增加运动量，但应遵循循序渐进的原则。此外应注意的是，如果暂时身体不适或患有疾病（如感冒或发热），则应停止体育锻炼，直到锻炼者的身体机能完全恢复后再开始活动。

在开始大强度的运动（特别是竞技性运动项目）前，应填写适合健康状况运动强度的自评量表 2（表 5-1-4），如果有一个问题的回答为“是”，则应咨询医生，以确定是否能从事大强度的运动。

表 5-1-4　适合健康状况运动强度的自评量表 2

问　题	是	否
你计划参加一个有组织的运动队吗？	□	□
你曾经在身体接触类的运动中由于冲撞而昏倒过吗？	□	□
以前受过伤的肌肉部位，你现在活动时该部位有痛感吗？	□	□
以前背部受过伤，你现在活动时背部有痛感吗？	□	□
在体育运动时，你有其他症状吗？	□	□

总评：____个是，____个否

自我评价：____________________

二、自测心理健康

个人的心理是否健康，不仅要看个体心理的客观表现，也要注意个体心理的主观感受，即应该用主观与客观标准相结合的原则来判断。同时应该指出，任何评价标准都是相对的，不同时代、不同社会、不同地区、不同场合、不同对象，都会有不同的标准，心理健康的评价标准也不例外。它随时代变迁而变化，随文化背景区别而有差异，随性别、年龄、情境的不同而不同。

（一）心理健康测量的主要类型

（1）智力因素评定：智力测验作为对心理能力进行测量与诊断的技术之一，主要测量个体的思维能力、学习能力和适应环境的能力。

（2）非智力因素评定：非智力因素包括意志、情感、气质、性格等因素，构成了个体心理品质。非智力因素作为后天因素，对个体的能力发展起了重要的作用。

（3）学习能力评定：学习能力与身体健康、心理健康、学习方法、学习热情、学生周围的环境，以及学生与教师的关系等因素有关。教师在学习指导中要想提高每个学生的学习能力，就必须去调查这些主要因素的实际情况。

（4）家庭功能与家庭关系评定：众所周知，教育一般都是指学校教育，但是，一个学生将来会成为一个什么样的人不仅是由学校教育来决定，还与学生家庭功能、家庭教育方法、父母养育方式等有很大关系。通过这些心理测量，教师可以对学生的家庭类型有进一步的了解，能因人而异地对学生进行教育。

（5）抑郁及相关问题的评定：抑郁评定量表包括自评抑郁量表、抑郁状态问卷、认知偏差问卷等。通过这类量表测量，教师可以对学生及学生对自身的抑郁类型有进一步的认识。

（6）焦虑及相关问题的评定：焦虑评定量表包括惧怕否定评价量表、交往焦虑量表、社交焦虑量表等。通过这类量表测量，学生可以对自身的焦虑水平有所了解。

（7）孤独的评定：孤独评定量表包括状态与特质性孤独量表、情绪与社会孤独量表、症状自测量表等。通过这类量表测量，学生可以对自身孤独特性的类型有进一步的了解。

（8）人际信任评定：信任评定量表包括特定人际信任量表、容纳他人量表等。通过这类量表测量，学生可以了解自己对他人的信任程度。

（9）主观幸福感的测量：幸福感评定量表包括生活满意度量表、情感量表（正性情感、负性情感、情感平衡）等。通过这类量表测量，学生可以了解自己生活幸福感的状况，增加正性情感。

（二）心理健康测量与评价方法

对心理健康全面测评应包括行为表现或症状、人格特征和社会因素三个方面。行为是心理活动的物质外壳，心理活动的正常或异常往往从外部行为表现出来。人与外界相互作用同样也会留下痕迹，这个痕迹就是人的心理活动及其行为表现。心理学界常常难以给出“正常的健康人”的评判标准，但可以通过对个体所表现出的异常症状的内容、性质及其程度进行分析评价，来推断其心理健康水平，从而形成了众多的心理健康测量工具。

由于人的心理健康状况是复杂多变的，因此无论对个体还是对群体的心理健康状况进行界定时，既要坚持标准，又要把握灵活性。对人的心理健康状况的界定，应以其较长时间内持续的心态为依据，某个心理健康的人，偶尔或暂时出现情绪波动或心理异常应视为正常。因此，对心理健康的界定，与其说是健康与疾病之分，不如说是程度上的差异。另外，心理健康的标准应与社会文化氛围相符合，随着社会的发展而发展。在同一时期，不同地区、不同国家、不同民族的同一个心理测评的常模存在着明显差异，其心理健康的界定，就应以所属地区的常模为依据。

在多年心理健康教育与心理咨询的理论研究和临床实践中，国内外不少专家、学者设计和应用了一些测试与筛查大学生心理健康状况的量表。以下列举了部分量表，供参考使用。

自测量表1：心理健康自测问卷

对下列各题做出“是”或“否”的回答，“是”画“√”，“否”画“×”。

（1）每当考试或被老师提问时，会紧张得出汗。

（2）与不熟悉的人相处时会手足无措。

（3）紧张时头脑会不清醒。

（4）常因处境艰难而沮丧气馁。

（5）身体经常会发抖。

（6）会因突然的声音而跳起来，全身发抖。

（7）别人做了错事，自己也会感到不安。

（8）经常做噩梦。

（9）经常有恐怖的景象浮现在眼前。

（10）经常会胆怯和害怕。

（11）常常会突然间出冷汗。

（12）常常稍不如意就会怒气冲冲。

（13）当被别人批评时会暴跳如雷。

（14）在别人请求帮助时会感到不耐烦。

（15）做任何事情都杂乱无章，没有条理。

（16）脾气暴躁。

（17）一点儿也不能宽容他人，甚至对自己的朋友也是这样。

（18）被别人认为是个比较挑剔的人。

（19）总是会被别人误解。

（20）常常犹豫不决，下不了决心。

（21）经常把别人交办的事情搞砸。

（22）会因不愉快的事缠身，一直郁郁寡欢，无法解脱。

（23）有些奇怪的念头老是浮现在脑海，自己虽知其无聊，却又无法摆脱。

（24）尽管四周的人都在快乐地玩闹，自己却觉得孤独。

（25）常常自言自语或独自发笑。

（26）总觉得缺少父母或朋友的关爱。

（27）情绪极其不稳定，很善变。

（28）常有生不如死的想法或感觉。

（29）半夜里经常听到声响，难以入睡。

（30）感情很容易冲动。

每题回答"是"记1分，回答"否"记0分。各题得分相加，统计总得分。总得分在0～5分，说明你心理健康；得6～15分，说明你的精神有些疲倦，最好能合理地安排学习，劳逸结合。得16～30分，说明你的心理已出现问题，有必要请心理咨询专家给予指导。

评分与结果：________________________

自测量表2：心理适应能力自测问卷

提示语：下面的问题能帮助你进行心理适应能力的自我判断。请认真阅读问题，并决定其与你实际情况的符合程度，然后从每个题目下面所附的三种备选答案中选出一个来。

（1）我最怕转学或转班，每到一个新的环境，我总要经过很长的一段时间才能适应。

A. 是　　B. 无法肯定　　C. 不是

（2）每到一个新地方，我很容易同别人接近。

A. 是　　B. 无法肯定　　C. 不是

（3）在陌生人面前，我常无话可说，以致感到尴尬。

A. 是　　B. 无法肯定　　C. 不是

（4）我最喜欢学习新知识，它给我一种新鲜感，能调动我的积极性。

A. 是　　B. 无法肯定　　C. 不是

（5）每到一个新地方，我第一天总是睡不好，就是在家里，只要换一张床，有时也会失眠。

A. 是　　B. 无法肯定　　C. 不是

（6）不管生活条件有多大变化，我也很快能习惯。

A. 是　　B. 无法肯定　　C. 不是

（7）越是人多的地方，我越感到紧张。

A. 是　　B. 无法肯定　　C. 不是

（8）我的期末成绩多半不会比平时练习差。

A. 是　　B. 无法肯定　　C. 不是

（9）当全班同学都看着我时，我的心仿佛都要跳出来了。

A. 是　　B. 无法肯定　　C. 不是

（10）对他（她）有看法，我仍能同他（她）交往。

A. 是　　B. 无法肯定　　C. 不是

（11）我做事情总有些不自在。

A. 是　　B. 无法肯定　　C. 不是

（12）我很少固执己见，常常乐于采纳别人的观点。

A. 是　　B. 无法肯定　　C. 不是

（13）同别人争论时，我常常感到语塞，事后才想起该怎样反驳对方，可惜已经太迟了。

A. 是　　B. 无法肯定　　C. 不是

（14）我对生活条件要求不高，即使生活条件很艰苦，我也能过得很愉快。

A. 是　　　　B. 无法肯定　　　　C. 不是

（15）有时自己私下里明明把材料背得滚瓜烂熟，可当众背诵的时候，还是会出错。

A. 是　　　　B. 无法肯定　　　　C. 不是

（16）在决定胜负或成败的关键时刻，我虽然很紧张，但总能很快使自己镇定下来。

A. 是　　　　B. 无法肯定　　　　C. 不是

（17）我不喜欢的东西，不管怎么学也学不会。

A. 是　　　　B. 无法肯定　　　　C. 不是

（18）在嘈杂混乱的环境里，我仍然能集中精力学习，并且效率很高。

A. 是　　　　B. 无法肯定　　　　C. 不是

（19）我不喜欢陌生人来家里做客，每逢这种情况，我就有意回避。

A. 是　　　　B. 无法肯定　　　　C. 不是

（20）我很喜欢参加社交活动，我感到这是交朋友的好机会。

A. 是　　　　B. 无法肯定　　　　C. 不是

评分规则：

（1）凡是单数号题（1，3，5，7……），选“是”，减2分；选“无法肯定”，得0分；选“不是”，得2分。

（2）凡是双数号题（2，4，6，8……），选“是”，得2分；选“无法肯定”，得0分；选“不是”，减2分。

（3）将各题的得分相加，即总得分。

结果解释：

35～40分：心理适应能力强，能较快地适应新的学习、生活环境，与人交往轻松、大方，给人印象好，无论进入什么样的环境，都能应付自如。

29～34分：心理适应能力良好。

17～28分：心理适应能力一般，当进入一个新的环境，经过一段时间的努力后，基本上能适应。

6～16分：心理适应能力较差，依赖于较好的学习、生活环境，一旦遇到困难，则易怨天尤人，甚至消沉。

5分及以下：心理适应能力极差，在各种新环境中，即使经过一段相当长时间的努力，也不一定能够适应，常常因与周围环境格格不入而十分苦恼。在与他人交往中，总是显得拘谨、羞怯、手足无措。

评分与结果：________________________________

自测量表3：挫折承受能力自测问卷

指导语：在生活中，每个人都会遇到不同程度的挫折，但人们在受挫折后恢复的能力各不相同。有些人受挫后能很快振作起来，有些人受挫后一蹶不振，而大多数人则介于两者之间。下列问题可以测验出你应对困难的能力。在回答这些问题时，请你用“同意”或“不同意”作答。回答越坦白，越能测验出你的受挫弹性。同意画“√”，不同意画“×”。

（1）胜利就是一切。
（2）我基本上是个幸运儿。
（3）白天工作不顺利，会影响我整晚的心情。
（4）一个连续两年都名列最后的球队，应退出比赛。
（5）我喜欢雨天，因为雨后通常是阳光普照。
（6）如果某人擅自动用我的东西，我会生气一段时间。
（7）汽车经过时溅了我一身泥水，我生气一会儿便得了。
（8）只要我继续努力，我便会得到应有的回报。
（9）如果有流行感冒，我常是第一个被传染的人。
（10）如果不是因为几次霉运，我一定比现在更有成就。
（11）失败并不可耻。
（12）我是有自信心的人。
（13）我时常落在别人后面，提不起竞争心。
（14）我喜欢冒险。
（15）假期过后的第一天我无法集中精力学习或工作。
（16）遭遇到的每一个否定都有助于我得到肯定。
（17）我想我一定受不了被解雇的羞辱。
（18）如果向我所爱的人求婚被拒绝，我一定会精神崩溃。
（19）我总忘不掉过去的错误。
（20）我的生活中，常有些令人沮丧气馁的日子。
（21）负债累累的光景令我寒心。
（22）我觉得要建立新的人际关系相当容易。
（23）如果周末不愉快，星期一便很难集中精力学习或工作。
（24）在我的生命中，我有过失败的教训。
（25）我对侮辱很在意。
（26）如果聘任职务失败，我还会愿意尝试。
（27）遗失了钥匙会让我整个星期不安。
（28）我已达到能够不介意大多数不好的事情的地步。
（29）想到可能无法完成某项重要事情，我会不寒而栗。
（30）我很少为昨天发生的事情烦心。
（31）我不易心灰意冷。
（32）必须要有50%以上的把握，我才敢冒险把时间投资在某件事上。
（33）命运对我不公平。
（34）我对他人的恨会持续很久。
（35）聪明的人知道什么时候该放弃。
（36）偶尔做个失败者，我也能坦然接受。
（37）新闻报道中的大灾难，使我无法专心工作。

评分标准及说明：

上述问题列入“不同意”者为1，3，4，6，9，10，15，17，18，19，20，21，23，

24，25，27，28，29，32，33，34，35，36，37，其余为“同意”。

依照上述答案，相符者得 1 分，相反得 0 分。

如果你只得到 10 分或更少，你就是那种易被逆境、失望或挫折左右的人，你常把逆境看得太严重，一旦跌倒，要很久才能站起来。

如果你的总分为 11 ～ 25，遇到某些灾祸或逆境的时候，往往需要相当长的时间才能振作起来。不过这类人却能找到很多的技巧和策略来获取个人利益。

如果你的总分高于 25 分，则显示你应对逆境的弹性极佳。不理想的逆境对你虽然会造成伤害，但不会持久。这类人在情感上通常相当成熟，对生活充满热爱，他们不承认有失败，即使一时失败，仍坚信有“东山再起”的一天。

评分与结果：____

第二节　评价身体机能与形态

评价一个人的健康状况可以通过身体机能日常监测、常规医学检查、心肺功能评价、体重评价等来进行。大学生在经过两次生长高峰后，性发育已趋成熟，体格生长发育逐渐停止，身体各机能已趋向成年人。

一、身体机能日常监测

（一）血　压

成年人正常血压收缩压在 90 ～ 120 毫米汞柱（1 毫米汞柱 =0.133 千帕），舒张压在 60 ～ 80 毫米汞柱。成年人收缩压达到 120 ～ 140 毫米汞柱或舒张压达到 80 ～ 90 毫米汞柱时，称血压正常高值，应当向医生咨询。情绪激动、紧张、运动等因素对血压都有影响。诊断、治疗高血压必须由医生进行。收缩压小于 90 毫米汞柱或舒张压小于 60 毫米汞柱，即为低血压。

（二）脉　搏

成年人正常脉搏为 60 ～ 100 次 / 分，女性稍快；儿童平均为 90 次 / 分，婴幼儿可达 130 次 / 分；老年人较慢，为 55 ～ 60 次 / 分。心率低于 60 次 / 分，称心动过缓；高于 100 次 / 分，称心动过速。脉搏的快慢受年龄、性别、运动、情绪等因素的影响，经常锻炼的人心率较慢。

（三）呼　吸

正常成年人安静状态下，呼吸频率为 16 ～ 20 次 / 分。呼吸频率低于 12 次 / 分，称为呼吸过缓；呼吸频率超过 24 次 / 分，称为呼吸过速。呼吸减慢常见于代谢率降低、麻醉过量、休克、明显颅内压增高等；呼吸增快主要见于肺炎、支气管哮喘、胸膜炎、心力衰竭、代谢亢进等。

（四）体　温

成年人正常腋下体温为 36 ～ 37℃，早晨略低，下午略高，24 小时内波动不超过 1℃。老年人体温略低，月经期前或妊娠期妇女体温略高，运动或进食后体温略高。体温高于正常范围称为发热，常见于感染、创伤、恶性肿瘤、脑血管意外、各种体腔内出血等；体温低于正常范围称为体温过低，常见于休克、甲状腺功能低下、严重营养不良、过久暴露于低温条件下等。

（五）体　重

体重基本稳定，一个月内体重增减正常不超过 4 千克。

（六）进食量

成年人每日进食量保持在 1 ～ 1.5 千克，连续一周每日进食超过平常进食量的 3 倍或少于平常进食量的 1/3 为不正常。

（七）尿　量

一昼夜的尿量在 1500 毫升左右，连续 3 天 24 小时内尿量多于 2500 毫升，或 1 天内尿量少于 500 毫升为不正常。

（八）大　便

大便基本定时，每日 1 ～ 3 次，连续 3 天以上不大便或 1 天 4 次以上为不正常。

（九）月经周期

成年女性月经周期为 28 天左右，提前、推后 15 天以上均为不正常。

（十）睡　眠

每日能按时起居，正常睡眠时长为 6 ～ 8 小时，每日睡眠不足 4 小时或超过 15 小时为不正常。

二、常规医学检查

（一）心电图

心电图检查主要分析和检测各种心律失常、心肌缺血、心肌梗死等，也可以反映心肌受损的程度和心房、心室的功能结构情况。最普遍的心电图检查是普通心电图和 24 小时动态心电图。心电图最常见的异常情况是T波异常，若提示心肌缺血，可能与冠心病、高血钾、高血压或过度疲劳有关。

（二）血常规

血常规是临床上最基础的化验项目之一。其检查指标包括红细胞、白细胞、血红蛋白及血小板数量。

红细胞减少的临床意义：① 红细胞生成减少，常见于白血病等疾病；② 红细胞破坏增多，常见于急性大出血、严重的组织损伤、血细胞的破坏等；③ 红细胞合成障碍，常见于缺铁、缺B族维生素等。红细胞增多常见于身体缺氧、真性红细胞增多症、肺气肿等。

病理性白细胞增高，常见于急性化脓性感染、尿毒症、白血病、组织损伤、急性出血等。病理性白细胞减少，常见于再生障碍性贫血、某些传染病、肝硬化、脾功能亢进等。

临床上红细胞和血红蛋白数量的增减往往相并行，血红蛋白减少多见于各种贫血，如急性、慢性再生障碍性贫血、缺铁性贫血等。血红蛋白增多常见于身体缺氧、真性红细胞增多症、肺气肿等。

血小板计数增高，常见于血小板增多症、脾切除后急性感染、溶血、骨折等。血小板减少，常见于再生障碍性贫血、急性白血病、急性放射病、原发性或继发性血小板减少性紫癜、脾功能亢进、尿毒症等。

（三）尿常规

尿常规在临床上是不少肾脏病变的早期诊断指标。

尿蛋白：正常人尿蛋白为微量，常规性检查呈阴性。

尿糖：正常人尿糖为极微量，尿糖定性试验呈阴性。

尿隐血：正常人尿中无血红蛋白，尿隐血呈阴性。

（四）肝功能

谷丙转氨酶：是诊断肝细胞实质损害的重要指标，其高低往往与病情轻重相对应。患急性肝炎、慢性肝炎、肝硬化等，人体谷丙转氨酶值均可升高。谷丙转氨酶缺乏特异性，许多肝疾和肝外疾患均可升高谷丙转氨酶值。

谷草转氨酶：谷草转氨酶升高的意义在诊断肝炎方面与谷丙转氨酶相似。在一般情况下，其升高幅度不及谷丙转氨酶，如果谷草转氨酶值高于谷丙转氨酶值，说明肝细胞损伤、坏死的程度比较严重。

总胆红素：是反映肝脏排泄功能的重要指标。

血清总蛋白：是反映人体肝脏合成功能的一项重要指标。

（五）血　脂

总胆固醇：总胆固醇值明显高于正常值是判断心血管疾病的危险因素。

甘油三酯：甘油三酯指标偏高，一方面可能是摄入了太多脂肪，另一方面可能是血脂代谢轻微紊乱。甘油三酯指标偏高的危害在于容易引起动脉粥样硬化和冠心病等。

高密度脂蛋白：是一种抗动脉粥样硬化的血浆脂蛋白，是冠心病的保护因子。俗称“血管清道夫”。

低密度脂蛋白：是一种运载胆固醇进入外周组织细胞的脂蛋白颗粒,其水平增高能够增加患冠心病等疾病的风险。

（六）血　糖

空腹血糖：正常参考值为 3.9 ～ 6.1 毫摩尔/升。

餐后血糖：餐后 2 小时，血糖正常参考值应小于等于 7.8 毫摩尔/升。

（七）肾功能

尿素氮：尿素氮指标增高与高蛋白饮食、少尿、肾功能不全、高血压、痛风、多发性骨髓瘤、消化道出血等有关；指标偏低则可能与妊娠、低蛋白饮食、肝功能不全有关。

肌酐：肌酐指标增高，常见于严重肾功能不全、各种精神障碍、肢端肥大症等；肌酐指标降低，常见于肌肉量减少（如营养不良、高龄等）、多尿等。

尿酸：尿酸值高多见于痛风、急慢性白血病、多发性骨髓瘤、恶性贫血、肾衰竭、红细胞增多症等；尿酸值偏低多见于恶性贫血及使用肾上腺皮质激素等药物后。

三、心肺功能评价

心肺功能是人体心脏泵血及肺部吸入氧气的能力，是与身体健康密切相关的生理指标之一。

（一）评价肺功能指标——肺活量

测试方法：使用肺活量测量仪进行测试。受试者进行一两次深呼吸后，更深地吸一口气，然后慢慢呼出直至不能再呼出为止，吹气完毕后，液晶屏上最终显示的数字即为肺活量的毫升值。每位受试者测 3 次，每次间隔 15 秒，记录 3 次数值，选取最大值作为测试结果。

（二）心肺适应水平测试——12 分钟跑

测试方法：测试最好在 400 米的跑道上进行。受试者在测试前要做好准备活动，在跑的过程中如果感到呼吸困难，应减慢速度，及时调整呼吸。跑的过程中应尽量避免全速跑和冲刺跑。（表 5-2-1）

表 5-2-1　心肺适应水平测试表

等　级	差	较　差	一　般	较　好	良　好	优　秀
男（千米）	< 2.08	2.08 ～ 2.18	2.19 ～ 2.49	2.50 ～ 2.75	2.76 ～ 2.97	≥ 2.98
女（千米）	< 1.60	1.60 ～ 1.89	1.90 ～ 2.06	2.07 ～ 2.29	2.30 ～ 2.40	≥ 2.41

进行肺活量和 12 分钟跑测试，并将结果填入表 5-2-2。

表 5-2-2　自我测评表

测　试	测试结果	评　价
肺活量		
12 分钟跑		

自我评价：______

四、体重评价

体重是身体的重量，是反映人体充实程度的整体指标，可以间接地反映人体健康状况。体重过轻可作为营养不良或患有疾病的重要特征；体重过重会出现不同程度的肥胖。

（一）标准体重

标准体重是以身高为基准的体重，我国成年人标准体重的计算公式为

标准体重（千克）= 身高（厘米）−105

（二）肥胖的危害

肥胖与人体的健康有着密切的关系。肥胖是导致心血管系统疾病的直接原因之一。它可以引起血胆固醇、甘油三酯浓度上升，高密度脂蛋白浓度下降；引起高血压和非胰岛素依赖型糖尿病；导致肾功能异常。肥胖者由于胸腔扩张、阻力加大可能出现某些呼吸系统疾病，患某些癌症的可能性也相应加大。肥胖还会造成各种心理障碍。

（三）判断肥胖的常用方法

1. 体重指数法

体重指数（BMI）法是依据体重（千克）与身高（米）的平方的比值来判断肥胖的一种方法。（表 5-2-3）

体重指数 = 体重（千克）÷ 身高^2（米^2）

表 5-2-3　体重指数对照表

体格分类	世界卫生组织标准	亚洲标准	中国参考标准	相关疾病发病的危险性
偏　瘦	<18.5	<18.5	<18.5	低（但其他疾病危险性增加）
正　常	18.5 ～ 24.9	18.5 ～ 22.9	18.5 ～ 23.9	处于平均水平
超　重	≥ 25.0	≥ 23.0	≥ 24.0	稍增加
偏　胖	25.0 ～ 29.9	23.0 ～ 24.9	24.0 ～ 26.9	增　加
肥　胖	30.0 ～ 34.9	25.0 ～ 29.9	27.0 ～ 29.9	中度增加

续 表

体格分类	世界卫生组织标准	亚洲标准	中国参考标准	相关疾病发病的危险性
重度肥胖	35.0～39.9	≥ 30.0	≥ 30.0	严重增加
极重度肥胖	≥ 40.0			非常严重增加

2. 腰臀围比值法

腰臀围比值（WHR）是指腰围（厘米）和臀围（厘米）的比值。体内脂肪主要贮存在腰部、腹部及臀部，这几处脂肪的多少与疾病的发生、发展有着密切的关系。一般腰腹部脂肪堆积的肥胖者患冠心病、高血压、糖尿病、中风的危险性增大。因此，腰臀围比值是以脂肪分布来评价患病概率的一种简易方法，不仅可以判断脂肪百分比，而且可以预测健康危险因素。当男性WHR > 0.95、女性WHR > 0.8时，患病概率就会增加。专家建议，男性WHR ≥ 1、女性WHR ≥ 0.85时，就必须实施减肥。

3. 皮褶厚度法

通过测量皮褶厚度可估算出身体密度，并可依据身体密度估算出体脂百分比。此法简便易行，适于体质健康测试，但存在一定的不精确性。

最常用的简易测量方法是测量身体两点（背部和上臂部）的皮褶厚度。背部测量部位在右肩胛骨下角的下方，上臂部测量右上臂肩峰点至桡骨头连线的中点肱三头肌肌腹处。将上述两点皮褶厚度（单位：毫米）相加作为X。

$$体脂百分比 =（4.57 \div D - 4.142）\times 100\%$$

其中，D代表身体密度，成年男性$D=1.0913-0.00116X$；成年女性$D=1.0897-0.00133X$。体脂百分比标准见表5-2-4。

表 5-2-4　体脂百分比标准

评　定	女	男
体脂很低	14.0%～16.9%	7.0%～9.9%
低体脂	17.0%～19.9%	10.0%～12.9%
正常体脂	20.0%～23.9%	13.0%～16.9%
高体脂	24.0%～26.9%	17.0%～19.9%
体脂很高	27.0%～29.9%	20.0%～24.9%
肥胖症	≥ 30.0%	≥ 25.0%

请测试自己的BMI、WHR和体脂百分比，并将结果填入表5-2-5。

表 5-2-5　自我测评表

测试项目	数　值	评　价
BMI		
WHR		
体脂百分比		

第三节　评价运动能力

一、综合运动能力的评价

有氧运动能力评价排在综合运动能力评价体系的首位，权重占 40%，这是因为有氧运动能力与心肺功能密切相关，而心肺功能是影响人体健康的重要因素之一。体重指数也被列入综合运动能力评价体系中，权重占 20%。肌肉力量与运动能力、生活质量密切相关，其权重占 20%。柔韧性、平衡能力和反应能力的权重分别占 10%、5% 和 5%。

（一）有氧运动能力测试与评价

有氧运动能力是机体在氧气供应充足状态下的运动能力。

有氧运动能力测试包括实验室测试和运动场测试。实验室测试需要专门的仪器设备，在专业人员的指导下进行。实验室测试程序严格，数据可靠，并由专业人员分析评价测试结果。运动场测试不需要专门的仪器，测试过程简单，体育锻炼者可按照测试要求在运动场进行测试，并自我评价。

1. 最大摄氧量测试

（1）硬件连接检查。确保功率车、动态心电仪、气体代谢分析仪电源均已打开（提前预热机器）。选择“设备配置文件”，并检查功率车、动态心电仪、气体代谢分析仪的连接是否正常。受试者佩戴面罩、动态心电电极等。

（2）气体代谢分析仪校准。选择气体代谢分析仪软件，在左侧栏中“校准配置”，进行气压校准、气体校准（包括周围气体校准和标准气体校准）和容量校准。

（3）设置运动负荷方案。点击左侧栏“数据库管理”，点击“负荷方案”，点击左上角快捷按钮中的“新建负荷方案”按钮，“选择负荷方案类型：功率车负荷方案”，点击确定。根据受试者的运动水平，设定相适宜的递增运动负荷方案（力竭完成时间以 8 ～ 13 分钟为宜）。男性受试者起始运动负荷强度为 25 瓦，每级负荷运动持续 2 分钟，2 分钟后无间歇转至下一级负荷，每级增加负荷 25 瓦，蹬车过程中保持转速 60 转/分，直至终止负荷。女性受试者起始运动负荷强度为 20 瓦，每级增加负荷 20 瓦，其他同男性。

（4）测试过程。点击“测试评估”，进入“心肺功能”测试界面，选择左上角“新建测试科目”输入受试者的信息，选择设定好的“负荷方案”，进行“预测试”，观察气体代谢数据情况，进行“正式测试”。采用气体代谢分析系统收集受试者在递增运动过程中所产生的氧气和二氧化碳，记录运动过程中心率，每 2 分钟记录一次主观体力感觉。

（5）最大摄氧量判定。满足下列任意 4 个条件时，可判定为力竭。受试者运动力竭时的摄氧量即为最大摄氧量。

① 主观体力感觉等级超过 17。

② 呼吸商超过 1.10。

③ 心率超过年龄预测最大心率（220– 年龄）。

④ 继续增加运动强度，摄氧量不再明显增加，每分钟增值低于 2 毫升 / 千克体重。

采用递增负荷运动测试，利用气体代谢分析方法直接测试最大摄氧量，是测定有氧运动能力的经典方法。

2. 1600 米快走测试

受试者以尽可能快的速度在标准田径场（400 米 / 圈）快走（不能跑）1600 米，记录完成时间（分）和运动后即刻 10 秒的心率，然后乘以 6，换算成每分钟心率。根据受试者的体重、性别、运动时间、心率，代入下列公式计算最大摄氧量。最大摄氧量用毫升 /（千克 • 分）表示。

最大摄氧量［毫升 /（千克 · 分）］=132.853 －（0.03488 × 体重）－（0.3877 × 年龄）+（6.315 × 性别）－（3.2649 × 时间）－（0.1565 × 心率）

其中，体重单位为千克，年龄为周岁，心率单位为次/分；性别：女为0，男为1；时间单位为分（精确到0.01分）。

最大摄氧量值越高，有氧运动能力越好。

（二）体重指数测试与评价

中国人体重指数的正常范围为大于 18.5，小于 23.9。体重指数等于或大于 24 为超重，等于或大于 28 为肥胖。

（三）肌肉力量测试与评价

1. 握　力

握力反映人体前臂和手部肌肉的力量，是评价人体上肢力量的常用指标，通常采用握力计进行测试。受试者转动握力计握距调节钮，调至适宜握距，然后用有力手持握力计，身体直立，两脚自然分开（同肩宽），两臂自然下垂，开始测试时，用最大力紧握上下两个握柄。握力单位为千克，精确至 0.1 千克。连续测两次，取较大值。

2. 背　力

背力反映人体腰背部肌肉的力量。受试者站立在背力计的底盘上，两脚尖分开约 15 厘米，测试时，受试者两臂伸直，掌心向内，紧握握柄，两腿伸直，上体绷直抬头，尽全力做背伸动作。测试两次，取较大值，以千克为单位，不计小数。

3. 纵　跳

纵跳反映人体下肢肌肉的爆发力。该指标主要用于 40 岁以下人群测试。受试者站在纵跳仪踏板上，尽力垂直向上跳起，记录纵跳高度，单位为厘米，精确至 0.1 厘米。测试两次，取较大值。

4. 男性俯卧撑

俯卧撑反映人体上肢、肩背部肌肉的力量及持续工作能力，主要用于男性测试。受试者两手撑地，手指向前，两手间距与肩同宽，身体挺直，屈臂使身体平直下降至肩与肘处于同一水平面，然后将身体平直撑起，恢复至开始姿势为完成一次，记录次数。

5. 女性 1 分钟仰卧起坐

1 分钟仰卧起坐反映人体腰腹肌肉的力量及持续工作能力，主要用于女性测试。受试者仰卧于垫子上，两腿稍分开，屈膝成 90°，两手手指贴于耳侧，由同伴压住两脚以固定下肢。受试者快速起坐，两肘触及或超过两膝，然后还原为仰卧，两肩胛触垫为完成一次。记录 1 分钟完成次数，次数越多，成绩越好。

（四）柔韧性测试与评价

采用坐位体前屈方法测定人体柔韧性。测试仪器为电子坐位体前屈计。受试者坐在垫上，两腿伸直，脚跟并拢，脚尖自然分开，全脚掌蹬在测试仪平板上，然后掌心向下，两臂并拢平伸，上体前屈，用两手中指指尖推动游标平滑前移，直至不能移动为止，记录测试值。单位为厘米，精确至 0.1 厘米。数值越大，柔韧性越好。连续测两次，取较大值。

（五）平衡能力测试与评价

采用闭眼单脚站立方法测定人体平衡能力。测试仪器为电子闭眼单脚站立测试仪。受试者自然站立，闭眼，当听到“开始”口令后，抬起任意一只脚，测试者开始计时。当受试者支撑脚移动或抬起脚着地时，测试者停表，记录站立时间。站立时间以秒为单位，精确至 1 秒。站立时间越长，平衡能力越好。连续测两次，取时间较长值。

（六）反应能力测试与评价

采用反应时测试方法，测定人体神经与肌肉系统的协调性和快速反应能力。测试仪器为反应时测试仪。

受试者中指按住启动键，等待信号发出，当任意信号键发出信号时（声、光同时发出），以最快速度去按该键；信号消失后，中指再次按住启动键，等待下一个信号发出，共有 5 次信号。受试者完成第五次信号应答后，所有信号键都会同时发出声和光，表示测试结束，记录测试值，以秒为单位，精确至 0.01 秒。时间越短，反应能力越好。连续测两次，取时间较短值。

二、自测运动能力

根据不同单项运动能力指标在综合运动能力评价中的权重与系数，计算受试者的综合运动能力得分，计算方法为

综合运动能力得分 = 有氧运动能力得分（最大摄氧量得分）×8+ 肌肉力量得分 ×

4+体重指数得分×4+柔韧性得分×2+平衡能力得分×1+反应能力得分×1

综合运动能力评价采用4级评定：85分及以上为优秀、75分及以上为良好、60分及以上为合格、小于60分为较差。（表5-3-1）

表5-3-1 综合运动能力自测表

	有氧运动能力	体重指数	肌肉力量	柔韧性	平衡能力	反应能力
测试项目						
成　绩						
单项得分						
结　果	总　分：			评定等级：		
自我评价						

第四节 评估运动中的风险

一、运动所导致的心血管风险

运动所导致的心血管风险的大小主要取决于以下因素。

（一）是否患有心血管疾病、肺脏疾病和代谢性疾病

心血管疾病主要包括冠心病、心律失常、心力衰竭。肺脏疾病主要包括慢性阻塞性肺疾病、哮喘、肺炎、肺结核。糖尿病是最常见的代谢性疾病。

（二）是否有疑似心血管疾病、肺脏疾病和代谢性疾病的症状或体征

心血管疾病、肺脏疾病和代谢性疾病的常见症状或体征有胸部疼痛，颈部、下颌或上肢的不适，轻度活动时气短、眩晕或晕厥，端坐呼吸或阵发性呼吸困难，脚踝部水肿、间歇性跛行，心脏杂音，以及正常活动时出现异常乏力或气短。

（三）心血管疾病风险因素

心血管疾病风险因素与运动安全性密切相关。运动参与者的心血管疾病风险因素越少，在运动中出现心血管意外的可能性就越小。通常所说的心血管疾病风险因素包括以下几个方面。

1. 心血管疾病家族史

如果某人的父母、子女及兄弟姐妹中，有男性亲属在55岁之前或女性亲属在65岁之前发生过心绞痛、心肌梗死等心血管疾病，可以称某人有心血管疾病家族史。该因素是发生心血管疾病的危险因素之一。

2. 吸 烟

目前，吸烟和戒烟6个月以内都是心血管疾病的危险因素。通常人们会认为吸烟对呼吸道或肺部的危害比较严重，实际上吸烟对心血管系统也会产生严重危害。香烟中的多种化学物质可以直接损害心血管内膜，使血液中低密度脂蛋白浸入动脉内膜，促使动脉粥样硬化发生。

3. 高血压

高血压是重要的心血管疾病的危险因素，血压越高，在运动中发生心血管意外的风险越大。

4. 糖尿病前期

有些人的血糖高于正常值，但是尚未达到糖尿病的诊断标准，称为糖尿病前期。这些人如不加以干预，在以后的3～5年内多数人会发展为糖尿病。

5. 血脂代谢紊乱

血脂通常是指总胆固醇、甘油三酯、低密度脂蛋白胆固醇和高密度脂蛋白胆固醇。前三项高于正常或后一项低于正常均称为血脂代谢异常。

6. 肥 胖

通常用体重指数判断人体的肥胖程度。在我国，体重指数在27.0～29.9时为肥胖。

7. 静坐少动的生活方式

静坐少动是指每周参加体育锻炼的时间少于50分钟。静坐少动的生活方式给人们带来的健康隐患不容忽视。以坐位工作方式为主，一天内累计步行不超过5000步是典型的静坐少动的生活方式。静坐少动是高血压、肥胖症、糖尿病、冠心病等多种疾病发生的主要原因。因此，从某种程度上讲，这些病都是“坐”出来的。

二、运动中心血管风险的评估

根据参与运动者是否患有心血管疾病、肺脏疾病和代谢性疾病及有无这些疾病的疑似症状或体征，以及心血管危险因素的多少，可以将运动中心血管风险分成低度危险、中度危险和高度危险三个层次。

（一）低度危险

低危组个体是指既没有心血管疾病、肺脏疾病和代谢性疾病，也无这些疾病的疑似症状或体征，没有或仅有1个心血管疾病危险因素的个体。这些人在参加体育运动时发生急性心血管事件的危险性很低，因此运动前不需要做医学检查，运动时一般不需要医务监督，但是当男性大于等于45岁，女性大于等于55岁，在进行大强度运动前应做医学检查，应在医务监督下进行运动负荷测试。

（二）中度危险

中危组个体是指没有心血管疾病、肺脏疾病和代谢性疾病的症状或体征，但具有2个或2个以上心血管疾病的危险因素。这些人在参加体育运动时发生急性心血管事件的危险性较低危组增加，但多数中危人群在进行中小强度的有氧运动时，可不进行医学检查，但在参加较大强度运动之前，则要进行医学检查和运动负荷测试。当男性大于等于45岁，女性大于等于55岁，应在医务监督下进行运动负荷测试。

（三）高度危险

高危组个体是指有1个或多个心血管疾病、肺脏疾病和代谢性疾病的症状或体征，有已经确诊的疾病。这些人在参加体育运动时发生急性心血管事件的危险性较大。因此，在参加任何形式的体育运动前都要进行全面的医学检查，并获得许可。高危组个体在实施运动健身方案的开始阶段应有医务监督，通常在开始阶段的6～12次运动中都要进行心电图和血压监测。

运动中心血管风险分层及医务监督标准见表5-4-1。

表5-4-1 运动中心血管风险分层及医务监督标准

危险分层	风险评估因素	医学检查	医务监督
低度危险	没有症状，没有或仅有1个心血管疾病危险因素	不需要；男性≥45岁，女性≥55岁，大强度运动前应做医学检查	男性≥45岁，女性≥55岁，运动负荷测试应该在医务监督下进行
中度危险	没有症状，有≥2个疾病危险因素	大强度运动前要进行医学检查和运动负荷测试	男性≥45岁，女性≥55岁，运动负荷测试应该在医务监督下进行
高度危险	已知患有心血管疾病、肺脏疾病或代谢性疾病者，或有1个或多个心血管疾病的症状或体征	全面医学检查	运动健身的开始阶段应有医务监督，并在前6～12次运动中进行心电图和血压监测

综上所述，对于低度危险人群，在开始运动健身之前，不需要进行医学检查；中度危险人群应避免大强度运动，或者在医务监督下进行运动负荷测试；而高危人群则只能进行中小强度的体育锻炼，并要进行医学检查和医务监督。在实施运动健身方案的开始阶段，要加强心电图和血压监测，这样可以有效地规避运动参与者在运动健身活动中的心血管风险，大大提高运动健身的安全性。

第五节 个人体质健康测试档案

一、《国家学生体质健康标准（2014 年修订）》测试评分表

《国家学生体质健康标准（2014 年修订）》测试评分表，见表 5-5-1 至表 5-5-7。

表 5-5-1 体重指数（BMI）单项评分表 （单位：千克 / 米 ^{2}）

等级	单项得分	大学男生	大学女生
正常	100	17.9 ～ 23.9	17.2 ～ 23.9
低体重	80	≤ 17.8	≤ 17.1
超重		24.0 ～ 27.9	24.0 ～ 27.9
肥胖	60	≥ 28.0	≥ 28.0

表 5-5-2 大学男生各测试项目评分表 （大一、大二适用）

等级	单项得分	肺活量 / 毫升	50 米跑 / 秒	坐位体前屈 / 厘米	立定跳远 / 厘米	引体向上 / 次	耐力跑 1000 米 /（分 : 秒）
优秀	100	5040	6.7	24.9	273	19	3 : 17
	95	4920	6.8	23.1	268	18	3 : 22
	90	4800	6.9	21.3	263	17	3 : 27
良好	85	4550	7.0	19.5	256	16	3 : 34
	80	4300	7.1	17.7	248	15	3 : 42

续 表

等 级	单项得分	肺活量 / 毫升	50 米跑 / 秒	坐位体前屈 / 厘米	立定跳远 / 厘米	引体向上 / 次	耐力跑 1000 米 / （分 : 秒）
及 格	78	4180	7.3	16.3	244		3 : 47
	76	4060	7.5	14.9	240	14	3 : 52
	74	3940	7.7	13.5	236		3 : 57
	72	3820	7.9	12.1	232	13	4 : 02
	70	3700	8.1	10.7	228		4 : 07
	68	3580	8.3	9.3	224	12	4 : 12
	66	3460	8.5	7.9	220		4 : 17
	64	3340	8.7	6.5	216	11	4 : 22
	62	3220	8.9	5.1	212		4 : 27
	60	3100	9.1	3.7	208	10	4 : 32
不及格	50	2940	9.3	2.7	203	9	4 : 52
	40	2780	9.5	1.7	198	8	5 : 12
	30	2620	9.7	0.7	193	7	5 : 32
	20	2460	9.9	−0.3	188	6	5 : 52
	10	2300	10.1	−1.3	183	5	6 : 12

表 5–5–3 大学男生各测试项目评分表 （大三、大四适用）

等 级	单项得分	肺活量 / 毫升	50 米跑 / 秒	坐位体前屈 / 厘米	立定跳远 / 厘米	引体向上 / 次	耐力跑 1000 米 / （分 : 秒）
优 秀	100	5140	6.6	25.1	275	20	3 : 15
	95	5020	6.7	23.3	270	19	3 : 20
	90	4900	6.8	21.5	265	18	3 : 25

续　表

等　级	单项得分	肺活量 / 毫升	50 米跑 / 秒	坐位体前屈 / 厘米	立定跳远 / 厘米	引体向上 / 次	耐力跑 1000 米 /（分 : 秒）
良　好	85	4650	6.9	19.9	258	17	3 : 32
	80	4400	7.0	18.2	250	16	3 : 40
及　格	78	4280	7.2	16.8	246		3 : 45
	76	4160	7.4	15.4	242	15	3 : 50
	74	4040	7.6	14.0	238		3 : 55
	72	3920	7.8	12.6	234	14	4 : 00
	70	3800	8.0	11.2	230		4 : 05
	68	3680	8.2	9.8	226	13	4 : 10
	66	3560	8.4	8.4	222		4 : 15
	64	3440	8.6	7.0	218	12	4 : 20
	62	3320	8.8	5.6	214		4 : 25
	60	3200	9.0	4.2	210	11	4 : 30
不及格	50	3030	9.2	3.2	205	10	4 : 50
	40	2860	9.4	2.2	200	9	5 : 10
	30	2690	9.6	1.2	195	8	5 : 30
	20	2520	9.8	0.2	190	7	5 : 50
	10	2350	10.0	−0.8	185	6	6 : 10

表 5-5-4 大学女生各测试项目评分表 （大一、大二适用）

等 级	单项得分	肺活量 / 毫升	50 米跑 / 秒	坐位体前屈 / 厘米	立定跳远 / 厘米	1 分钟仰卧起坐 / 次	耐力跑 800 米 / （分 : 秒）
优 秀	100	3400	7.5	25.8	207	56	3 : 18
	95	3350	7.6	24.0	201	54	3 : 24
	90	3300	7.7	22.2	195	52	3 : 30
良 好	85	3150	8.0	20.6	188	49	3 : 37
	80	3000	8.3	19.0	181	46	3 : 44
及 格	78	2900	8.5	17.7	178	44	3 : 49
	76	2800	8.7	16.4	175	42	3 : 54
	74	2700	8.9	15.1	172	40	3 : 59
	72	2600	9.1	13.8	169	38	4 : 04
	70	2500	9.3	12.5	166	36	4 : 09
	68	2400	9.5	11.2	163	34	4 : 14
	66	2300	9.7	9.9	160	32	4 : 19
	64	2200	9.9	8.6	157	30	4 : 24
	62	2100	10.1	7.3	154	28	4 : 29
	60	2000	10.3	6.0	151	26	4 : 34
不及格	50	1960	10.5	5.2	146	24	4 : 44
	40	1920	10.7	4.4	141	22	4 : 54
	30	1880	10.9	3.6	136	20	5 : 04
	20	1840	11.1	2.8	131	18	5 : 14
	10	1800	11.3	2.0	126	16	5 : 24

表 5-5-5　大学女生各测试项目评分表　（大三、大四适用）

等　级	单项得分	肺活量 / 毫升	50 米跑 / 秒	坐位体前屈 / 厘米	立定跳远 / 厘米	1 分钟仰卧起坐 / 次	耐力跑 800 米 / （分 : 秒）
优　秀	100	3450	7.4	26.3	208	57	3 : 16
	95	3400	7.5	24.4	202	55	3 : 22
	90	3350	7.6	22.4	196	53	3 : 28
良　好	85	3200	7.9	21.0	189	50	3 : 35
	80	3050	8.2	19.5	182	47	3 : 42
及　格	78	2950	8.4	18.2	179	45	3 : 47
	76	2850	8.6	16.9	176	43	3 : 52
	74	2750	8.8	15.6	173	41	3 : 57
	72	2650	9.0	14.3	170	39	4 : 02
	70	2550	9.2	13.0	167	37	4 : 07
	68	2450	9.4	11.7	164	35	4 : 12
	66	2350	9.6	10.4	161	33	4 : 17
	64	2250	9.8	9.1	158	31	4 : 22
	62	2150	10.0	7.8	155	29	4 : 27
	60	2050	10.2	6.5	152	27	4 : 32
不及格	50	2010	10.4	5.7	147	25	4 : 42
	40	1970	10.6	4.9	142	23	4 : 52
	30	1930	10.8	4.1	137	21	5 : 02
	20	1890	11.0	3.3	132	19	5 : 12
	10	1850	11.2	2.5	127	17	5 : 22

表 5-5-6　大学生加分指标测试项目评分表一　（单位：次）

加　分	引体向上（男）		1 分钟仰卧起坐（女）	
	大一、大二	大三、大四	大一、大二	大三、大四
10	10	10	13	13
9	9	9	12	12
8	8	8	11	11
7	7	7	10	10
6	6	6	9	9
5	5	5	8	8
4	4	4	7	7
3	3	3	6	6
2	2	2	4	4
1	1	1	2	2

注：引体向上（男）、1 分钟仰卧起坐（女）均为高优指标，学生成绩超过单项评分 100 分后，以超过的次数所对应的分数进行加分。

表 5-5-7　大学生加分指标测试项目评分表二　（单位：秒）

加　分	1000 米跑（男）		800 米跑（女）	
	大一、大二	大三、大四	大一、大二	大三、大四
10	-35	-35	-50	-50
9	-32	-32	-45	-45
8	-29	-29	-40	-40
7	-26	-26	-35	-35
6	-23	-23	-30	-30
5	-20	-20	-25	-25
4	-16	-16	-20	-20
3	-12	-12	-15	-15
2	-8	-8	-10	-10
1	-4	-4	-5	-5

注：1000 米跑（男）、800 米跑（女）均为低优指标，学生成绩低于单项评分 100 分后，以减少的秒数所对应的分数进行加分。

二、个人体质健康测试档案记录

个人体质健康测试档案记录表，见表 5-5-8。

表 5-5-8　个人体质健康测试档案记录表

姓　名				性　别					学　号	
院（系）				民　族					出生日期	
单项指标	大　一			大　二			大　三			毕业成绩	
	成绩	得分	等级	成绩	得分	等级	成绩	得分	等级	得分	等级
体重指数（千克 / 米 ^{2}）											
肺活量（毫升）											
50 米跑（秒）											
坐位体前屈（厘米）											
立定跳远（厘米）											
引体向上（男）/1 分钟仰卧起坐（女）（次）											
1000 米跑（男）/800 米跑（女）（分：秒）											
标准分											
加分指标	成绩	附加分		成绩	附加分		成绩	附加分			
引体向上（男）/ 1 分钟仰卧起坐（女）（次）											
1000 米跑（男）/800 米跑（女）（分：秒）											
学年总分											
等级评定											

二、测试得分雷达图

请将 7 项测试指标的单项得分（不算加分，不乘以权重）用连线的方式填在雷达图上。连线所形成的图形面积越大，形状越趋于圆形，表示体质健康水平越高，发展越均衡；同时，也能清晰地呈现出自己的弱项和强项。（图 5-5-1 至图 5-5-3）

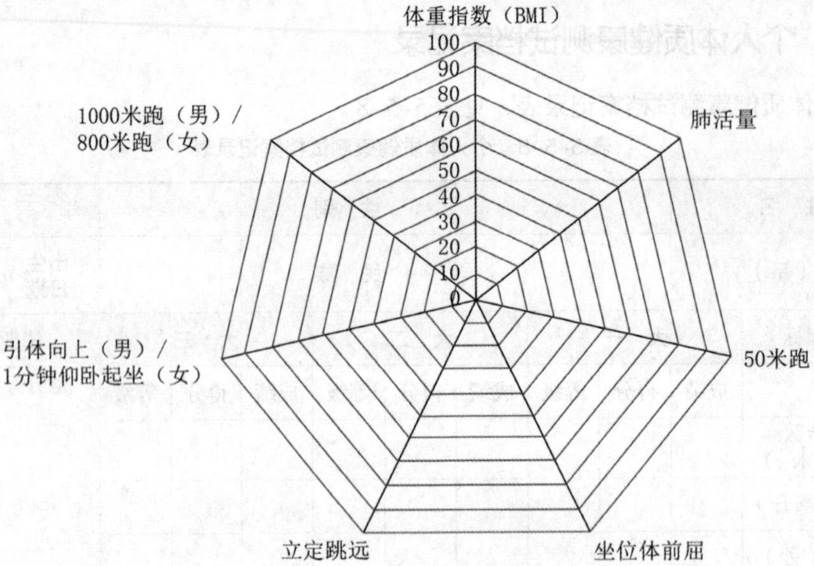

图 5-5-1　大一单项得分雷达图

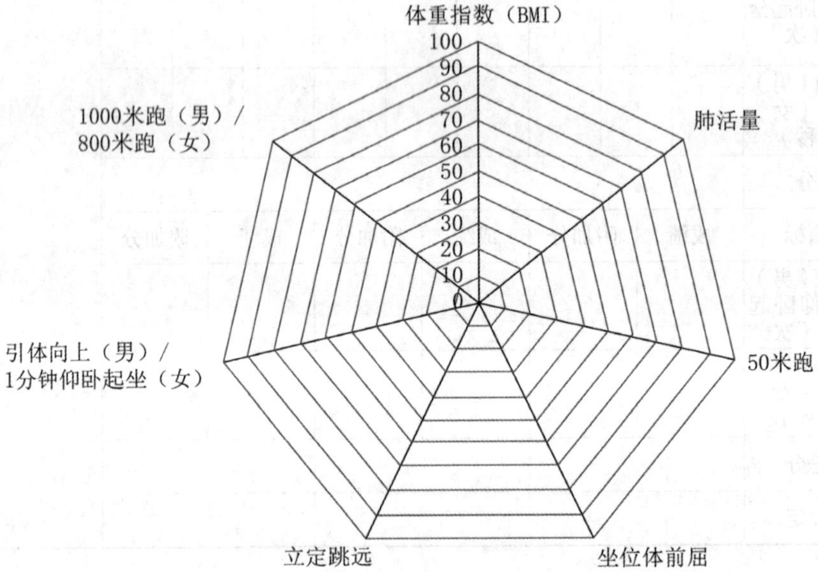

图 5-5-2　大二单项得分雷达图

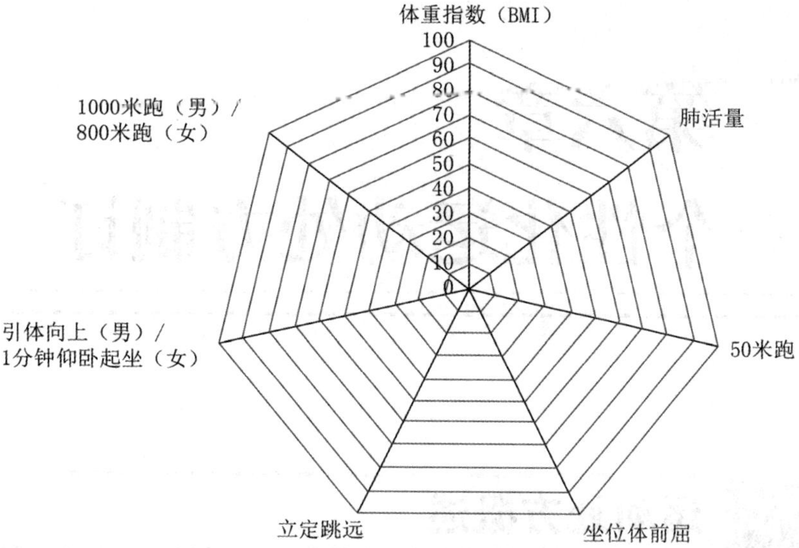

图 5-5-3　大三单项得分雷达图

思考题

1. 身体机能日常监测通常包括哪些项目？
2. 判断肥胖的常用方法有哪些？
3. 心血管疾病风险因素有哪些？

第六章 个性化运动处方制订

第一节 运动处方概述

一、运动处方的产生

20世纪50年代，美国生理学家卡波维奇提出了运动处方的概念。1960年，日本的猪饲道夫首先使用了运动处方术语。1969年，世界卫生组织也使用了运动处方术语，并在国际上得到了确认。联邦德国霍尔曼研究所从1954年起对运动处方的理论和实践进行研究，制订出适合健康人、中老年人、运动员、肥胖病人等人群的各类运动处方，取得显著社会效果。

二、运动处方的概念和种类

运动处方是康复医师或体疗师根据体育锻炼者或患者的医学检查资料（包括运动试验和体力测验数据），按其健康、体力和心血管功能状况，以处方的形式为其确定运动种类、运动强度、运动时间和运动频率，提出运动中的注意事项，指导其有目的、有计划和科学地进行锻炼的一种方法。

处方在医学上指的是医师给患者开的药方，不同的病或同一种病的程度不同，所开的药方就不相同。同样地，要科学地锻炼身体，提高健康水平，预防或治疗疾病，必须“对症下药”。因此，参加锻炼者必须根据自己目前的身心状况制订科学的运动处方，才能获得所期望的锻炼效果。

运动处方的种类繁多，对象广泛。以强身健体为目的的，称为健身运动处方；以中老年人为对象的，称预防性运动处方；以某些慢性病、急性病和创伤康复患者为对象的，称治疗性运动处方；针对竞技运动的，称竞技性运动处方，等等。

第二节　运动处方的内容

一、运动种类

（一）体育健身运动的种类

体育健身运动可以归纳为有氧运动、球类运动、中国传统运动、力量练习、拉伸练习五大类。每种类别下包含不同的活动方式，并能取得不同的健身效果。（表 6–2–1）

表 6–2–1　体育健身运动的种类

种　类	活动方式	健身效果
有氧运动（中等强度）	健步走、慢跑（6 ～ 8 千米 / 小时）、骑自行车（12 ～ 16 千米 / 小时）、登山、爬楼梯、游泳等	改善心血管系统功能，提高呼吸系统功能，控制与降低体重，增强免疫能力，改善血脂，调节血压，改善糖代谢
有氧运动（大强度）	快跑（8 千米 / 小时以上）、骑自行车（16 千米 / 小时以上）等	提高心肌收缩力量和心脏功能，进一步改善免疫系统功能
球类运动	篮球、足球、橄榄球、曲棍球、冰球等	提高心肺耐力，提高肌肉力量，提高反应能力，调节心理状态
中国传统运动	武术套路、健身气功等	提高心肺耐力，增强免疫系统功能，提高呼吸系统功能，提高平衡能力，提高柔韧性，调节心理状态
力量练习	非器械练习：俯卧撑、原地纵跳、仰卧起坐等。 器械练习：借助各类综合力量练习器械、杠铃等练习	增加肌肉体积，提高肌肉力量，提高平衡能力，预防骨质疏松
拉伸练习	动力性拉伸：正踢腿、甩腰等 静力性拉伸：正压腿、压肩等	提高关节活动幅度和平衡能力，预防运动损伤

（二）运动种类的选择

1. 选择运动种类的条件

从运动医学的角度来说，以增进健康为目的所进行的运动应考虑以下三个条件。

（1）恒常运动。

（2）有一定节律的持续运动，无呼吸紊乱或屏气现象。

（3）近于全身运动，不是局部运动。

2. 运动处方的运动种类

运动处方要求包括以下三种运动种类，以达到全面锻炼的最佳效果。

（1）耐力性（有氧）运动：步行、慢跑、走跑交替、健美操、游泳、骑自行车、滑冰、越野滑雪、划船、跳绳、上下楼梯等。

（2）柔韧运动：播体操、健美操、太极拳、五禽戏、八段锦、各种医疗体操、矫正体操等。

（3）力量性运动：中等强度的、足以发展和维持去脂体重（人体体重减去人体脂肪重量即为去脂体重）的力量训练。

二、运动强度

运动强度是单位时间内的运动量，而总运动量是运动强度和运动时间的乘积。运动强度是运动处方定量化与科学性的核心问题，而运动量也是取得锻炼效果与确保锻炼安全性的关键，二者的表示方法有多种，可根据需要分别使用。

运动强度＝运动量÷运动时间

运动量＝运动强度×运动时间

人如果能经常进行有规律、适量的运动，能令思维、感觉和反应都更灵敏，但过量运动时，人们会感觉极度疲劳、浑身无力、大脑反应减慢。如果人长期过量运动，会使大脑机能受损，出现注意力不集中、失眠、健忘等现象。因此，要把握好运动强度，一般每次有氧运动时间以 20 ～ 60 分钟为宜。运动强度可用运动时的心率来衡量。

（一）年龄计算法

运动适宜心率＝180（或 170）－年龄

如果 60 岁以上或体质较差的中老年人，则用 170 减去年龄。此法适用于身体健康的人。

（二）身体指标与心率的关系

运动时的心率在 110 次/分以下时，机体的血压、心电图等指标均无明显变化，健身效果不明显；心率为 140 次/分时，心脏每搏输出量接近并达到最佳状态，健身效果明显；心率为 150 次/分时，心脏每搏输出量最大，健身效果最好；心率在 160 ～ 170 次/分时，虽无不良的异常反应，但也未取得更好的健身效果；心率达到 180 次/分时，体内免疫球蛋白减少，易感染疾病，并易产生疲劳或运动伤病。（表 6-2-2）

表 6-2-2 年龄、性别、运动强度与心率的关系

运动强度	最大心率百分数	100%		80%		60%		40%		20%	
	负荷强度	最大强度		强 度		中等强度				轻 度	
	运动建议	运动强度的极限值		中老年人提高健康水平应在此范围内持续运动				初学者以此强度持续运动		这种程度算不上运动	
年龄组的心率（次/分）	性 别	男	女	男	女	男	女	男	女	男	女
	10 ～ 19	202	195	174	168	146	141	117	114	88	87
	20 ～ 29	195	186	168	161	141	136	114	110	87	85
	30 ～ 39	188	175	162	152	137	129	111	106	86	83
	40 ～ 49	181	165	157	144	133	123	108	102	84	81
	50 ～ 59	175	155	152	136	129	117	106	98	83	79
	60 ～ 69	168	145	146	127	125	112	103	94	82	77
	70 ～ 79	161	136	141	121	121	106	100	90	80	75
运动感觉		非常费力		很费力		较费力		轻松运动		很轻松	

三、运动时间

运动时间是指每次持续运动的时间，由于运动时间和运动强度的乘积即为运动量，因此即使等量的运动量，因运动目的不同而有运动强度和运动时间不同的处方。对于青少年来说，短时间剧烈运动的、反复多次的处方对增进健康有很好的作用。

据研究，每次进行 20 ～ 60 分钟的耐力性运动是比较适宜的。库珀研究认为，心率达到 150 次/分以上时，最少持续运动 5 分钟才开始收到效果。

（一）必要的运动时间

必要的运动时间，因运动强度、运动频率，以及参与者的运动目的、年龄、身体条件等的不同而不同，不能一概而定，而是要看某种运动强度对呼吸系统、循环系统的刺激，从运动开始至达到恒常运动所需的时间。能够给予呼吸系统、循环系统有效的刺激，使各种生理功能得到充分发挥，所需的时间：轻运动时为 5 分钟左右，强运动时为 3 分钟左右。由此可见，5 分钟以内的运动对呼吸系统、循环系统的刺激还是不充分的。因此，在达到恒常运动以后需要继续运动一段时间，这样合计运动时间则为 10 分钟以上，再加上准备活动及整理活动需要 5 ～ 8 分钟，实际所需要的时间为 15 ～ 20 分钟，这是比较可行的最低限度。

一般可在持续有氧运动 20 ～ 60 分钟的前提下，按运动强度及身体条件决定必要的运动时间，这是运动处方的要点。

（二）时间与强度的配合

每次持续运动时间和运动强度的配合，可明显地改变运动量。一般来说，健康成年人宜进行中等强度、长时间的运动；体力弱而时间充裕的人，宜进行小强度、长时间的运动；体力好而时间不充裕的人，宜进行大强度、短时间的运动。（表 6–2–3）

表 6–2–3 运动时间与运动强度的配合

运动时间		5 分钟	10 分钟	15 分钟	30 分钟	60 分钟
运动强度	小强度	70%最大摄氧量	65%最大摄氧量	60%最大摄氧量	50%最大摄氧量	40%最大摄氧量
	中强度	80%最大摄氧量	75%最大摄氧量	70%最大摄氧量	60%最大摄氧量	50%最大摄氧量
	大强度	90%最大摄氧量	85%最大摄氧量	80%最大摄氧量	70%最大摄氧量	60%最大摄氧量

四、运动频率

运动频率指每周的锻炼次数。对于每周锻炼几次为好这个问题，有人研究得出：当每周锻炼多于 3 次时，最大摄氧量的增加逐渐趋于平坦；当锻炼次数增加到 5 次以上时，最大摄氧量的增加就很小；而每周锻炼少于 2 次时，通常不引起最大摄氧量的改变。由此可见，每周锻炼 3 或 4 次是最适宜的频率。由于运动效应的蓄积作用，运动间隔不宜超过 3 天。作为一般健身保健，如果能坚持每天锻炼一次当然更好。

关于必要的运动频率，相关的研究结果表明：一周运动 1 次时，运动效果不蓄积，肌肉酸痛和疲劳每次都发生，运动后 1 ～ 3 天身体不适且易发生伤害事故；一周运动 2 次，疼痛和疲劳减轻，运动效果逐渐蓄积，但不显著；一周运动 3 次，基本上是隔日运动，不仅运动效果可充分蓄积，而且不易产生疲劳；如果增加频率为一周 4 次或 5 次，效果也相应增强。

五、注意事项

为保证安全，制订运动处方时应根据个人具体情况，提出锻炼时应当注意的事项，如对患有慢性病的患者应注意检测其疾病状态，或者安排医护人员陪同。锻炼应遵循循序渐进的原则量力而行。

第三节 制订适合自己的运动处方

一、运动处方的制订过程

（一）一般了解

（1）了解运动的目的和对运动的期望。

（2）询问病史，如既往病史、家族病史等。

（3）了解运动史，如运动爱好、现在的运动情况等。

（4）了解社会环境条件，如职业、生活环境、经济、营养等条件，周围能够利用的运动设施，有无健身指导等。

（二）医学检查

（1）对现在的健康状况进行评价。

（2）判断能否进行运动。

（3）检查是否有潜在性疾病或危险因素，以预防事故发生。

总之，医学检查的基本目的在于掌握个人的状况，为制订运动处方提供必要的信息。

（三）制订运动处方前的相关测试

在制订运动处方前，需要根据检查目的、处方对象的身体特点来选择相关的测试，包括临床健康检查（生化指标、生理机能）和健康体适能测试（心肺耐力、肌肉耐力、肌肉力量、柔韧性、身体形态和身体成分）。

（四）制订运动处方，安排锻炼计划

通过以上检查，可以依据处方对象的健康状况、体力水平、运动能力的限度等具体情况来制订运动处方。一般按照初订的运动处方试行锻炼，如有不合适的地方，可进行适当的调整，坚持锻炼3～6个月，再做运动负荷试验，重新制订长期的运动处方，以不断增强锻炼效果。

二、运动处方的实施

第一阶段，热身运动。每次运动前都应有一段热身准备，时间一般为5～6分钟。热身运动能使体内温度升高，血流量和呼吸量增加，全身肌肉充分伸展，以便身体适应即将开始的激烈运动，防止运动损伤和肌肉酸痛现象的发生。

第二阶段，主要运动。确定运动的负荷强度和运动持续时间是关键。

第三阶段，整理活动。整理阶段与运动阶段实际上是连贯的，即在激烈运动后以强度较低的运动方式继续活动一段时间。例如，跑步后转入步行，做一些伸展练

习等。该阶段约需 10 分钟。整理活动使人体有大于安静状态时的摄氧量，有利于补充运动时体内消耗的氧；呼吸和心跳逐渐恢复正常，使积累在四肢的血液加快回流到心脏，避免因大脑缺血而出现头昏、晕厥等症状。

请同学们制订适合自己的运动处方，并将处方内容和实践情况填入表 6-3-1 至表 6-3-6。

表 6-3-1 大一学生运动处方表

姓 名		性 别		年 龄		年 级		体育爱好	
健康状况									
体质测试									
运动目的									
运动项目									
运动强度									
运动时间									
运动频率									
注意事项									

处方者：

年 月 日

表 6-3-2 大一学生运动处方实践情况

时 间	训练次数	时 间	训练次数
__年__月		__年__月	
__年__月		__年__月	
__年__月		__年__月	
__年__月		__年__月	
__年__月		__年__月	
__年__月		__年__月	

运动总结：

表 6-3-3　大二学生运动处方表

姓　名		性　别		年　龄		年　级		体育爱好	
健康状况									
体质测试									
运动目的									
运动项目									
运动强度									
运动时间									
运动频率									
注意事项									

处方者：

年　　月　　日

表 6-3-4　大二学生运动处方实践情况

时　间	训练次数	时　间	训练次数
__年__月		__年__月	
__年__月		__年__月	
__年__月		__年__月	
__年__月		__年__月	
__年__月		__年__月	
__年__月		__年__月	

运动总结：

表 6-3-5　大三学生运动处方表

姓　名		性　别		年　龄		年　级		体育爱好	
健康状况									
体质测试									
运动目的									
运动项目									
运动强度									
运动时间									
运动频率									
注意事项									

处方者：

年　　月　　日

表 6-3-6　大三学生运动处方实践情况

时　间	训练次数	时　间	训练次数
__年__月		__年__月	
__年__月		__年__月	
__年__月		__年__月	
__年__月		__年__月	
__年__月		__年__月	
__年__月		__年__月	

运动总结：

思考题

1. 运动处方包括哪些内容？
2. 简述运动处方的制订过程。

第七章 发展学生体质的“一生一案”

第一节 耐力素质锻炼方法

一、耐力素质概述

耐力素质是指人体长时间进行肌肉活动的能力，也可看作人体的抗疲劳能力。耐力素质是构成健康人体重要的素质之一，也是一般竞技能力的基础素质，分为有氧耐力和无氧耐力。

（一）有氧耐力锻炼

有氧耐力是耐力素质的主要方面，发展有氧耐力主要是提高心肺功能水平。

有氧耐力锻炼的运动强度，一般控制在心率 140 ～ 170 次/分，为锻炼者所能承受的最大强度的 75%～ 85%。如果运动强度太低，锻炼者的心率低于 140 次/分，则其心输出量达不到较大值，同时吸进的氧气也较少。如果运动强度过高，锻炼者的心率高于 170 次/分，不利于有氧耐力的提高。有氧耐力锻炼的持续时间最少为 5 分钟，一般在 15 分钟以上。

提高有氧耐力经常采用持续负荷的方法进行。具体有两种：一种是连续负荷法，即在较长时间内，运动强度保持不变；另一种是交换负荷法，是在连续负荷法的基础上，短时间加大运动强度，使机体的呼吸能力和血液循环能力受到良性刺激。人们锻炼有氧耐力，多采用长跑、跳绳、原地跑、球类运动、骑自行车、轮滑、划船等方式。进行有氧耐力锻炼时，应注意速度由慢到快，距离由短到长，逐步增加运动强度和运动密度。

（二）无氧耐力锻炼

无氧耐力锻炼对提高锻炼者短距离跑（后程）的能力有显著效果，如 100 米跑、

200 米跑、400 米跑等。在进行无氧耐力锻炼时，由于运动强度大，锻炼者的心率一般应控制在 160 次/分以下，同时应重视医务监督。

二、耐力素质的提高方法

（一）男生耐力素质的提高方法

1. 耐力素质优秀和良好者

推荐锻炼项目：① 12 分钟健身跑、匀速跑，采用三步吸一步呼的呼吸节奏；② 骑自行车；③ 跳绳，100 次为 1 组，进行 8 ～ 12 组，每两组间隔 1 分钟；④ 轮滑；⑤ 骑功率自行车。

运动强度和数量：每周 3 或 4 次，运动时的心率应控制在 130 ～ 160 次/分，每次运动 20 分钟以上。

2. 耐力素质及格者

推荐锻炼项目：① 快速走；② 慢跑，保持三步吸一步呼的呼吸节奏；③ 上下楼梯；④ 体育舞蹈，即按照一定的舞姿、舞步进行的室内有氧运动；⑤ 健美操，即在不断变化的音乐伴奏下，重复或变换动作练习。

运动强度和数量：每周 3 或 4 次，运动时的心率应控制在 130 ～ 160 次/分，每次运动 20 分钟以上。

3. 耐力素质不及格者

推荐锻炼项目：① 走跑交替，即进行慢跑和行走相交替的有氧练习；② 踏板操，即借助硬质塑料或橡胶制成的踏板，做踏上、踏下、左右移动的练习；③ 上下楼梯；④ 利用跑步机练习；⑤ 滑冰。

运动强度和数量：每周 3 次，运动时的心率控制在 130 ～ 160 次/分，每次运动 15 分钟以上。

（二）女生耐力素质的提高方法

1. 耐力素质优秀和良好者

推荐锻炼项目：① 跑步，中等速度，呼吸均匀；② 骑自行车；③ 登山，中等速度，呼吸均匀；④ 游泳，以蛙泳和自由泳为佳，在游泳过程中应保持中等速度；⑤ 球类运动，如篮球、羽毛球、网球等，练习中应有一定的运动强度，且能够持续运动一段时间。

运动强度和数量：每周 3 或 4 次，运动时的心率应控制在 125 ～ 155 次/分，每次运动 20 分钟以上。

2. 耐力素质及格者

推荐锻炼项目：① 乒乓球，以练习为主，多做同一种动作；② 跑步，中等速度，呼吸均匀；③ 游泳，以蛙泳和自由泳为佳，保持中等速度；④ 跳绳，采用自己熟悉的方式练习；⑤ 骑自行车，选择适合自己身高的自行车型号。

运动强度和数量：每周 3 或 4 次，运动时的心率应控制在 125 ～ 155 次/分，每次运动 20 分钟以上。

3. 耐力素质不及格者

推荐锻炼项目：① 游泳，以蛙泳和自由泳为佳，保持中等速度；② 跑步，中等速度，呼吸均匀；③ 健步走，尽量加大手臂的摆动幅度；④ 健身操，随音乐节奏进行全身有节律的运动；⑤ 乒乓球，尽量延长练习一种动作的持续时间，两腿弯曲，保持低重心，呼吸均匀。

运动强度和数量：每周 3 次，运动时的心率应控制在 125 ～ 155 次/分，每次运动 15 分钟以上。

第二节　力量素质锻炼方法

一、力量素质概述

力量素质是指肌肉抵抗阻力的能力。不同的锻炼方法可以使肌肉产生不同的训练效果，但需要锻炼者在健身运动中以最小的吸氧量进行力量锻炼才可奏效。对于从事体力工作的人来说，力量更是不可缺少的动力源泉。部分肌肉力量不足者，同样应该注重加强肌肉力量的锻炼。对青少年来说，锻炼肌肉力量可促进身体的健康发育，并有助于良好体型的形成。一般情况下，负重抗阻力练习是增强力量素质的基本手段。

（一）力量素质锻炼的原则

1. 确定最大负荷的百分比

力量素质的运动负荷是否科学合理，对训练效果的好坏有重要影响，最大负荷的百分比应根据锻炼者的自身情况来确定。最大负荷一般用“RM”表示，即进行抗阻负荷练习时，一次连续性的对该运动负荷最大重复次数的阻力负荷量。一般以 RM 的 70% 为最大限度负荷。

2. 渐增阻力原则

通过重复多次的练习，个人力量素质增强，原来对个体的超负荷运动慢慢地变成了低负荷运动。这时若想使力量素质继续增强，就需要逐渐增加抗阻负荷。

3. 调整最大超负荷

锻炼实施的过程中，肌肉对刺激的强度逐步适应，因此每周要有 2 次以上的运动按最大超负荷进行效能性调整。

4. 合理顺序原则

为了取得最佳的锻炼效果，锻炼的安排应以大肌群—小肌群为序，即大肌群锻炼在前，小肌群锻炼在后。

5. 把握锻炼力量素质的时机

以健身为目的的力量锻炼，应通过准备活动使身体温度升高后进行。若想增加肌肉的生理面积，则应在完成有氧运动之后进行力量锻炼。

（二）力量素质锻炼的频率、时间和次数

力量素质锻炼的频率为每周 3 次，隔日进行 1 次超负荷锻炼。每次重复 3 ～ 5 组，肌肉力量就会有所改善；如果重复 5 ～ 9 组，肌肉力量就会增强；重复 10 ～ 12 组，肌肉耐力将有所增强。每组重复应用 5 ～ 15 秒完成，而耐力性强的人，其最大负荷练习可适当延长至 20 ～ 30 秒完成。每次做 3 组能使肌肉力量增强。

二、力量素质的提高方法

大学生可以根据自我评价的结果，有针对性地选择力量素质的提高方法。

（一）男生下肢力量的提高方法

1. 下肢力量优秀和良好者

推荐锻炼项目：① 斜坡跑。选择坡度为 8° ～ 10° 的平整场地，50 米为 1 组，完成 6 ～ 8 组。② 收腹跳台阶。面向台阶两脚站立，两腿屈膝向后蹬伸，同时两臂在体侧积极上摆，收腹屈髋跳上台阶，30 个台阶为 1 组，完成 4 ～ 6 组。③ 弓步走。上体直立，两手背后，两腿交替向前迈步成弓步走，50 步为 1 组，完成 3 ～ 5 组。④ 跳绳。100 次为 1 组，完成 8 ～ 12 组。⑤ 爬山。每次运动的时间为 60 分钟。

以上各个锻炼项目，除爬山外，每周 3 次，每组间隔 2 分钟。

2. 下肢力量及格者

推荐锻炼项目：① 提踵练习。踝关节处于伸的状态，然后做屈的动作，30 次为 1 组，完成 3 ～ 5 组。② 追逐跑。两人一组慢跑，其中一人疾跑 20 米后慢跑，另一人疾跑追上前一人后慢跑，交替进行 50 米为 1 组，完成 6 ～ 8 组。③ 仰卧交叉剪腿。仰卧，两手置于体侧，收腹提腿，腿与支撑面成 30° 角，两腿做外展内收的交叉剪腿动作，30 次为 1 组，完成 3 ～ 5 组。④ 仰卧蹬腿。仰卧，两腿在空中做蹬自行车动作，3 分钟为 1 组，完成 3 ～ 5 组。

以上各个锻炼项目，每周 3 次，每组间隔 2 分钟。

3. 下肢力量不及格者

推荐锻炼项目：① 前脚掌行走。前脚掌着地行走，两臂在体侧前后自然摆动，走 100 米为 1 组，完成 6 ～ 8 组。② 变速跑。疾跑 50 米、慢跑 50 米，交替进行，每 100 米为 1 组，完成 4 ～ 6 组。③ 跳绳跑。边跳绳边跑，100 米为 1 组，完成 4 ～ 6 组。④ 往返跑。相距 6 ～ 8 米的两端放置或选定两个标志，锻炼者触摸一端标志后快速跑向并触摸另一端标志，往返 15 次为 1 组，完成 3 ～ 5 组。

以上各个锻炼项目，每周 3 次，每组间隔 2 分钟。

（二）男生上肢力量的提高方法

1. 上肢力量优秀和良好者

推荐锻炼项目：① 划船机练习。在划船机上进行全身运动，50 次为 1 组，完成 4 ～ 6 组。② 指卧撑。身体成俯卧姿势，十指着地将身体撑起。练习的次数和时间可根据情况灵活掌握。③ 杠铃练习。根据要发展的部位进行有针对性的杠铃练习。根据自身

情况确定重量，8 ～ 12 次为 1 组，完成 3 ～ 5 组。④ 综合健身器练习。针对不同部位的肌肉进行全面的练习。每个部位练习 4 ～ 6 组，练习的次数和间隔根据实际情况灵活掌握。

以上各个锻炼项目，除综合健身器练习外，每周 3 次，每组间隔 1 分钟。

2. 上肢力量及格者

推荐锻炼项目：① 旋腕提重物。两手握杠向顺时针方向旋腕将重物提起，再向相反方向练习，8 ～ 10 次为 1 组，完成 3 ～ 5 组。② 拉力器练习。8 ～ 10 次为 1 组，完成 3 ～ 5 组。③ 卧推。仰卧，两手握杠铃，手臂屈伸完成。根据自身情况确定重量，8 ～ 12 次为 1 组，完成 3 ～ 5 组。④ 两臂屈伸。两臂撑于双杠，通过手臂的屈伸完成练习。以能完成的最多次数为 1 组，完成 4 ～ 6 组。⑤ 哑铃卷指。坐姿，掌心向上握哑铃，将手背置于大腿上，伸指伸腕使哑铃滚向末端指关节，屈指屈腕将哑铃卷起。根据自身情况确定重量，8 ～ 12 次为 1 组，完成 3 ～ 5 组。

以上各个锻炼项目，每周 3 次，每组间隔 1 分钟。

3. 上肢力量不及格者

推荐锻炼项目：① 抛接沙袋。将 1 ～ 2 千克重的沙袋用单手向不同的方向抛接，也可以两人对抛对接，8 ～ 10 次为 1 组，完成 4 ～ 6 组。② 静力掰腕。肘部置于桌面，两人同侧手相握，向各自的掌心方向用力，静止保持 30 秒为 1 组，完成 3 ～ 5 组。③ 哑铃练习。有针对性地进行哑铃屈肘、哑铃仰卧屈臂等练习。根据自身情况确定重量，8 ～ 12 次为 1 组，完成 3 ～ 5 组。④ 屈臂静力悬垂。两手握单杠，身体吊挂，保持静止，坚持到两臂疲劳，一次为 1 组，完成 2 或 3 组。

以上各个锻炼项目，每周 3 次，组间间隔 1 分钟。

（三）女生下肢力量的提高方法

1. 下肢力量优秀和良好者

推荐锻炼项目：① 高抬腿跑。大腿高抬与上体成直角，用前脚掌着地，30 米为 1 组，完成 3 ～ 5 组。② 后蹬腿跑。摆动腿屈膝向前摆出，大腿积极下压，30 米为 1 组，完成 3 ～ 5 组。③ 单足跳。一腿屈膝提起，另一腿前脚掌用力蹬地向前跳跃，前脚掌着地，30 米为 1 组，完成 3 ～ 5 组。④ 负重纵跳。两手提壶铃（重 3 千克）半蹲，用力纵跳时，腰、膝关节、踝关节充分伸直，落地屈膝缓冲，跳 10 次为 1 组，完成 3 ～ 5 组。⑤ 五级蛙跳。蛙跳时充分展腹，膝关节、踝关节充分伸展，完成 5 组。

以上各个锻炼项目，每周 3 次，组间间隔 2 ～ 3 分钟。

2. 下肢力量及格者

推荐锻炼项目：① 小步跑。要求步幅小，频率快，30 米为 1 组，完成 2 组。② 高抬腿跑。大腿高抬与上体成直角，用前脚掌着地，30 米为 1 组，完成 2 组。③ 后蹬腿跑。摆动腿屈膝向前摆出，大腿积极下压，30 米为 1 组，完成 2 组。④ 单足跳。一腿屈膝提起，另一腿前脚掌用力蹬地向前跳跃，前脚掌着地，30 米为 1 组，完成 2 组。⑤ 五级蛙跳。蛙跳时，充分展腹，膝关节、踝关节充分伸展，完成 4 组。

以上各个锻炼项目，每周 3 次，组间间隔 2 ～ 3 分钟。

3. 下肢力量不及格者

推荐锻炼项目：① 小步跑。要求步幅小，频率快，20 米为 1 组，完成 2 组。② 高抬腿跑。大腿高抬与上体成直角，用前脚掌着地，20 米为 1 组，完成 2 组。③ 后蹬腿跑。摆动腿屈向前摆出，大腿积极下压，20 米为 1 组，完成 2 组。④ 单足跳。一腿屈膝提起，另一腿前脚掌用力蹬地向前跳跃，前脚掌着地，20 米为 1 组，完成 2 组。

以上各个锻炼项目，每周 3 次，组间间隔 2 ～ 3 分钟。

（四）女生上肢力量的提高方法

1. 上肢力量优秀和良好者

推荐锻炼项目：① 负重仰卧起坐。仰卧，两脚固定，两手持实心球，两臂伸直于头顶，卷腹，抬起上体，使胸部尽量靠近大腿。② 悬垂负重卷腹举腿。在肋木或单杠上悬垂，腿绑沙袋，卷腹举腿至大腿接近平行于地面。③ 正手斜身引体。正握低单杆，用力向上拉，胸部超越单杠后，两臂伸直。④ 仰卧起坐（手拉橡皮筋）。两脚固定，卷腹抬起上体，并尽量使胸部触及大腿。⑤ 哑铃侧平举。两手握哑铃于体侧，两臂侧平举，然后将哑铃慢慢放下。

以上各个锻炼项目，10 次为 1 组，完成 4 ～ 6 组，组间间隔 1 分钟左右（负重均选择自身能完成 8 ～ 12 次的重量），每周 3 次。

2. 上肢力量及格者

推荐锻炼项目：① 哑铃侧平举。两臂垂于体侧，两手握哑铃，两臂侧平举，根据自身情况确定哑铃重量，10 ～ 12 次为 1 组，完成 3 ～ 5 组。② 屈膝俯卧撑。屈膝跪在地上，两小腿离地，做俯卧撑，10 ～ 12 次为 1 组，完成 3 ～ 5 组。③ 哑铃颈后屈臂。两手握哑铃，两臂上举至上臂贴耳，向后屈肘再抬起，根据自身情况确定哑铃重量，10 ～ 12 次为 1 组，完成 3 ～ 5 组。④ 哑铃弯举。反握哑铃，两臂屈肘，使哑铃至肩部后慢慢放下，根据自身情况确定哑铃重量，8 ～ 12 次为 1 组，完成 3 ～ 5 组。

以上各个锻炼项目，每周 3 次，组间间隔 1 分钟。

3. 上肢力量不及格者

推荐锻炼项目：① 哑铃侧平举。两手握哑铃两臂侧平举，根据自身情况确定哑铃重量，8 ～ 10 次为 1 组。② 正手斜身引体。正握低单杠，手臂伸直放松向上拉，拉至不能再向上为止，7 ～ 10 次为 1 组。③ 哑铃弯举。反握哑铃，两臂屈肘再放下，根据自身情况确定哑铃重量，8 ～ 10 次为 1 组，完成 3 ～ 5 组。

以上各个锻炼项目，每周 3 次，组间间隔 1 分钟。

第三节 速度素质锻炼方法

一、速度素质概述

速度素质通常分为反应速度、动作速度和位移速度三种。

（一）反应速度的锻炼方法

反应速度是身体对各种外界信号刺激的快速应对能力。利用口令让锻炼者做出相应的反应动作是最常见的锻炼反应速度的方法。

（二）动作速度的锻炼方法

动作速度是身体快速完成某一动作的能力。提高动作速度的锻炼方法如下。

（1）降低练习难度，采用加助力法，如顺风跑、下坡跑等。

（2）加大练习难度，采用后效作用法，如跳高前的负重跳，推铅球前的加重铅球练习，紧接着做跳高或推标准铅球练习。

（3）时限法，如按一定的音乐节拍或跟随动作节奏快的人跑步，以改变自己的动作速度。

（三）位移速度的锻炼方法

位移速度是在周期运动中，单位时间内人体快速移动的能力。提高位移速度的方法如下。

（1）最大速度跑，如短距离重复跑、接力赛跑等。进行这类练习时，每组练习一般控制在 30 秒以内，每组间歇时间可稍长。

（2）加快动作频率练习，如快频率的小步跑、计时计数的高抬腿跑、快速摆臂练习等。

（3）发展下肢爆发力，如负重跳、单脚跳、跨跳等。

各种速度素质练习应在锻炼者体力充沛、精神饱满的情况下进行。身体疲劳时进行速度素质锻炼不仅无法收到良好的锻炼效果，还易发生运动伤害事故。

二、速度素质的提高方法

（一）男生速度素质的提高方法

1. 速度素质优秀和良好者

推荐锻炼项目：① 前脚掌行走。前脚掌着地行走，两臂在体侧前后自然摆动。走 100 米为 1 组，完成 6 ～ 8 组。② 变速跑。疾跑 50 米、慢跑 50 米，交替进行，跑 100 米为 1 组，完成 4 ～ 6 组。③ 往返跑。相距 6 ～ 8 米的两端放置或选定 2 个标志，锻炼者触摸一端标志后快速跑向并触摸另一端标志，往返 15 次为 1 组，完成 3 ～ 5 组。④ 跳绳。跳 100 次为 1 组，完成 8 ～ 12 组。⑤ 爬山。每次运动时间为 60 分钟。

以上各个锻炼项目，除爬山外，每周 3 次，组间间隔 2 分钟。

2. 速度素质及格者

推荐锻炼项目：① 提踵练习。站姿，踝关节做屈伸的动作，30 次为 1 组，完成 3 ～ 5 组。② 高抬腿跑。大腿抬平，快速下压，每次跑 80 步为 1 组，完成 8 ～ 10 组。③ 弓步走。身体直立，两手背后，两腿交替向前迈步，成弓步走，100 步为 1 组，完成 5 ～ 6 组。

以上各个锻炼项目，每周 3 次，组间间隔 2 分钟。

3. 速度素质不及格者

推荐锻炼项目：① 短距离跑。以 30 米、60 米的跑段为宜，完成 6 ～ 8 组。② 高抬腿跑。大腿抬平，快速下压，每次跑 50 步为 1 组，完成 5 或 6 组。③ 弓步走。身体直立，两手背后，两腿交替向前迈步，成弓步走，50 步为 1 组，完成 3 ～ 5 组。

以上各个锻炼项目，每周 3 次，组间间隔 2 分钟。

（二）女生速度素质的提高方法

1. 速度素质优秀和良好者

推荐锻炼项目：① 前脚掌行走。前脚掌着地行走，两臂在体侧前后自然摆动，走 100 米为 1 组，完成 4 ～ 6 组。② 变速跑。疾跑 50 米、慢跑 50 米，交替进行，跑 100 米为 1 组，完成 3 ～ 4 组。③ 往返跑。相距 6 ～ 8 米的两端放置或选定 2 个标志，锻炼者触摸一端标志后快速跑向并触摸另一端标志，往返 10 次为 1 组，完成 3 ～ 5 组。④ 跳绳。跳 100 次为 1 组，完成 6 ～ 8 组。

以上各个锻炼项目，每周 3 次，组间间隔 2 分钟。

2. 速度素质及格者

推荐锻炼项目：① 提踵练习。站姿，踝关节做屈伸的动作，20 次为 1 组，完成 3 ～ 4 组。② 高抬腿跑。大腿抬平，快速下压，每次跑 30 步，完成 4 ～ 6 组。③ 弓步走。身体直立，两手背后，两腿交替迈步，成弓步走，30 步为 1 组，完成 4 ～ 6 组。

以上各个锻炼项目，每周 3 次，组间间隔 2 分钟。

3. 速度素质不及格者

推荐锻炼项目：① 短距离跑。以 30 米、60 米的跑段为宜，完成 4 ～ 6 组。② 高抬腿跑。大腿抬平，快速下压，每次跑 50 步，完成 3 ～ 5 组。③弓步走。身体直立，两手背后，两腿交替向前迈步成弓步走。30 步为 1 组，完成 3 ～ 5 组。

以上各个锻炼项目，每周 3 次，组间间隔 2 分钟。

第四节 柔韧素质锻炼方法

一、柔韧素质概述

柔韧素质是指人的各个关节在不同方向上的活动幅度，以及肌肉、韧带的弹性和伸展能力，即身体各关节的整体灵活性。

柔韧素质在很多锻炼计划中常常被忽视。事实上，柔韧素质训练不仅可以促进身体健康和体型完美，还可以降低锻炼者受伤的风险。同时，柔韧素质练习还是一种很好的准备活动和放松活动方式，可以增强神经肌肉组织的协调性。在完成某项运动后，立即进行柔韧素质练习，能使锻炼者疲惫的身心尽快恢复。个体的柔韧素质既取决于其跨关节的肌肉、韧带、肌腱的伸展范围和弹性，也取决于其肌肉收缩与放松的协调能力，同时还受到天气、锻炼者年龄和其训练水平的影响。

（一）柔韧素质练习的类型

发展柔韧素质练习的基本类型包括动力拉伸法和静力拉伸法两种。这两种方法均可采用主动拉伸和被动拉伸。

1. 动力拉伸法

动力拉伸法是指有节奏地多次重复同一动作的拉伸方法。主动的动力拉伸法是借助锻炼者自身的重力或力量，通过收缩或伸展与关节有关联的肌肉来提高关节灵活性的方法。在肌肉拉伸长度相同的情况下，动力拉伸的肌肉张力比静力拉伸时大两倍以上。肢体的摆动、绕环等都属于动力拉伸练习，但这类练习不适合拉伸小肌肉群或韧带，如颈部肌、踝部肌等。

2. 静力拉伸法

静力拉伸法是指通过缓慢的动力拉伸，将肌肉、肌腱、韧带等软组织拉长，并在拉伸位保持一定时间的练习方法。静力拉伸练习一般不会超过肌肉、韧带所能承受的伸展限度，能有意识地逐步放松拮抗肌，较好地避免过度拉伸，适合于各关节、肌肉和韧带的锻炼。

3. 主动拉伸法

主动拉伸法易于掌握用力的大小，适用于锻炼人体的各肌肉群和韧带，但初学者常常会因肌肉或韧带的牵拉造成酸痛而不能坚持。

4. 被动拉伸法

被动的动力拉伸法是依靠外力的作用使关节灵活性提高的方法。被动拉伸法主要采取加大动作幅度的方式拉长肌肉和韧带，如压腿、压臂等。被动拉伸法必须依靠他人或外力的作用，是主要针对大肌肉群的一种有效的锻炼方法。如果用力不当，容易造成被助力者的拉伤。

在练习柔韧素质过程中，练习者通常可将动力拉伸法与静力拉伸法、主动拉伸法与被动拉伸法结合起来运用。根据不同关节活动范围及其练习技术的需要，确定发展柔韧素质和保持柔韧素质阶段练习的重复次数。例如，在拉伸大腿后部肌群时，可以先自己压、拉，当感觉酸痛想放弃时，再请同伴施加助力，这样能更好地发展柔韧素质。将不同的拉伸法结合起来运用，能明显地减少较激烈的对抗运动所造成的伤害，适合在运动前的准备活动、锻炼后的整理放松活动或损伤后的康复训练中采用。

每组练习持续时间大约为 30 秒，进行静力拉伸练习时，在关节最大伸展程度的位置上，应保持 10 秒左右。为保证在完全恢复的状态下进行下一组柔韧素质练习，可在间隙做一些肌肉放松练习或按摩。

（二）柔韧素质练习的基本要求

柔韧素质练习本身就是使身体由不适应到适应的逐步提高过程，如果停止训练，其效果就会消退。因此，训练要长期化、经常化、系统化，且要循序渐进，持之以恒，逐步提高，不能急于求成，以免出现拉伤。

柔韧素质的练习时间一般是 5 ～ 10 分钟。如果是专门为了提高柔韧素质而进行的练习，练习时间应为 15 ～ 30 分钟。

二、柔韧素质的提高方法

（一）男生柔韧素质的提高方法

1. 柔韧素质优秀和良好者

推荐锻炼项目：① 跆拳道。以跆拳道的步法、拳法、腿法、防法等基本技术为练习手段进行锻炼。② 武术。以武术的步法、拳法、腿法、防法等为手段进行锻炼。③ 拉伸练习。使肢体或躯干的任一肌肉或肌肉群被动拉长。静止保持 1 ～ 2 分钟为 1 组，完成 3 ～ 5 组，组间间隔 20 ～ 30 秒。④ 广播体操。按广播体操的动作和规格进行锻炼。⑤ 球类运动。锻炼者可进行自己所喜欢的球类运动。

以上各个锻炼项目，每天 1 次，每次 30 ～ 60 分钟。

2. 柔韧素质及格者

推荐锻炼项目：① 健美操。在音乐的伴奏下，重复或变化地练习动作。② 拉伸练习。使肢体或躯干的任一肌肉或肌肉群被动拉长。静止保持 1 ～ 2 分钟为 1 组，完成 3 ～ 5 组，组间间隔 20 ～ 30 秒。③ 广播体操。按广播体操的动作和规格练习。④ 武术。以武术的步法、拳法、腿法、防法等为手段进行锻炼。⑤ 踢摆腿运动。采用原地或行进间的正踢腿、侧踢腿、侧摆腿、踢摆腿绕环等练习。

以上各个锻炼项目，每天 1 次，每次 30 ～ 60 分钟。

3. 柔韧素质不及格者

推荐锻炼项目：① 坐位体前屈。两腿并拢伸直坐下，上体尽量前倾，两臂向脚尖方向伸展，15 ～ 20 次为 1 组，完成 4 ～ 6 组。② 跳皮筋。锻炼者可选择自己喜欢的跳法进行锻炼。③ 太极拳。按太极拳的动作规格锻炼。④ 羽毛球。按羽毛球的基本规则进行。⑤ 广播体操。按广播体操的动作和规格进行锻炼。

以上各个锻炼项目，每天 2 次，每次 30 分钟。

（二）女生柔韧素质的提高方法

1. 柔韧素质优秀和良好者

推荐锻炼项目：① 立位体前屈（提壶铃）。两手提壶铃（重 5 千克）体前屈，保持 30 秒为 1 组，完成 4 组。② 俯撑收腿。以直臂俯卧撑为起始位，两脚向前移动，尽可能向两手靠拢，腿勿弯曲，走到不能走时，保持 30 秒后两腿再后退至起始位，15 ～ 20 次为 1 组，完成 4 ～ 5 组。③ 压腿（正压腿、侧压腿、后压腿）。静态拉伸至有酸、胀、痛感，30 秒为 1 组，完成 7 组。④ 反 V 字形走。四肢撑地，呈反 V 字形向前爬走，5 米为 1 组，完成 3 ～ 5 组。⑤ 握踝走。两手分握两脚脚踝，保持膝关节伸直，向前移动，5 米为 1 组，完成 5 组。

以上各个锻炼项目，每天 1 次，组间间隔 0.5 ～ 1 分钟。

2. 柔韧素质及格者

推荐锻炼项目：① 立位体前屈（提壶铃）。两手提壶铃（重 5 千克）体前屈。保持 20 秒为 1 组，做 3 组。② 俯撑收腿。以直臂俯卧撑为起始位，两脚向前移动，尽可能向两手靠拢，腿勿弯曲，走到不能走时，保持30秒后两腿再后退至起始位，10～15次为1组，完成4～5组。③ 压腿（正压腿、侧压腿、后压腿）。静态拉伸至有酸、胀、痛感。30秒为1组，完成5～7组。④ 反V字形走。四肢撑地，呈反V字形向前爬走，4米为1组，完成3～5组。⑤ 握踝走。两手分握两脚脚踝，保持膝关节伸直，向前移动，4米为1组，完成4组。

以上各个锻炼项目，每天1或2次，组间间隔0.5～1分钟。

3. 柔韧素质不及格者

推荐锻炼项目：① 俯撑收腿。以直臂俯卧撑为起始位，两脚移动，尽量向两手靠拢，腿勿弯曲，走到不能走时，保持30秒后两腿再后退至起始位，8～10次为1组，完成3组。② 有助力地压腿、压肩。两人一组，一人腿伸直，两脚并拢，两手前伸放在脚面或脚的两侧，另一人振压其肩，保持20～30秒为1组，完成3组。③ 压腿（正压腿、侧压腿、后压腿）。静态拉伸至有酸、胀、痛感，保持30秒为1组，完成3～5组。④ 反V字形走。四肢撑地，呈反V字形向前爬走，3米为1组，完成3组。⑤ 握踝走。两手分握两脚脚踝，保持膝关节伸直，向前移动，3米为1组，完成3组。

以上各个锻炼项目，每天2次，组间间隔1分钟。

第五节 灵敏素质锻炼方法

一、灵敏素质概述

灵敏素质是指人体在复杂的条件下，快速、准确、协调地变换身体姿势和运动方向及随机应变的能力。灵敏素质与个体的速度素质、力量素质、体型、疲劳程度等因素有关。对大多数运动员而言，灵敏素质是一项相当重要的运动能力，有时甚至是决定一场比赛胜负的关键所在。例如，篮球运动中的过人、拳击中的闪身、羽毛球运动中的米字形步法等技术的运用，都需要参与者具备良好的灵敏素质。灵敏素质除了在运动中相当重要之外，其在日常生活中也有着不可忽视的价值。例如，当遇到下楼梯时一脚踩空或过马路时有汽车突然冲出来等情形时，如果当事者具备良好的灵敏素质，其身体可能会免受较大的伤害。

灵敏素质的测验包括立卧撑测验、侧滑步倒跑测验、灵敏跑测验、穿梭跑测验、来回奔跑测验、8字跑测验、侧跨步测验、象限双脚跳测验等。

灵敏素质是多种运动技能和其他身体素质在运动中的综合表现，是一种较为复杂的身体素质。灵敏素质既与神经的灵敏性反应有关，又与力量素质、速度素质、身体协调性等有密切关系。因此可以说，灵敏素质是一项综合性素质。

（一）灵敏素质的影响因素

灵敏素质的展现，通常是在极短的时间内完成的。影响灵敏素质的因素较多，大体可以分为以下5项。

1. 肌　力

在体现灵敏素质的动作中，一般包含起动、急停和快速改变方向三个过程。如果适当地增加肌力，能较容易地克服做动作过程中的阻力。较佳的肌力代表着肌肉可以更快速地收缩，以达到更快的速度，这也就提高了灵敏素质。因此，当肥胖者体重增加但肌力并未同步增加时，其灵敏素质会逐步下降。

2. 速　度

速度也是影响灵敏素质的因素之一，至于影响的程度，应该视运动时移动的距离而定，以跑步为例，跑的距离越长，则影响越大。速度素质与灵敏素质最大的差别在于后者包含了迅速转换方向的能力。

3. 反应时

反应时是指从刺激出现至产生肌肉动作的时间。在实际的运动情境下，反应时可以分为两类：一类是对突然出现的刺激事先预知，并做出规律的动作反应的时间，称为单纯反应时，如在径赛和游泳比赛中，运动员从听到枪响到出发的时间；另一类是对动作不予规定，根据刺激条件做出不同动作反应的复杂反应时，如在棒球、篮球、网球等运动中，运动员根据球的不同方向和轨迹做出不同动作的时间等。就对灵敏素质的影响而言，人体在复杂反应时做出反应的能力显然比在单纯反应时做出反应的能力更为重要。

4. 爆发力

爆发力是力量和速度的综合体现。良好的爆发力是锻炼者增强灵敏素质的重要条件。

5. 协调性

在迅速改变移动方向的同时，身体所展现出来的动态平衡反应了身体的协调能力，这对灵敏素质也有着重要的影响。身体在迅速改变移动方向时，拮抗肌群在神经系统的交互支配下，迅速地收缩和放松，以产生正确、和谐的活动能力。

（二）灵敏素质的锻炼原则

灵敏素质在少年、儿童时期发展较快，此时可增加灵敏素质练习，长期坚持系统锻炼，可为运动技术的发展奠定基础。

进行灵敏素质锻炼时，应把握以下几项原则，以求获得较佳的锻炼效果。

（1）持续时间以 20 秒左右为佳。灵敏素质需要通过最快速度来体现，因此灵敏素质练习的持续时间不宜过长，以维持最高的动作强度。

（2）锻炼者应不断地改变方向。体现灵敏素质的动作中一般包含起动、急停和迅速改变方向三项内容。因此，在灵敏素质锻炼计划的设计中，应将改变方向作为其中极为重要的一项训练，如果缺乏此项训练，锻炼会趋向于速度锻炼，而无法锻炼灵敏素质。

（3）锻炼者应反复练习。正所谓熟能生巧，反复练习，不但可以缩短个体的复杂反应时间，而且可以促进其神经、肌肉的协调，使其动作更加流畅。

（4）锻炼者应考虑运动的特殊性。如果锻炼者是为了促进某专项运动的灵敏素质而进行锻炼的，在锻炼时，就应尽量以该项运动的实际比赛情况作为锻炼设计的主轴。例如，在羽毛球场上进行米字形步法锻炼，除了可以提高锻炼者的灵敏素质外，对提高其步法技术的熟练度也有直接作用。

（5）锻炼者应避免在疲劳的情况下进行锻炼。为体现灵敏素质，要求锻炼者将动作维持在最高的强度，而锻炼者疲劳时锻炼，不但效果不佳，还容易导致运动损伤。因此，应避免在疲劳的情况下进行灵敏素质锻炼。

除了专门的灵敏素质锻炼之外，其他针对肌力、速度素质、反应时、爆发力及协调性的锻炼亦可间接地帮助发展灵敏素质。

二、灵敏素质的自我评价

灵敏素质的自我评价可以通过以下测验完成。

（一）侧跨步测验

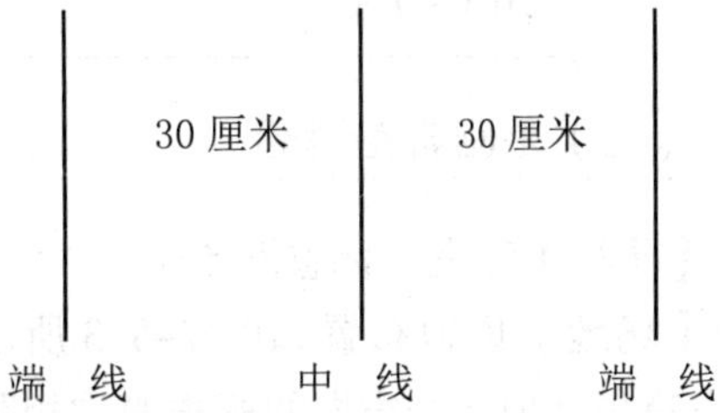

图 7-5-1

【器材】秒表，粉笔。

【场地】场地布置如图 7-5-1 所示，用粉笔画出中线和端线，中线与两侧端线各相隔 30 厘米。

【方法】受试者两脚并拢，站于中线位置，听到“开始”口令后，右腿向右跨步至右脚触及端线后收回，成开始姿势；然后左腿向左跨步至左脚触及端线后收回，成开始姿势。此为一个循环，重复练习。受试者每完成一个循环得 1 分。用秒表计时，统计受试者 1 分钟内的得分。

【评价】评价标准见表 7-5-1。

表 7-5-1　侧跨步测验评价标准

性　别	很差 / 分	稍差 / 分	一般 / 分	良好 / 分	优秀 / 分
女	≤ 33	34 ～ 37	38 ～ 41	42 ～ 45	≥ 46
男	≤ 37	38 ～ 41	42 ～ 45	46 ～ 49	≥ 50

（二）象限双脚跳测验

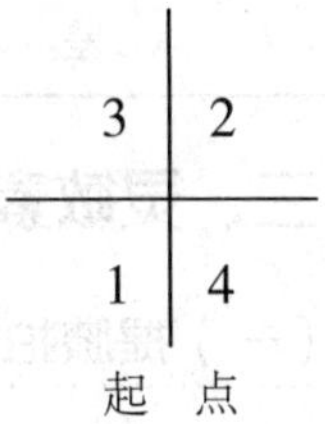

图 7-5-2

【器材】秒表，象限跳跳垫。

【方法】受试者听到“开始”口令后，在象限跳跳垫上，从起点开始，按照图 7-5-2 中用数字（由小到大）标示的象限顺序，做双脚同时并跳（转体或不转体均可），听到“停止”口令后停止。计算受试者双脚准确落在正确象限内的次数，每正确跳入 1 个象限得 1 分。每踏线或者跳错 1 次象限，扣 0.5 分。用秒表计时，统计受试者 1 分钟内的得分。

【评价】评价标准见表 7-5-2。

表 7–5–2 象限双脚跳测验评价标准

男生 / 分	女生 / 分	等 级
31.0 ~ 100.0	33.0 ~ 100.0	5
25.0 ~ 30.5	27.0 ~ 32.5	4
13.0 ~ 24.5	14.0 ~ 26.5	3
7.0 ~ 12.5	8.0 ~ 13.5	2
0.0 ~ 6.5	0.0 ~ 7.5	1

（三）来回奔跑测验

【器材】秒表，标志筒 5 个。

【场地】场地布置如图 7–5–3 所示，位于中央的标志筒与其他 4 个方向的标志筒均相距 4.9 米。

【方法】受试者立于起点线后准备。听到“开始”口令后，受试者立即按照图 7–5–3 所示的路线绕标志筒奔跑，直至跑到终点。用秒表计时，并记录受试者由出发至跑到终点的时长。受试者每触及一次标志筒，时间增加 0.1 秒。

【评价方法】评价标准见表 7–5–3。

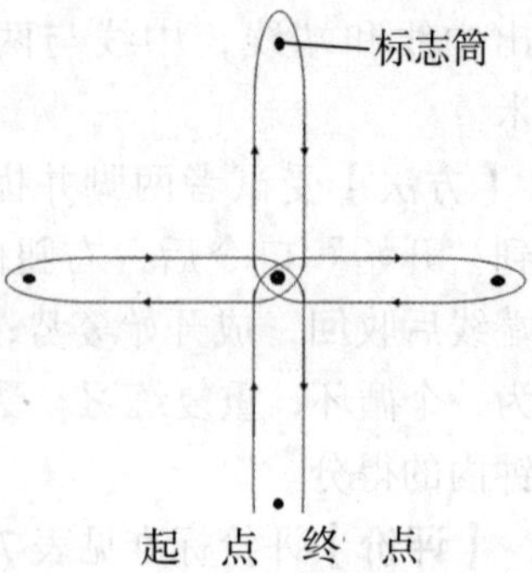

图 7–5–3

表 7–5–3 来回奔跑测验评价标准

等 级	男生 / 秒	女生 / 秒
极 好	10.79 及以下	12.60 及以下
好	10.80 ~ 11.49	12.61 ~ 12.99
中 等	11.50 ~ 12.60	13.00 ~ 14.59
普 通	12.61 ~ 13.90	14.60 ~ 15.99
差	13.91 及以上	16.00 及以上

三、灵敏素质的提高方法

（一）提膝拍脚

开始姿势：身体直立，腰背收紧，两脚并拢成站立姿势。[图 7–5–4(a)]

动作过程：一侧腿收髋提膝，大腿尽量向上抬起，并向上体靠拢，两手同时拍抬起腿的踝关节或脚背[图 7–5–4(b)]。提膝腿快速向前放下，换另一侧腿。两腿交替，反复练习。

（二）后踢臀部

开始姿势：身体直立，腰背收紧，两脚并拢成站立姿势，两手放于体侧收紧。[图 7–5–5(a)]

动作过程：向前方行进，左腿膝关节弯曲，小腿后踢向臀部靠拢，尽量使左脚触碰臀部[图 7–5–5(b)]，然后落回地面，换右腿[图 7–5–5(c)]。两腿交替，反复练习。

(a) (b)

图 7–5–4

(a) (b) (c)

图 7–5–5

（三）原地腾空交换腿

开始姿势：身体直立，腰背收紧，两臂垂于体侧，两脚前后分立，左脚在前，右脚在后。[图 7–5–6(a)]

动作过程：两脚同时起跳，在腾空过程中，两腿前后交换，两脚同时落地[图 7–5–6(b)]。两腿交替，反复练习。

（四）原地腾空两次交换

开始姿势：身体直立，腰背收紧，两臂垂于体侧，两脚前后分立，左脚在前，右脚在后。[图 7–5–7(a)]

动作过程：两脚同时起跳，在腾空过程中，两腿前后交换两次，两脚同时落地成支撑[图 7–5–7(b) 和图 7–5–7(c)]。两腿交替，反复练习。

(a) (b)

图 7–5–6

(a) (b) (c)

图 7–5–7

（五）四肢异侧爬行

开始姿势：两手两脚支撑。[图 7–5–8(a)]

动作过程：先移动左臂向前，随后移动右腿向前[图 7–5–8(b)]，然后移动右臂向前，最后移动左腿向前爬行[图 7–5–8(c)]。反复练习。

(a) (b) (c)

图 7–5–8

（六）四肢同侧爬行

开始姿势：两手两脚支撑。[图 7–5–9(a)]

动作过程：左臂、左腿同时向前移动[图 7–5–9(b)]，然后右臂、右腿同时向前移动。反复练习。

(a) (b)

图 7–5–9

（七）四肢侧向移动

开始姿势：两手两脚支撑。[图 7–5–10(a)]

动作过程：右手和右脚同时向左侧移动，落地后，左手和左脚继续向左侧移动[图 7–5–10(b)]。依此类推。反向亦然。反复练习。

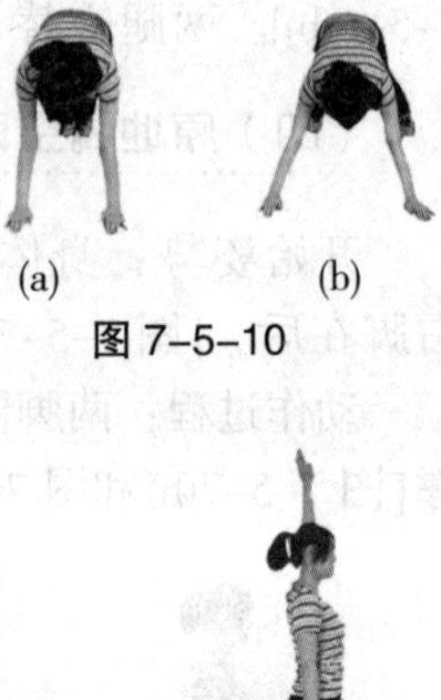

(a) (b)

图 7–5–10

（八）异侧手脚同时上抬

开始姿势：身体直立，两腿并拢，两臂自然垂于体侧。[图 7–5–11(a)]

动作过程：一只手臂上举，异侧腿同时屈膝，小腿向后抬起，大小腿成 90° 角[图 7–5–11(b)]。反向亦然，交替连续练习。

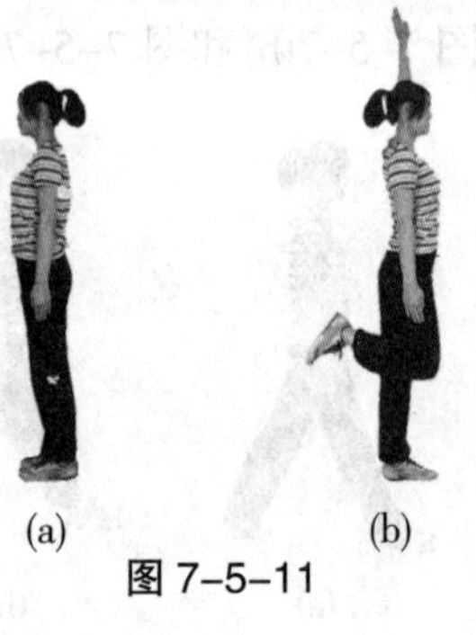

(a) (b)

图 7–5–11

（九）反方向转动抬腿

开始姿势：身体直立，两腿并拢，两臂自然垂于体侧。[图 7–5–12(a)]

动作过程：以髋关节为轴，上体向左侧转动，同时左腿向上抬起[图 7–5–12(b)]，大小腿成 90° 角，大腿与躯干成 90° 角。反复交替练习。

(a) (b)

图 7–5–12

（十）纵跳抱膝

开始姿势：身体直立，两腿并拢，两臂自然垂于体侧。[图 7–5–13(a)]

动作过程：向上纵跳，下落时大小腿折叠，落地后下蹲，大腿贴向胸部，同时两手环抱小腿[图 7–5–13(b)]。连续反复练习。

(a) (b)

图 7–5–13

（十一）向前迈腿提膝

开始姿势：身体直立，两腿并拢，两臂自然垂于体侧。[图 7–5–14(a)]

动作过程：一腿向前迈出一步[图 7–5–14(b)]，另一腿向上提膝，使大腿尽量贴近腹部[图 7–5–14(c)]。两腿交替，连续练习。

(a) (b) (c)

图 7–5–14

（十二）转腰抬异侧臂腿

开始姿势：身体直立，两腿并拢，两臂自然垂于体侧。[图 7–5–15(a)]

动作过程：转腰，同时抬起异侧臂和腿[图 7–5–15(b)]，然后还原。两侧交替，连续反复练习。

(a) (b)

图 7–5–15

（十三）俯身转腰，异侧手碰触脚尖

开始姿势：两脚开立略宽于肩，俯身，两手自然垂于体前。[图 7–5–16(a)]

动作过程：转腰，带动一侧手臂转动，用手碰触异侧脚脚尖[图 7–5–16(b)]。左右交替[图 7–5–16(c)]，连续反复练习。

(a) (b) (c)

图 7-5-16

思考题

1. 简述耐力素质和力量素质的锻炼方法。
2. 简述柔韧素质练习的类型。

第八章
改善学生身材的“一生一案”

第一节 营养素的功能及食物来源

一、营养素的功能

（一）蛋白质的功能

蛋白质是由氨基酸组成的一类高分子有机化合物。食物中的氨基酸可分为必需氨基酸和非必需氨基酸两类。必需氨基酸是人体不能合成或合成不能满足人体需要的氨基酸，必须从食物中摄取；非必需氨基酸也是人体所需要的氨基酸，但是可以由人体自身合成。食物中蛋白质的营养价值取决于必需氨基酸的含量及各氨基酸之间的比例。例如，在奶制品和蛋类中，必需氨基酸的含量较高，且各氨基酸之间的比例接近人体蛋白质的组成，故营养价值很高。蛋白质在人体内的主要功能如下：① 构成人体成分。蛋白质是肌肉等各组织的重要组成成分。② 合成人体各种生理活性物质，如激素、抗体、酶等。③ 提供热量。1 克蛋白质在人体内分解约产热 16.7 千焦。

（二）碳水化合物的功能

碳水化合物包括单糖（如葡萄糖、果糖）、寡糖（低聚糖）、多糖（如淀粉、糖原）。碳水化合物在人体内的主要功能如下：① 提供热量。人体每日所需热量大部分来源于碳水化合物，碳水化合物是最容易获得、最经济的能源物质，1 克碳水化合物在人体内分解约产热 16.7 千焦。② 构成机体组织，并参与细胞的组成和多种生理活动。③ 节约蛋白质。摄入足够的碳水化合物可以增加肝糖原的储存，减少蛋白质作为能量的消耗。

（三）脂类的功能

脂类分为脂肪和类脂，其中脂肪由 1 分子甘油和 3 分子脂肪酸组成；类脂中除有脂肪酸外，还有其他化合物，如胆固醇。常温下，动物脂肪为固体状态，植物脂肪为液体状态，它们在人体内代谢产生的热量比蛋白质和碳水化合物分解产生的热量更多。脂类在人体内的主要功能如下：① 提供热量。1 克脂肪在人体内分解约产热 37.7 千焦。② 构成机体组织。例如，类脂是细胞膜、神经组织的重要组成成分。③ 促进脂溶性维生素的吸收，为机体提供必需脂肪酸（身体不能合成，必须由食物中摄取的脂肪酸）。

（四）无机盐的功能

除了蛋白质、碳水化合物、脂类等有机化合物外，人体需要的营养素还有无机盐。成年人每日需要量大于 100 毫克的元素称为常量元素（如钾、钠、钙、磷、镁、氯、硫 7 种），每日需要量小于 100 毫克的元素称为微量元素（如铁、锌、碘、硒、氟、铜、钼、锰、铬、镍、钒、锡、硅、钴等）。无机盐种类繁多，功能各异，其主要功能如下：① 构成机体，如钙、磷等是骨骼、牙齿的重要组成成分。② 构成人体重要的生理活性物质，如碘是甲状腺激素的主要组成成分，铁是血红蛋白的主要组成成分。③ 与生理机能有关，如维持机体内环境的稳定、平衡，与神经、肌肉的兴奋和收缩等有关。

（五）维生素的功能

维生素是近百年才被陆续发现的一组有机营养素。人体对维生素的需要量很少，但其对维持身体健康极为重要。维生素不能在人体内合成，或在人体内合成很少，不能满足人体需要，必须从食物中摄取。维生素依其性质分为两大类：① 脂溶性维生素，能在体内储存，不能通过尿液排出，摄入过多可引起中毒；② 水溶性维生素，不能在体内储存，必须持续从食物中摄取，可通过尿液排出，摄入过多一般不会引起中毒。

常见维生素的主要功能见表 8–1–1。

表 8–1–1　常见维生素的主要功能

维生素名称		主要功能
脂溶性维生素	维生素 A	维持正常的暗视觉，维持上皮细胞的正常功能
	维生素 D	促进钙、磷的吸收和钙在骨骼中的沉积
	维生素 E	保护细胞免受自由基的损害，增强免疫功能，延缓衰老
	维生素 K	促进血液凝固
水溶性维生素	维生素 B_1	参与机体能量代谢，提高食欲，增强消化功能
	维生素 B_2	参与蛋白质代谢
	维生素 B_3	参与体内氧化还原反应，促进消化，维持皮肤和神经的健康
	维生素 B_5	增强人体抗应激、抗寒冷、抗感染的能力
	维生素 B_6	参与分解蛋白质、脂类和碳水化合物
	维生素 B_{12}	促进红细胞的发育和成熟，预防恶性贫血；维护神经系统健康
	维生素 C	增强机体免疫力

（六）水的功能

很多人认为，水是平常之物，尽管对人体重要，但没什么营养，不属于营养素。殊不知，所谓营养物质，就是能为生命活动提供能量、维持正常新陈代谢所需的物质。水是人体的重要组成成分，是营养物质的载体。各种代谢废物会以尿液或汗液（主要成分为水）的形式排出体外；人体可通过体表水分的蒸发或汗液的分泌来调节体温；另外，水还有润滑作用，如泪液和关节滑液的主要成分都是水，泪液有润滑眼球的作用，关节滑液有润滑关节的作用。由此可见，水是维护人体机能必不可少的营养素之一。

（七）膳食纤维的功能

20 世纪 70 年代以前，人们将食物用酸碱处理后的不溶物称为粗纤维，并认为粗纤维是对人体没有营养作用的非营养成分。经过多年的研究，人们发现这种粗纤维与人体健康密切相关，将其命名为膳食纤维，并称之为“第七大营养素”。可溶性膳食纤维主要是树胶、果胶、藻胶、豆胶等；不溶性膳食纤维主要是来自谷皮、果皮和蔬菜的纤维素、半纤维素、木质素等。膳食纤维的主要功能如下：① 降低胆固醇水平。膳食纤维可在小肠包裹胆酸，阻断胆酸被小肠重吸收回肝脏生成胆固醇，从而降低血液中的胆固醇水平，预防心脑血管疾病。② 预防便秘，减少肠道疾病的发生。膳食纤维有很强的吸水性和膨胀性，可促进肠道蠕动，使人体加速排便，减少致癌物质在肠道内的停留时间，降低直肠癌和痔疮的发生率。③ 预防糖尿病。膳食纤维能在肠道内形成一层黏膜，延缓食物中营养素的消化过程，阻隔人体对葡萄糖的吸收，从而降低血糖水平。④ 控制体重，防止肥胖。富含膳食纤维的食物单位质量所含能量低，吸水后体积较大，易使人产生饱腹感，可抑制食欲。膳食纤维还能减少食物中脂肪的吸收量，从而减少热量的摄入，有利于控制体重，预防肥胖。

二、营养素的食物来源

了解了七大类营养素的功能之后，还需要了解各种营养素的常见食物来源，以便有针对性地选择食物，完成食物的合理搭配和特定营养素的补充。（表 8-1-2）

表 8-1-2　各种营养素的常见食物来源

营养素名称	常见食物来源
蛋白质	动物性食物：蛋类、瘦肉、奶类、鱼类、虾等； 植物性食物：黄豆、蚕豆、花生、核桃等
碳水化合物	谷类，如稻米、小麦、玉米等；淀粉类，如马铃薯、芋头、绿豆、豌豆；糖类，如葡萄糖、果糖、蔗糖、麦芽糖等
脂　类	动物油，如猪油、鱼肝油；植物油，如花生油、豆油、芝麻油；肉类；蛋类等

续 表

营养素名称		常见食物来源
无机盐	钙	豆类、奶类、蛋黄、深绿色蔬菜、米糠、麦麸、花生、海带、紫菜等
	磷	大豆、蚕豆、花生、马铃薯、肉类、蛋类、鱼类、虾、奶类、动物肝脏等
	铁	动物内脏、木耳、瘦肉、蛋类、绿叶菜、芝麻、豆类、海带、紫菜等
	锌	海带、奶类、蛋类、牡蛎、大豆、茄子、扁豆等
	碘	海带、紫菜等
	硒	海产品、动物内脏、肉类等
脂溶性维生素	维生素 A	动物肝脏、胡萝卜、绿叶菜等
	维生素 D	动物肝脏、蛋类、奶类等
	维生素 E	小麦胚芽油、芝麻油、豆油等
	维生素 K	动物肝脏等
水溶性维生素	维生素 B_1	坚果、豆类、米糠、麦麸、动物内脏等
	维生素 B_2	坚果、动物内脏、肉类、豆类、蔬菜等
	维生素 B_3	肉类、豆类、坚果等
	维生素 B_5	酵母、蛋黄、动物肝脏、谷物等
	维生素 B_6	小麦胚芽、香蕉、坚果、豆类等
	维生素 B_{11}	绿叶菜、小麦胚芽、水果等
	维生素 B_{12}	动物内脏、蛋类、鱼类等
水		各种食物和饮用水
可溶性膳食纤维		水果、燕麦、大麦、部分豆类等
不溶性膳食纤维		玉米、麦麸、油菜、韭菜、芹菜、花生、核桃、枣等

第二节 合理膳食

一、平衡膳食的 8 项准则

（一）食物多样，合理搭配

平衡膳食模式是最大程度上保障人类营养需要和健康的基础，食物多样是平衡膳食模式的基本原则。多样的食物应包括谷薯类、蔬菜水果类、畜禽鱼蛋奶类、大豆坚果类等。建议平均每天摄入 12 种以上食物，每周 25 种以上。谷类为主是平衡膳食模式的重要特征，建议平均每天摄入谷类食物 200 ～ 300 克，其中全谷物和杂豆类 50 ～ 150 克；薯类 50 ～ 100 克。每天的膳食应合理组合和搭配，平衡膳食模式中碳水化合物供能占膳食总能量的 50% ～ 65%，蛋白质占 10% ～ 15%，脂肪占 20% ～ 30%。

（二）吃动平衡，健康体重

体重是评价人体营养和健康状况的重要指标，运动和膳食平衡是保持健康体重的关键。各个年龄段人群都应该坚持每天运动、维持能量平衡、保持健康体重。体重过低和过高均易增加疾病的发生风险。推荐每周应至少进行 5 天中等强度身体活动，累计 150 分钟以上；坚持日常身体活动，主动身体活动最好每天 6000 步；注意减少久坐时间，每小时起来动一动，动则有益。

（三）多吃蔬果、奶类、全谷、大豆

蔬菜、水果、奶类和大豆及其制品是平衡膳食的重要组成部分，坚果是膳食的有益补充。蔬菜和水果是维生素、无机盐、膳食纤维和植物化学物的重要来源，奶类和大豆类富含钙、优质蛋白和B族维生素，对降低慢性病的发病风险具有重要作用。推荐餐餐有蔬菜，每天摄入不少于 300 克蔬菜，深色蔬菜应占 1/2。推荐天天吃水果，每天摄入 200 ～ 350 克新鲜水果，果汁不能代替鲜果。吃各种各样的奶制品，摄入量相当于每天 300 毫升以上液态奶。经常吃全谷物、豆制品，适量吃坚果。

（四）适量吃鱼、禽、蛋、瘦肉

鱼、禽、蛋和瘦肉可提供人体所需要的优质蛋白，维生素A、B族维生素等，有些也含有较高的脂肪和胆固醇。目前我国畜肉消费量高，过多摄入对健康不利，应当适量食用。动物性食物优选鱼和禽类，鱼和禽类脂肪含量相对较低，鱼类含有较多的不饱和脂肪酸。蛋类各种营养成分齐全，瘦肉脂肪含量较低。过多食用烟熏和腌制肉类可增加部分肿瘤的发生风险，应当少吃。推荐成年人平均每天摄入动物性食物总量 120 ～ 200 克，相当于每周摄入鱼类 2 次或 300 ～ 500 克、畜禽肉 300 ～ 500 克、蛋类 300 ～ 350 克。

（五）少盐少油，控糖限酒

我国多数居民食盐、烹调油和脂肪摄入过多，是目前肥胖、心脑血管疾病等慢性病发病率居高不下的重要因素，因此应当培养清淡饮食习惯，推荐成年人每天摄入食盐不超过 5 克、烹调油 25 ～ 30 克，避免过多动物性油脂和饱和脂肪酸的摄入。过多摄入添加糖可增加龋齿和超重的发生风险，建议不喝或少喝含糖饮料，推荐每天摄入糖不超过 50 克，最好控制在 25 克以下。儿童青少年、孕妇、乳母不应饮酒，成年人如饮酒，一天饮酒的酒精量不超过 15 克。

（六）规律进餐，足量饮水

规律进餐是实现合理膳食的前提，应合理安排一日三餐，定时定量、饮食有度，不暴饮暴食。早餐提供的能量应占全天总能量的 25% ～ 30%，午餐占 30% ～ 40%，晚餐占 30% ～ 35%。水是构成人体成分的重要物质并发挥着多种生理作用。水摄入和排出的平衡可以维护

机体适宜水合状态和健康。建议低身体活动水平的成年人每天饮 7 ～ 8 杯水，相当于男性每天喝水 1700 毫升，女性每天喝水 1500 毫升。每天主动、足量饮水，推荐喝白水或茶水，不喝或少喝含糖饮料。

（七）会烹会选，会看标签

食物是人类获取营养、赖以生存和发展的物质基础，在生命的每一个阶段都应该规划好膳食。了解各类食物营养特点，挑选新鲜的、营养素密度高的食物，学会通过食品营养标签的比较，选择购买较健康的包装食品。烹饪是合理膳食的重要组成部分，学习烹饪和掌握新工具，传承当地美味佳肴，做好一日三餐，家家实践平衡膳食，享受营养与美味。如在外就餐或选择外卖食品，按需购买，注意适宜份量和荤素搭配，并主动提出健康诉求。

（八）公筷分餐，杜绝浪费

日常饮食卫生应首先注意选择当地的、新鲜卫生的食物，不食用野生动物。食物制备生熟分开，储存得当。多人同桌时，应使用公筷公勺、采用分餐或份餐等卫生措施。勤俭节约是中华民族的文化传统，人人都应尊重和珍惜食物，在家在外按需备餐，不铺张不浪费。从每个家庭做起，传承健康生活方式，树饮食文明新风。社会餐饮应多措并举，倡导文明用餐方式，促进公众健康和食物系统可持续发展。

二、中国居民平衡膳食宝塔

中国居民平衡膳食宝塔（图 8-2-1，以下简称“膳食宝塔”）是根据《中国居民膳食指南（2022）》的准则和核心推荐，结合中国居民膳食的实际状况，把平衡膳食原则转化为各类食物的数量和所占比例的图形化表示。

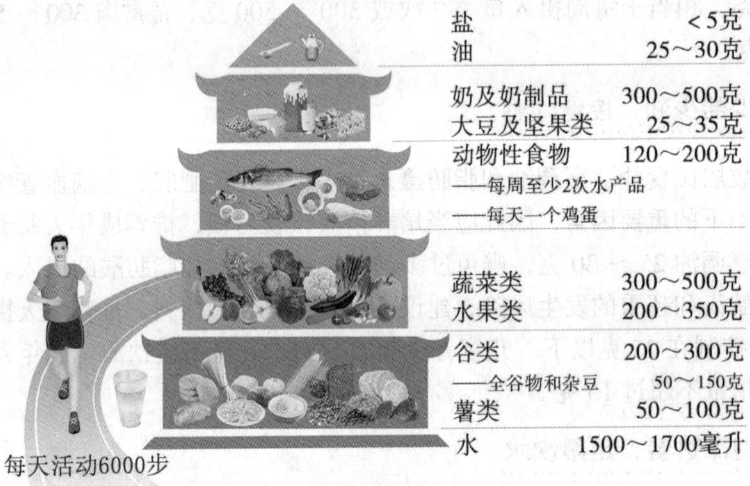

图 8-2-1

（资料来源：中国营养学会官网）

膳食宝塔形象化的组合，遵循了平衡膳食的原则，体现了在营养上比较理想的食物构成。中国居民平衡膳食宝塔共分 5 层，各层面积大小不同。五大类食物包括谷薯类、蔬菜水果、畜禽鱼蛋奶类、大豆及坚果类，以及烹调用油盐。食物量是根据不同能量需要水平设计的，文字注释标明了在 1600 ～ 2400 千卡（1 千卡 ≈ 4.19 千焦）能量需要水平时，一段时间内成年人每人每天各类食物摄入量的建议值范围。

第三节　体重概述

一、体重的组成

人的体重可以分为两个部分：脂肪体重和瘦体重（又称“去脂体重”）。瘦体重是肌肉、皮肤、骨骼、器官、体液及其他非脂肪组织质量的总和。瘦体重与人的体力、有氧耐力、最大摄氧量、肌肉力量等有密切关系。

人体脂肪质量占人体总质量的比例称为体脂率。正常情况下，成年女性的体脂率范围是 20% ～ 25%，成年男性的体脂率范围是 15% ～ 18%。若体脂率过高，体重超过正常值的 20% 以上就可视为肥胖。运动员的体脂率可随运动项目而定。

体适能与体重和体脂率密切相关。体重得当、身体成分适宜是健康的标志。肥胖会给健康带来危害，体重过轻也不利于健康。肥胖和体重过轻不仅对人的脑力、体力均有负面影响，还会使人的体质虚弱、骨密度减小。

二、适宜体重

体重指数是目前国际上常用的衡量人体胖瘦程度及是否健康的标准。

体重指数没有把一个人的脂肪比例计算在内，因此一个体重指数超标的人实际上可能并不肥胖。例如，经常健身的人，由于其肌肉质量占身体质量的比例很大，体重指数较高，其肥胖程度可能会被高估；部分老年人，由于其肌肉质量占身体质量的比例较小，体重指数过低，其肥胖程度可能会被低估。因此，在应用体重指数时，同时测定体脂率，有助于人们准确判断肥胖程度。中国成年人腰围界限与相关疾病危险的关系见表 8-3-1。

表 8-3-1　中国成年人腰围界限与相关疾病危险的关系

分　类	腰围 / 厘米					
	男：＜ 85	女：＜ 80	男：85 ～ 95	女：80 ～ 90	男：≥ 95	女：≥ 90
低体重	—		—		—	
正　常	—		增加		高	
超　重	增加		高		极高	
肥　胖	高		极高		极高	

注：相关疾病指高血压、糖尿病、血脂异常与危险因素聚集。

三、影响体重的因素

（一）遗传因素

在个体正常的体重范围内，遗传因素是体重的决定性因素，包括身高、瘦体重、体脂率和脂肪的局域分布情况，以及基础代谢率和人体对脂肪的利用情况均受遗传因素的影响。

（二）膳食组成

在膳食组成中，高碳水化合物成分会减少人体对脂肪的利用，高脂肪成分会明显造成脂肪在人体内堆积。人体通过膳食摄入脂肪的量和人体消耗脂肪的量会对体重产生明显影响。限制膳食脂肪摄入量并保证足够的肌肉运动量可以增加肌肉中脂肪的消耗量，这是人们调节体重和长期控制体重的关键。一般情况下，脂肪摄入量应限制在膳食总能量的30%以下。对于控制体重和肥胖的人群来说，脂肪摄入量限制在膳食总能量的20%以下是可行的。

（三）生长发育

人体在青春期快速发育，身高和体重快速增加。在青春期末，人体的脂肪含量明显增加。在青春期，过多地摄入脂肪容易造成身体脂肪快速积累，导致人体超重，甚至肥胖，这对人体健康有负面影响。然而，青少年过度节食也会对健康和发育造成严重不良影响。青少年应保持健康体重和合理的体脂率。

（四）运动

运动是人们控制体重的关键因素。规律运动可以使人的瘦体重保持稳定，可使身体脂肪的消耗量增加。将适量运动与合理膳食相结合，是降低体脂率、减少脂肪最有效的手段。

（五）其他因素

气候等因素对人的体重有一定的影响。例如，长期处于寒冷环境中，人体的脂肪含量会有一定增加。某地、某一时期流行的形体审美文化及心理因素等也对人的体重产生一定影响。另外，极端节食、暴饮暴食等行为也会对体重产生明显影响。

第四节 肥胖的预防与控制

对于超重和肥胖，重点在于预防。人们应当树立保持健康体重的正确观念，充分认识肥胖的危害，养成良好的行为与生活方式，使体重保持在正常范围内。

一、肥胖的预防

（一）知识预防

个体应主动接受健康教育，了解健康体重的概念，学习与肥胖和肥胖症有关的知识，了解肥胖的形成原因和危害，掌握评价肥胖的方法、标准及控制肥胖的方法。

（二）饮食预防

为了预防肥胖，在饮食方面，应注意以下几点。

（1）多补充富含维生素 B_2、维生素 B_3、维生素 B_6 等的食物，促使体内脂肪释放能量。

（2）多补充水分，以促进体内脂肪代谢。如果体内缺水，体内脂肪就容易沉积，不容易分解代谢。

（3）少吃高脂肪、高热量的食物，少吃味精、胡椒、盐、糖等易激发食欲的调味品，多吃蔬菜，尽量摄入低能量、低脂肪、含有适量蛋白质和碳水化合物、富含微量元素和维生素的食物。

（4）多采用蒸、煮、炖、凉拌等烹调方式。

（5）少食多餐，每餐七八分饱。

（6）餐前喝汤；进餐时，细嚼慢咽；正餐的进食时间最好不少于 20 分钟。

（7）食物的品种要丰富，食物的摄入量应适宜。

（8）早餐要吃饱、吃好，宜清淡，营养丰富；晚餐时间安排在晚上 6 点左右为好；餐后散步，进餐与睡觉最好间隔 3 ～ 4 小时；不吃夜宵。

（9）避免滥用含有激素的营养滋补品。

（10）一日三餐的热量分配比例最好保持在早餐约占 30%、午餐约占 40%、晚餐约占 30%。

（三）运动预防

适量运动有助于预防肥胖，如做广播体操、力量训练、跑步、打太极拳、跳街舞、跳绳、登山、爬楼梯、健步走等。进行以减肥为目的的活动，中低强度是关键。原因是减肥不仅要减体重，还要降低体脂率，进行长时间、中低强度的运动，能更好地消耗脂肪，降低体脂率。减肥是一个长期的过程。个体需要有目的、有计划地实施减肥计划。没有充裕时间参加运动的人，可以增加一些日常体力活动，如可以用骑自行车或步行代替乘车，以站立替代静坐，以爬楼梯代替乘电梯等，尽可能每天都活动，从而养成每天进行身体活动的习惯，这有利于预防肥胖。

（四）生活方式预防

（1）坚持规律作息，不晚睡、不贪睡；积极改善生活方式，包括优化膳食结构、增加体力活动、纠正过度进食或活动不足的行为和习惯等。

（2）注意保持健康体重，经常测量体重、腰围、臀围。

（3）避免“饱食终日，无所事事”，平时注意多活动手脚，可增加一些拉伸练习等。

二、肥胖的控制

肥胖控制的目的是减少体内脂肪，降低患各种与肥胖相关疾病的风险。控制肥胖的基本方法是控制饮食和增加运动量。

（一）控制饮食

人们主要通过调整膳食结构、改变饮食习惯和控制总进食量来达到使人体摄入的热量减少的目的。摄入热量减少，不利于脂肪的形成。在饮食方面，人们应避免吃油腻食物，少吃油炸食品、点心；控制食欲，每餐吃七分饱即可，减少加餐，不暴饮暴食；进食应有规律，每日三餐应合理安排，既不要一餐过饱，也不要不按时进餐或不吃饭；尽量少饮用含糖的饮料。

肥胖症患者减体重不宜操之过急，每周减轻的体重应控制在 0.5 千克左右；宜采用减少热量摄入并积极参加体育锻炼的方法，使体重缓慢地降低；每天膳食中的热量可比原来日常水平减少 1/3 左右，或比原来每日习惯摄入的能量低 1260～2100 千焦。

肥胖症患者应依据个人情况，制订科学合理的饮食方案，使每日摄入的热量达到一定程度的负平衡。饮食方案的主要内容包括以下几点。

（1）确定每日热量的推荐摄入量。在限制和减少摄入热量之前，个体首先要确定每日的热量需要量。

（2）根据减肥的目标控制摄入的热量。0.5 千克人体脂肪大约含 14700 千焦的热量，因此，人体必须消耗大约 14700 千焦的热量才能减去 0.5 千克储存在身体内的脂肪。如果采用控制每日摄入热量的减肥方法，个体每日应少摄入约 2100 千焦的热量，才能实现一周减重 0.5 千克的目标。相应地，如果个体每日多摄入了约 2100 千焦的热量，人的体重就会在一周内增加 0.5 千克。

（3）确定食物比例及用量。人体的能量来源是食物中的碳水化合物、脂类和蛋白质。这三类营养素普遍存在于各种食物中。确定合适的食物比例及用量对于减肥者来说尤为重要。

（4）其他注意事项：① 合理分配产能营养素的摄入比例；② 保证维生素和无机盐的合理供给；③ 增加膳食纤维的摄入量；④ 戒烟限酒；⑤ 改变不良饮食习惯。

（二）增加运动量

合理进行有氧运动不仅能增加热量的消耗，还可增强呼吸系统和心血管系统的功能，降低患肥胖相关疾病的风险。如果肥胖者能在减重后继续保持体育锻炼，其体重就不容易反弹；如果肥胖者能同时配合科学的饮食控制措施，则减重效果会更好。

第五节 消瘦的预防与控制

对于体重偏低的人来说，增重是很有必要的。增重不只是适当增加人体皮下脂肪的质量，还包括使体魄更加强健。增重不仅要纠正“瘦”，还要纠正“弱”。体育锻炼是实现这一目的的最好方法。在锻炼的过程中，消瘦者要注意以下几点。

一、合理安排运动量

合理安排运动量是科学锻炼的重要环节之一。实践证明，消瘦者以进行中等运动量（运动心率在 130 ～ 160 次/分）的有氧锻炼为宜，器械重量以中等负荷（最大肌力的 50% ～ 80%）为佳。在时间安排方面，消瘦者可每周练习 3 次（隔天 1 次），每次 1 ～ 1.5 小时，每次练习 8 ～ 10 个动作，每个动作做 3 或 4 组，每组连续做 8 ～ 15 次，做动作时注意快收缩、稍停顿、慢伸展。连续做 1 组动作的时间为 60 秒左右，组间间歇 30 ～ 60 秒，每个动作的练习间歇为 1 ～ 2 分钟。

二、打好锻炼基础

消瘦者在增重练习的初期（前 2 ～ 3 个月）最好能接受专业的肌肉训练指导，以便正确、系统地掌握动作技术，全面提高身体素质；特别要注意肌肉力量和肌肉耐力的锻炼，以逐步提高机体的适应能力，为以后锻炼打下良好的基础。

三、有重点和有针对性地训练

消瘦者经过 2 ～ 3 个月的锻炼后，体力会明显增强，精力也会比以前充沛。这时，消瘦者应重点锻炼各大肌群，如胸大肌、三角肌、肱二头肌、肱三头肌、背阔肌、臀大肌、股四头肌等，并随时调整运动量。另外，对于同一个部位的肌群，消瘦者可采用不同的动作、不同的器械进行锻炼。一般情况下，消瘦者应每过一个半月到两个月变换一次练习动作。此外，锻炼时，消瘦者要将注意力集中于所练部位，忌谈笑、听音乐等。这样，消瘦者再坚持锻炼半年到一年，其体型就会发生显著变化。

四、少练除肌肉训练外的其他项目

消瘦者进行增重练习时，应尽量避免参加肌肉训练之外的其他运动项目，特别是要避免参加耐力性项目，如长跑、踢足球、打篮球等，因为这些运动消耗能量较多，不利于肌肉的增长，消瘦者可能会越练越瘦。

五、合理膳食

当人体摄入的能量大于消耗的能量时，人才能变胖。因此，消瘦者的膳食一定要合理、多样，保证摄入足够的能量。消瘦者平时除食用富含动物蛋白的肉类、蛋类等食物以外，还要适当多食用豆制品、蔬菜、瓜果等。保证膳食营养全面，以及进行适当的肌肉训练，可使消瘦者在较短时间变得健壮起来。

六、坚定信心，持之以恒

消瘦者由瘦变壮，以及体重增加，不是短时间能实现的。要想达到使体型健美、肌肉强健的目的，消瘦者必须坚定信心，选择正确、适宜的锻炼方法，并坚持不懈地进行锻炼。

思考题

1. 简述七大营养素的功能。
2. 简述一般人群的膳食指南。
3. 怎样预防肥胖？

第三篇

体育技能篇

【本篇内容简介】

加强青少年体育工作的总体要求是认真落实“健康第一”的指导思想，把增强学生体质作为学校教育的基本目标之一，培养青少年形成良好的体育锻炼的习惯和健康的生活方式。学校应鼓励学生走向操场、走到阳光下、走进大自然，指导学生开展有计划、有目的、有规律的体育锻炼。本篇包括田径运动、大球运动、小球运动、游泳、形体塑身、定向运动六章内容，具体介绍了篮球运动、足球运动、排球运动、乒乓球运动、羽毛球运动、网球运动、匹克球运动，以及健美操、啦啦操、形体训练等几个体育项目的基本技术、动作要领等，以帮助学生更好地掌握这些运动项目。

【本篇学习任务】

· 掌握各项运动的动作要领。

· 掌握游泳的安全与救护知识。

· 能够独立、完整地完成第三套《全国健美操大众锻炼标准》三级套路。

第九章 田径运动

第一节 田径运动概述

田径运动是一项历史悠久且非常普及的体育运动，享有“运动之母”的美称。田径是通过走、跑、跳、投的基本运动形式，以时间、高度和远度来衡量运动效果的体育项目。我国通常把走、跑类的项目统称为径赛，把跳、投类的项目统称为田赛，把走、跑、跳、投的部分项目组成的计分项目称为全能比赛。田径运动可分为径赛、田赛和全能比赛三大类，或分为走、跑、跳、投和全能五大类。

田径运动对全面提高人体的健康水平有明显效果。不同身体状况、兴趣爱好、年龄和性别的人都能够在田径中找到适合自己的项目。田径运动是提高人体的速度、力量、耐力等运动能力的有效手段，也是培养人勇敢顽强的意志品质和团结协作精神的重要途径。

在2004年雅典奥运会上，刘翔获得男子110米跨栏项目的冠军，激发了中国人民对田径运动的极大热情。在2015年北京国际田联世界田径锦标赛中，中国田径队在多个单项上取得历史性突破，这极大地鼓舞了国人的士气。2020年东京奥运会中，苏炳添以9.83秒刷新男子100米跑的亚洲纪录；汤星强、谢震业、苏炳添、吴智强代表中国队出战，获得铜牌。

第二节 跑

一、短 跑

短跑包括100米跑、200米跑、400米跑等项目。

（一）100米跑

1. 起 跑

田径竞赛规则规定，短跑比赛运动员必须采用蹲踞式起跑，必须使用起跑器，要按发令员的口令完成起跑动作。起跑器的安装方式主要有普通式和拉长式两种，运动员应根据个人的身高、体形、身体素质、技术水平等情况来选择起跑器的安装方式。普通式：前起跑器距起跑线一脚半长，后起跑器距前起跑器一脚半长。前、后起跑器的抵足板与地面的夹角分别约为 45° 和 75° ，两个起跑器的左右间隔约为 15 厘米。拉长式：前起跑器距起跑线两脚长，后起跑器距前起跑器一脚长，起跑器的抵足板与地面的夹角及两个起跑器左右间隔与普通式起跑器基本相同。

起跑信号包括“各就位”“预备”和鸣枪。

听到“各就位”口令后，运动员走到起跑器前，俯身，两手撑地，两脚依次蹬在起跑器的抵足板上，脚尖应触及地面，后腿膝关节跪地，接着两臂收回到起跑线后撑地，两臂伸直，两手间距离比肩稍宽，四指并拢，与拇指呈八字形，颈部自然放松，集中注意力听“预备”口令。

听到“预备”口令后，运动员逐渐抬起臀部和后膝，臀部要稍高于肩部，身体重心适当向前上方移动，肩部稍超出起跑线，重心落在两臂和前腿之间。两脚紧贴起跑器抵足板，集中注意力听枪声。

听到枪声后，两手迅速推离地面，两臂屈肘并积极有力地前后摆动，同时两脚快速用力蹬起跑器。后腿快速蹬离起跑器后，迅速屈膝向前上方摆出，前腿快速有力地蹬伸。（图 9-2-1）

图 9-2-1

2. 起跑后的加速跑

起跑后的加速跑是从蹬离起跑器到途中跑之间的一个跑段，一般为 30 米左右。运动员在此段的任务是尽快加速，达到自己的最高速度。

起跑后第一步步幅约为三脚半长，第二步步幅为四脚至四脚半长，之后逐渐增大，直至达到途中跑的步幅（约 1.75 米）。脚蹬离起跑器后，身体处于较大的前倾姿势，为了避免向前摔倒，要积极加快腿的蹬伸和手臂的摆动，以保持身体的平衡。

最初几步两脚内侧着地点并不在一条直线上，随着速度的加快，两脚内侧着地点逐渐趋于一条直线。

3. 途中跑

途中跑在整个短跑中是距离最长的跑段，其主要的任务是在较长距离内继续保持最高速度。途中跑的动作特点是前脚脚掌落在身体重心投影点的稍前面，脚触地后，膝关节微屈，脚跟下沉，使身体重心很快地移过垂直阶段；接着后腿的髋关节、膝关节、踝关节依次迅速伸展，完成快速有力的后蹬。后蹬的角度约为 50° ，后蹬方向要正。随着前脚的落地动作，后腿的大腿迅速前摆，小腿随惯性折叠。脚蹬地时，大腿积极向前上方摆动，并把同侧髋一起带出；落地前，大腿要迅速积极地下压，这时基于惯性，小腿自然前伸，接着前脚掌迅速而有弹性地向下、向后做扒地动作。

途中跑时，头要正对前方，两眼要向前平视，上体保持正直或微向前倾。以肩关节为轴，两臂轻松而有力地前后摆动。前摆时，手不超过身体中线和下颌，上臂和前臂之间所成的角度约为 90°；后摆时，肘关节要稍微向外。摆臂动作应以自然协调为原则。（图 9–2–2）

图 9–2–2

4. 终点跑

终点跑是全程跑的最后一段，要求运动员在离终点线 15 ～ 20 米处时，尽力增加两臂的摆动速度和力量，保持上体的前倾角度。当离终点线有一步距离时，上体急速前倾，两臂后摆，用胸部或肩部冲向终点线，跑过终点后逐渐减速。

（二）200 米跑和 400 米跑

200 米跑和 400 米跑有一半以上的跑段是在弯道上进行的。弯道跑与直道跑的技术是有区别的。

1. 弯道起跑和起跑后的加速跑

为了便于弯道起跑后能有一段直线距离进行加速跑，应将起跑器安装在弯道跑道的右侧，起跑器对着弯道的切线方向。弯道起跑后，运动员前几步应沿着内侧分道线的切线跑进。与直道起跑后的加速跑相比，弯道起跑后，运动员加速跑的距离应适当缩短，上体应较早抬起。在进入弯道时，应尽可能地沿着跑道内侧跑，身体及时向内侧倾斜。

2. 弯道跑技术

运动员从直道进入弯道时，应加大右侧腿和右侧臂的摆动力量及幅度，身体应向圆心方向倾斜。右脚用前脚掌的内侧、左脚用前脚掌的外侧后蹬。两腿摆动时，膝关节稍向圆心方向摆动。两臂摆动时，右臂前摆稍向左前方，后摆时肘关节稍偏向右后方；左臂稍离躯干做前后摆动。弯道跑时，运动员两腿蹬地和摆动方向都应与身体向圆心方向倾斜趋于一致。从弯道进直道时，身体应在弯道跑的最后几步，逐渐减小内倾程度，自然地跑几步，然后进行进入直道的调整，按直道途中跑技术跑进。

二、中长跑

中长跑项目包括 800 米跑、1500 米跑、5000 米跑、10000 米跑和 3000 米障碍跑。

（一）起跑和起跑后的加速跑

中长跑采用站立式起跑。当运动员听到“各就位”的口令后，迅速走到起跑线后，习惯将力量较大的脚放在前，前后脚距离约为一脚长，左右脚距离约为半脚长，后脚脚掌触地，眼看向起跑线前方 5 ～ 10 米处，两臂一前一后，身体保持稳定，集中注意力听枪声。当听到枪声后，两脚迅速用力蹬地，两臂配合腿部动作快速有力地摆动，身体迅速向前冲出，在短时间内达到较快的跑速，然后进入匀速、有节奏的途中跑。

（二）途中跑

途中跑是中长跑各跑段中距离最长的，是中长跑的主要跑段。中长跑的瞬时强度小于短跑，跑速和动作速度相对较慢，用力程度相对较小，除了因战术需要而改变跑动节奏外，一般多采用匀速跑。途中跑要做到技术合理、速度均匀、节奏感强、全身动作协调有力。

（三）终点跑

终点跑是运动员在十分疲劳的情况下，竭尽全力进行的最后一段距离的冲刺跑。在运动员实力接近的条件下，终点跑的速度将决定比赛的胜负。

开始终点冲刺的时机要根据比赛项目、运动员的训练水平、战术的要求、临场的情况等因素决定。一般情况下，800 米跑可在最后 200 ～ 300 米、1500 米跑可在最后 300 ～ 400 米、5000 米及以上的赛跑可以在最后 400 米或稍长的距离开始加速，长距离跑的项目冲刺距离可更长些。速度占优势的运动员可采取紧跟战术，在进入最后直道时，再开始最后的冲刺。

（四）中长跑的呼吸

中长跑时，应注意呼吸的节奏。呼吸应自然并有一定的深度，一般是跑两三步呼气，再跑两三步吸气。随着跑速的提高，呼吸频率也相应加快。中长跑时，由于运动强度大、竞争激烈，为了提高呼吸效率，运动员可半张口与鼻子同时呼吸，最大限度地满足机体对氧气的需要。

中长跑时，跑一段距离后运动员会出现不同程度的胸部发闷、呼吸困难、动作无力的感觉，迫使运动员降低跑速，这种生理现象叫作“极点”。当“极点”现象出现时，运动员应适当降低跑速，深呼吸，特别是加深呼气，同时要以顽强的意志坚持下去，经过一段距离后，呼吸会重新变得均匀，强烈的不适感会消失。

第三节 跳

一、跳 高

随着跳高技术的发展，正式比赛中已经比较普遍采用背越式跳高。背越式跳高技术由助跑、起跳、过杆和落地四个部分组成。（图 9–3–1）

图 9-3-1

（一）助 跑

一般助跑分为前段直线跑和后段弧线跑。助跑开始采用直线助跑，前脚掌着地，富有弹性地跑，提高重心，步幅均匀，不断加速；进入弧线跑时，前脚掌沿弧线落地，外侧摆动腿有弹性地蹬地，上体逐渐向弧线内侧倾斜。助跑的节奏要快，特别是助跑的最后两步，髋关节前送幅度要大。迈步时，上体保持较垂直的姿势，摆动腿积极、充分后蹬，起跳腿快速前伸，髋部自然前送。助跑时，两臂应积极有力地前后摆动，弧线跑时，外侧手臂摆动幅度应大于内侧手臂的摆动幅度。

（二）起 跳

起跳腿以大腿带动小腿积极下压着地，起跳脚脚跟外侧先着地，接着滚动至全脚掌着地，脚尖朝向弧线的切线方向。随着身体由内倾转为垂直，运动员迅速地完成缓冲和蹬伸动作，顺势向上跳起。

摆动腿蹬离地面以后，以髋部发力加速向前摆大腿，同时以膝关节领先，屈膝折叠，当摆动腿摆过起跳腿前方后应向里转，而小腿和脚要稍外展。摆动腿沿着助跑弧线的延续方向加速上摆，直至减速制动。两臂的摆动要与摆动腿的摆动协调配合。

（三）过 杆

当起跳腿蹬离地面结束起跳以后，身体应保持伸展的姿势向上腾起，同时在摆动腿和同侧手臂的带动下，围绕身体纵轴旋转，使身体转向背对横杆。当头和肩越过横杆以后，及时仰头、倒肩和展体，并利用身体重心向上的速度，收腿挺髋，形成身体的背弓姿势。这时两腿屈膝稍后收，两臂置于体侧。当身体重心移过横杆时，则应含胸收腹，控制上体继续下旋，同时以髋部发力，带动大腿和小腿加速向后上方甩腿，使整个身体跃过横杆。

（四）落 地

运动员保持屈髋伸膝的姿势下落，最后以上背部先落于海绵垫上。落垫后要做好缓冲控制，防止受伤。

二、跳 远

跳远技术由助跑、起跳、腾空和落地四个部分组成。（图 9-3-2）

图 9-3-2

（一）助　跑

助跑是为了获得理想的水平速度，并为准确踏板和快速有力的起跳做好准备。助跑距离与运动员的年龄、运动水平和发挥速度的能力有关，助跑的距离一般为 28 ～ 50 米。男子助跑步数为 16 ～ 24 步，女子助跑步数为 14 ～ 18 步。在助跑过程中，运动员应注意对身体重心和节奏的把握，最后一步达到助跑的最高速度。

（二）起　跳

助跑的倒数第二步摆动腿着地后，膝关节迅速前移，上体正直，起跳腿自然积极地前摆。起跳腿的大腿前摆时，抬腿要比短跑时低些，并积极主动下压，用全脚掌踏上起跳板，然后屈膝缓冲，身体重心稍降低。当身体重心移至起跳腿支点的垂直部位时，起跳腿迅速用力蹬伸，使髋关节、膝关节、踝关节迅速伸直，上体挺起，摆动腿的大腿积极向前上方摆至水平位置，小腿自然下垂，完成起跳动作。

起跳腿同侧臂屈肘向前上方摆起，异侧臂屈肘向侧摆起，当两臂肘关节摆至略低于肩或与肩同高时突停，使身体借助摆臂的惯性提肩、拔腰、挺胸、顶头，以提起身体重心，增强起跳效果。

（三）腾　空

起跳腾空后的空中动作主要有挺身式、蹲踞式和走步式，以下介绍挺身式。

起跳腾空后，摆动腿的大腿积极下放，小腿随之向下、向后摆动，留在体后的起跳腿向摆动腿靠拢。当达到腾空最高点时，身体充分伸展，形成挺胸展髋的姿势。两臂上举，然后收腹团身。

（四）落　地

落地前，上体不要过分前倾，大腿要尽量上举靠近胸部。将要落地时，小腿积极前伸，两脚接触沙面后，迅速屈膝缓冲，两臂积极向前挥摆，臀部前移，上体前倾，使身体重心迅速移过支撑面。为了避免落地时身体后坐，可采用以下两种落地姿势：① 前倒姿势，即脚跟着地后，前脚掌下压，两腿屈膝前跪，身体移过支撑点后继续向前移动，并向前倒下；② 侧倒姿势，即脚跟着地后，一腿紧张支撑，另一腿放松，身体向放松腿的前侧方倒下。

第四节　投

投掷项目包括推铅球、掷铁饼、掷链球、掷标枪等。本节主要介绍背向滑步推铅球技术。

背向滑步推铅球技术由握球和持球、预备姿势、滑步、最后用力及维持身体平衡五个部分组成。

一、握球和持球

以右手为例：五指稍微分开，将球放在食指、中指、无名指指根处，拇指和小指扶在球的两侧，手腕背伸（图 9–4–1）。握好球后，将球放在锁骨窝处，贴于颈部，右臂屈肘向外，掌心向内。（图 9–4–2）

图 9–4–1

图 9–4–2

二、预备姿势

持球后，投掷者站在投掷圈的后部，背对投掷方向，右脚在前，贴近投掷圈，身体重心落在右脚脚掌上，左脚在后，脚尖自然点地。身体从正直姿势开始向前屈体，待上体与地面平行时，屈膝下蹲，成团身姿势。

三、滑　步

完成预备姿势后，臀部发力带动身体重心略向投掷方向移动，使其移离身体的支撑点（右脚），以便于滑步，并避免身体重心起伏过大。左腿以大腿带动小腿迅速向抵趾板方向摆出并外旋，右腿积极蹬伸，及时拉收并内旋，两腿摆蹬协调配合，推动身体向投掷方向快速移动。

四、最后用力

最后用力是推铅球技术的重要环节。滑步结束后，左脚脚掌内侧着地支撑，右腿稍弯曲，并支撑身体。左脚脚尖与右脚脚跟在一条直线上，肩关节和髋关节呈扭紧状态。右腿积极蹬转，推动右髋向投掷方向转动，左臂由胸前向投掷方向牵引摆动，身体重心逐渐移至左腿，左腿膝关节被动微屈。左臂由上向身体左侧靠压制动，右臂向投掷方向转动，用力推球。铅球快离手时，手腕、手指向外拨球。

五、维持身体平衡

铅球离手后，两腿迅速交换，降低重心，维持身体平衡。

第五节 田径竞赛规则简介

一、径赛项目规则简介

（1）400 米及 400 米以下的各项径赛项目（包括 4×200 米接力、异程接力和 4×400 米接力的第一棒），规定采用蹲踞式起跑和使用起跑器。400 米以上的各个径赛项目（除了 4×200 米接力、异程接力和 4×400 米接力的第一棒以外），所有的起跑都应为站立式。在“各就位”或“预备”口令发出后，所有运动员均应立即做好最后的预备起跑姿势，不得延误。除了全能项目之外，任何起跑犯规的运动员将被取消该项目的比赛资格。在全能比赛中，对第一次起跑犯规的一名或多名运动员应给予警告并在该运动员面前出示黄黑牌（用对角线分为两半），每项比赛只允许一次起跑犯规而运动员不被取消资格，之后每次对起跑犯规的一名或多名运动员均将被取消该项目的比赛资格，并在该运动员前举起红黑牌，分别在各自分道的道次墩上做出相应的标记。

（2）在分道跑的比赛中，运动员应自始至终在自己的分道内跑进。运动员发生下列情况之一，如果未从中获得实际利益且未推挤或阻挡其他运动员以致阻碍他人进程，不应取消其比赛资格：① 运动员被他人推、挤而被迫跑出自己的分道，或踏在实际分道线或突沿线内侧；② 在直道上、在障碍赛水池变更跑道的直道上的任何部位踏在分道线上或跑出分道，或者在弯道上踏在或跑出自己分道的外侧分道线。

（3）跨栏跑。如果运动员直接或间接撞倒或使另一分道的栏架发生明显偏移，将被取消比赛资格。运动员应跨越每一个栏架，否则将被取消比赛资格。此外，如果出现下列情况，运动员也将被取消比赛资格：① 在过栏瞬间，其脚或腿在栏架两侧外（任意一边），低于栏顶水平面；② 裁判长认为运动员有意撞倒栏架。

（4）障碍赛跑。运动员必须越过或涉过水面，并且跨越每一个栏架，否则将被取消比赛资格。此外，出现下列情况的运动员将被取消比赛资格：① 踏上水池两边的任意一边；② 在过栏瞬间，其脚或腿在栏架两侧外（任意一边），低于栏顶水平面。

（5）接力赛跑。全程在体育场内举行的所有接力赛跑必须使用接力棒，运动员必须手持接力棒跑完全程。不允许运动员戴手套或在手上放置某种材料或物质以便更好地抓握接力棒。如发生掉棒，必须由掉棒运动员捡起。允许掉棒运动员离开自己的分道捡棒，但不得因此缩短比赛距离。接力棒必须在接力区内交接，在接力区外传接棒将被取消比赛资格。运动员在接棒之前和传棒之后，应留在各自分道或接力区内，直到跑道畅通。在比赛过程中，任何运动员手拿或捡拾其他接力队的接力棒，该接力队将被取消资格，其他接力队将不受到惩罚，除非从中获得利益。接力队的每名队员只允许跑一棒。

二、田赛项目规则简介

（1）跳高比赛。运动员必须用单脚起跳。如出现下列情况之一者，应判为试跳失败：① 试跳后，由于运动员的试跳动作，致使横杆未能留在两边的横杆托上；② 在越过横杆之前，运动员身体的任何部位触及横杆后沿（靠近助跑道）垂直面以前的（在两个立柱之间或之外的）地面或落地区，如果运动员在试跳中一只脚触及落地区，而裁判员认为他并未从中获得利益，则不应因此原因判该次试跳失败；③ 运动员助跑后未起跳，身体的任何部位触及横杆或两立柱垂面以前的地面或落地区。

（2）撑竿跳高。运动员可要求向落地区方向移动撑竿跳高横杆，并可使距运动员最近的横杆边缘移动至从插斗前壁顶端内沿向落地区方向 80 厘米之内的任一位置。运动员应在比赛开始前将其第一次试跳需采用的横杆移动距离通知有关裁判员，移动距离应被记录下来。此后，如果运动员要求改变横杆的移动距离，应在按其原要求调整横杆位置之前及时通知有关裁判员。否则，应即刻开始计算该运动员的试跳时间。出现下列情况之一者，应判为试跳失败：① 试跳后，由于运动员的试跳动作，致使横杆未能留在两边的横杆托上；② 在越过横杆之前，运动员的身体或所用撑竿的任何部位触及插斗前壁上沿垂直面以前的地面和落地区；③ 起跳离地后，将原来握在下方的手移握至上方手以上或原来握在上方的手向上移握；④ 试跳时，运动员用手稳定横杆或将横杆放回横杆托上。比赛中，允许运动员在双手或撑竿上使用有利于抓握的物质，并允许使用手套。撑杆离开运动员手之后，除非撑竿朝向远离横杆立柱的方向倾倒，否则不准有人（包括运动员）接触撑竿。如果有人接触撑竿，而裁判长认为如果撑竿不被接触将会碰落横杆，则应判此次试跳失败。试跳时，撑竿折断，不应判为试跳失败，应给予该运动员一次重新试跳的机会。

（3）跳远。如出现下列情况，应判为试跳失败：① 在起跳过程中，无论是助跑后未起跳还是做了试跳动作，运动员身体任何部位触及起跳线前的地面（包括橡皮泥显示板的任何部分）；② 从起跳板两端之外起跳，无论是否超过起跳线的延长线；③ 在助跑或跳跃中采用任何空翻姿势；④ 起跳后，在第一次触及落地区之前，运动员触及了助跑道、助跑道以外地面或落地区以外地面；⑤ 在落地过程中（包括任何的失去平衡）触及落地区边沿或落地区以外地面，而落地区外的触地点较落地区内的最近触地点更靠近起跳线。当运动员离开落地区时，其脚在落地区边线或边线外地面的第一触地点，应比在沙坑内的最近落地点离起跳线的距离更远。

以下情况不应判试跳失败：① 运动员在任何位置跑出助跑道白色标志线；② 运动员在抵达起跳板之前起跳；③ 运动员的脚、鞋的一部分触及起跳板任何一端以外、起跳线之前的地面；④ 运动员在落地过程中其身体的任何部分（任何附着于身体上的物品）触及了落地区边界及落地区以外的地面。

（4）三级跳远。三级跳远的三跳顺序是一次单足跳、一次跨步跳和一次跳跃。单足跳时应用起跳腿落地，跨步跳时用另一条腿（摆动腿）落地，然后完成跳跃动作。运动员在跳跃中摆动腿触地不应视为试跳失败。

（5）推铅球。铅球只能用单手从肩部推出。当运动员进入投掷圈内开始试掷时，铅球要抵住或贴近颈部或下颌，在推球过程中持球手不得降到此部位以下，不得将铅球置于肩轴线后方。

（6）掷链球。运动员在准备进行预摆或旋转前的开始姿势时，允许将链球球体放在投掷圈内或圈外的地面。链球球体触及投掷圈内或投掷圈外的地面，或投掷圈上缘，不应判为犯规。运动员在没有触犯其他规则前，可停止动作并再次开始投掷。如果链球在试掷时或在空中断脱，只要试掷符合规则，不应判为一次试掷失败；如果运动员因此失去平衡而违反本规则的任何规定，也不应判为一次试掷失败。以上两种情况，应允许运动员重新进行一次试掷。

（7）掷标枪。① 掷标枪时应用单手握在把手处，从肩部或投掷臂上臂的上方掷出，不得抛甩，不得采用非传统姿势进行投掷；② 只有标枪的金属枪头先于标枪的其他部位触地，试掷才有效；③ 运动员试掷时，在标枪出手以前，身体不得完全转向背对投掷弧。如果标枪在试掷时或在空中飞行时折断，只要该次试掷符合规则，不应判为试掷失败；如果运动员因此失去平衡而违反本规则的任何规定，也不应判作一次试掷失败。以上两种情况应允许运动员重新进行一次试掷。

思考题

1. 简述田径运动对人体的作用。
2. 投掷项目主要包括哪些内容？
3. 推铅球时，如何维持身体平衡？

第十章 大球运动

第一节 篮球运动

一、篮球运动概述

现代篮球运动的发源地在美国，于 1891 年由美国马萨诸塞州春田学院的体育教师詹姆斯·奈史密斯发明。为了减少将篮球投入篮筐后再取出的麻烦，后改用金属圈篮筐和无底球网，至此篮球运动初具雏形。

篮球运动自诞生起，就显示出了强大的生命力，并以惊人的速度在美国广泛开展，进而在世界各国开展起来。现代篮球运动于 1895 年传入中国。1932 年，国际篮球联合会在瑞士日内瓦成立并统一了篮球规则。在 1936 年的柏林奥运会上，男子篮球被列为正式比赛项目（女子篮球于 1976 年被列为奥运会正式比赛项目）。

中国男篮在第 28 届奥运会篮球赛和第 29 届奥运会篮球赛上均获得第 8 名；中国女篮在第 25 届奥运会篮球赛上获得亚军，在第 29 届奥运会篮球赛上获得第 4 名。近年来，以许利民为主教练的中国国家女子篮球队胸怀梦想，敢打敢拼，技术水平明显提升。2019 年 6 月 24 日，在国际篮联三人篮球世界杯女子篮球决赛中，中国国家女子篮球队击败匈牙利女子篮球队，以 7 战全胜的成绩首次获得世界冠军。

二、篮球基本技术

（一）基本姿势

两脚左右（或前后）开立，两脚之间距离与肩同宽，全脚掌着地，两膝微屈，膝关节弯曲角度约为 135°，身体重心落在两脚之间，上体微前倾，两臂屈肘自然下垂置于体侧，目视场上情况。防守时的基本姿势：两脚距离略宽于肩，两臂屈肘左右或前后张开。

基本姿势

（二）移动技术

脚步动作是通过前脚掌的蹬地、碾地等动作，通过力作用于地面及地面的反作用力来实现的。脚对地面的作用力与来自腿部的伸展力是分不开的，即踝关节、膝关节和髋关节预先弯曲到一定程度，然后主动伸展，腰、胯协调用力，加大脚对地面的作用力，并利用地面支撑的反作用力来克服人体重力和惯性，以保持身体平衡和控制及转移身体重心，从而使人体获得起动、起跳、旋转、制动等能力，以实现运动员在场上进行合理、有效的移动。上肢的协同动作，能更好地保证各种脚步动作的协调性、快速性、实效性，并有利于维持身体的平衡。

（三）传接球技术

传球是比赛中进攻队员有目的地转移球的方法，是队员之间互相配合和完成进攻战术的纽带。

1. 持球方法

双手持球时，两手自然分开，握球的侧后方。两拇指呈八字形，掌心空出，手腕放松，两肘弯曲，自然下垂；单手持球时，手指自然分开，掌心空出，指根以上部位贴紧球面，托球的后下部，手腕后伸，用手指和指根控制球。

2. 传球动作

双手胸前传球

（1）双手胸前传球：将球置于胸前，目视传球目标。传球时，后脚蹬地，身体重心前移，同时两臂前伸，手腕由下向上翻转，拇指用力下压，食指和中指用力拨球将球传出。出球后，手心和拇指向下，其余手指指向前方。（图 10–1–1）

单手肩上传球

（2）单手肩上传球：双手持球，两脚左右开立。右手传球时，左脚向传球方向跨出半步，同时将球引到右肩上，右臂上臂与地面近似平行，前臂与地面近似垂直，手腕后伸，右手持球的后下部，左肩对着传球方向，重心落在右脚上。出球时，右脚蹬地的同时转体带动上臂，以肘为轴带动前臂迅速前甩，手腕前扣。最后，通过食指、中指和无名指的弹拨下压动作将球传出。（图 10–1–2）

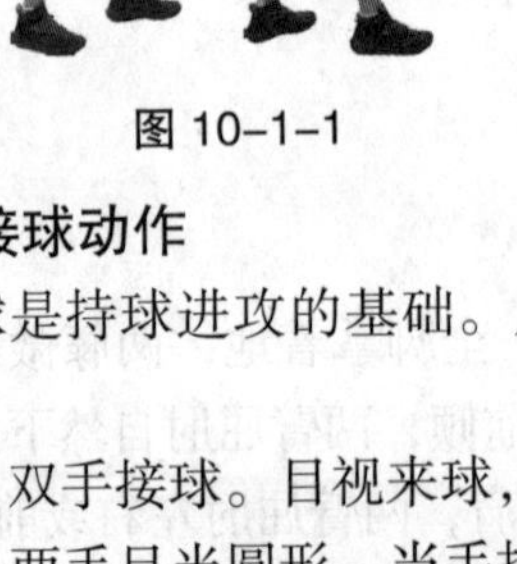

图 10–1–1

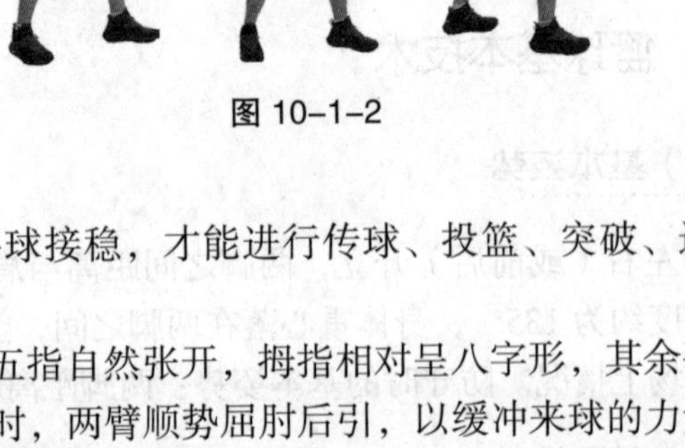

图 10–1–2

3. 接球动作

接球是持球进攻的基础。只有将球接稳，才能进行传球、投篮、突破、运球等技术动作。

（1）双手接球。目视来球，两手五指自然张开，拇指相对呈八字形，其余手指指向前上方，两手呈半圆形。当手指触球时，两臂顺势屈肘后引，以缓冲来球的力量。两手持球于胸腹前，动作连贯一致。（图 10–1–3）

（2）单手接球。以右手为例，目视来球，右手向来球方向伸出，当手指触球时顺势将手臂收向后下方，左手立即协助握球，两手持球于腰腹之间。（图 10–1–4）

图 10-1-3

图 10-1-4

（四）投篮技术

（1）原地单手肩上投篮。以右手为例，右手持球于肩上，左手扶球的左侧，右臂屈肘，前臂与地面接近垂直。两脚开立，两膝微屈。投篮时两腿蹬地发力，右臂向前上方伸直，手腕前屈，食指和中指用力拨球，全身协调用力将球投出。

原地单手肩上投篮

（2）跳投，即跳起后单手将球投出的投篮方法。这种投篮的出手点较高，防守队员较难防守。跳起单手肩上投篮的准备动作与原地单手肩上投篮相同，不同之处是跳起单手肩上投篮的两膝弯曲程度更大，更便于运动员发力起跳，运动员在当身体接近最高点时将球投出。

跳　投

（3）行进间单手低手投篮，通常称为“三步上篮”。以左手为例，运球结束或接球时右脚跨出一大步，同时两手持球于体前，左脚再跨出一小步用力起跳，左腿屈膝上提，左手向前上方举球，当身体接近最高点时，左手伸臂屈腕，用手指拨球投篮。（图 10-1-5）

行进间单手低手投篮

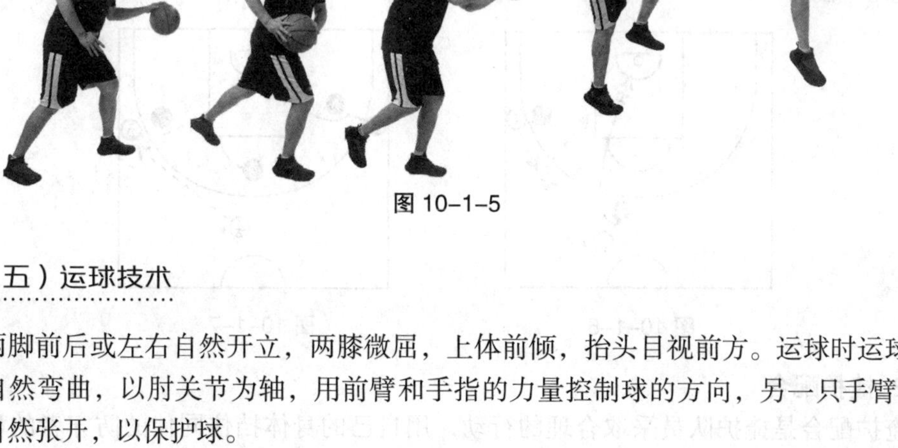

图 10-1-5

（五）运球技术

两脚前后或左右自然开立，两膝微屈，上体前倾，抬头目视前方。运球时运球手的手臂自然弯曲，以肘关节为轴，用前臂和手指的力量控制球的方向，另一只手臂抬起，手指自然张开，以保护球。

运球的方式有高运球、低运球、体前变向运球、背后运球、运球转身、胯下运球等，可根据防守队员的不同情况选择应用。

（六）持球突破技术

持球突破技术主要有交叉步突破、同侧步突破、后转身突破、前转身突破等。

交叉步突破

（1）交叉步突破：以右脚作中枢脚为例，两脚左右开立，两膝微屈，持球于胸腹间。突破时，左脚前脚掌内侧迅速蹬地，上体稍右转，重心向右前方移动，左脚向右侧前方跨出，将球引于左脚前侧运球，然后右脚迅速向前跨出超越防守队员。注意先放球，再抬起中枢脚，以防带球走违例。

（2）同侧步突破：准备姿势和突破前的动作要求与交叉步突破相同。以左脚作中枢脚为例，突破时，右脚向右前方跨出一步，向右转体探肩，重心前移；右手运球，左脚前脚掌迅速蹬地，向右前方跨出，运球突破防守队员。

（3）后转身突破：以左脚作中枢脚为例，突破时，背对球篮站立，降低重心，两手持球于腹前。突破时以左脚为轴转身，右脚向右侧后方跨步，上体右转；右手向右脚前方放球，左脚前脚掌内侧迅速蹬地，向球篮方向跨出，运球突破防守队员。

（4）前转身突破：以左脚作中枢脚为例，突破时，以左脚为轴转身，重心移至左脚上；右脚前脚掌内侧蹬地，向右前方跨出；右手运球后，左脚蹬地，向前跨出，运球突破防守队员。

三、篮球基本战术

（一）进攻战术基础配合

1. 传切配合

传切配合是指进攻队员之间利用传球和切入技术组成的战术配合，包括一传一切配合和空切配合。

传切配合

（1）一传一切配合：⑤ 传球给④后，迅速摆脱对手的防守向篮下切入，接④的回传球投篮。（图 10–1–6）

（2）空切配合：④传球给⑤后，⑥立即摆脱对手的防守向篮下切入，接⑤传来的球投篮。（图 10–1–7）

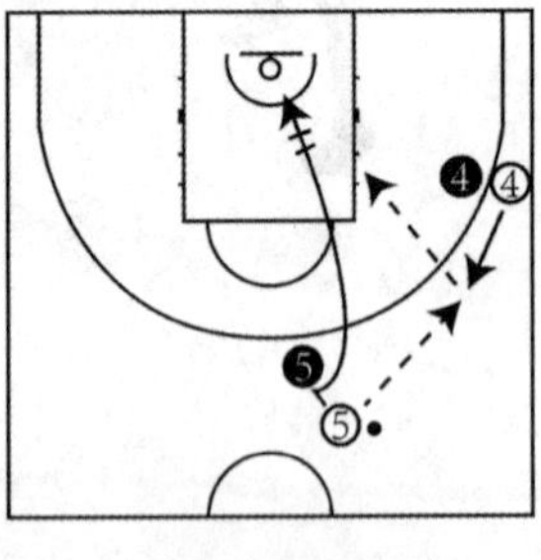

图 10–1–6

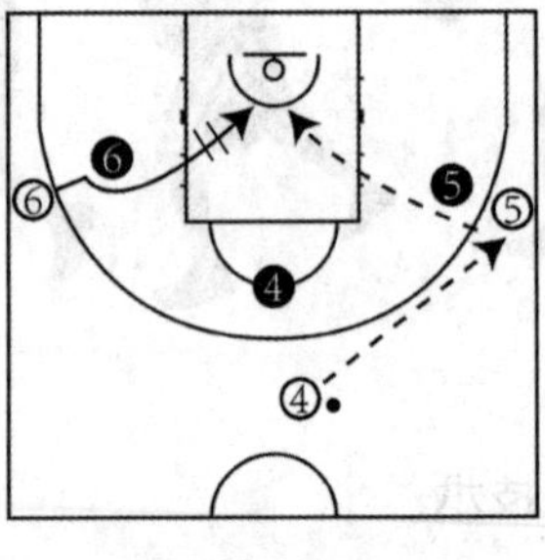

图 10–1–7

掩护配合

2. 掩护配合

掩护配合是掩护队员采取合理的行动，用自己的身体挡住同伴的防守者的移动路线，从而使同伴摆脱防守，或利用同伴的身体和位置使自己摆脱防守的一种配合方法。

（1）掩护持球队员：⑤传球给④后跑到④的防守队员侧面进行掩护，吸引防守，当⑤达到掩护位置后，④在⑤的掩护下持球从防守队员的右侧突破，⑤完成掩护后迅速移动到有利位置去接球或抢篮板球。（图 10–1–8）

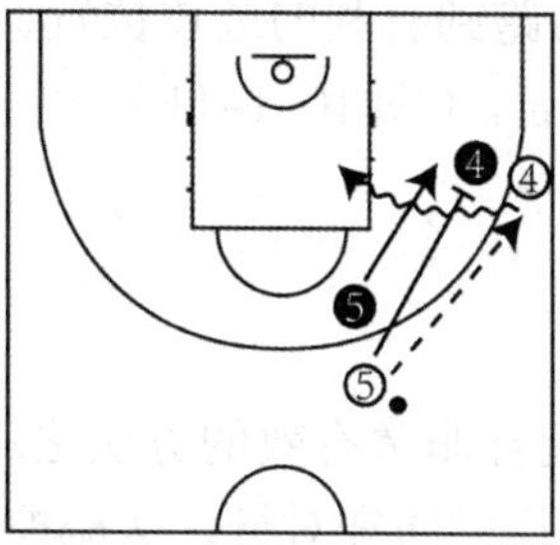

图 10–1–8

（2）掩护无球队员：⑤传球给④后跑去为同伴⑥做掩护，当⑤到达掩护位置后，⑥利用⑤的掩护切入篮下接④传来的球投篮。④接到⑤的传球后要做投篮、突破的假动作吸引防守，⑥切入篮下时，④要及时将球传给⑥。（图 10–1–9）

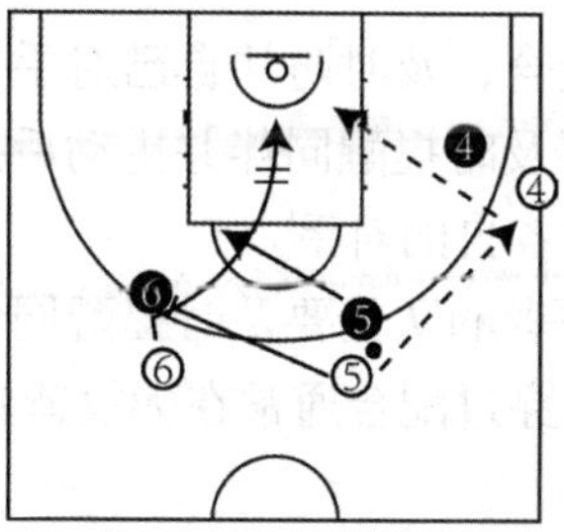

图 10–1–9

3. 策应配合

策应配合是指进攻队员背对或侧对篮筐接球，同时作为枢纽，与同伴空切相互配合而形成的一种里应外合的配合方法。

策应配合

④摆脱防守后插到罚球线进行策应，⑤将球传给④，摆脱防守空切篮下，接④的策应传球投篮。（图 10–1–10）

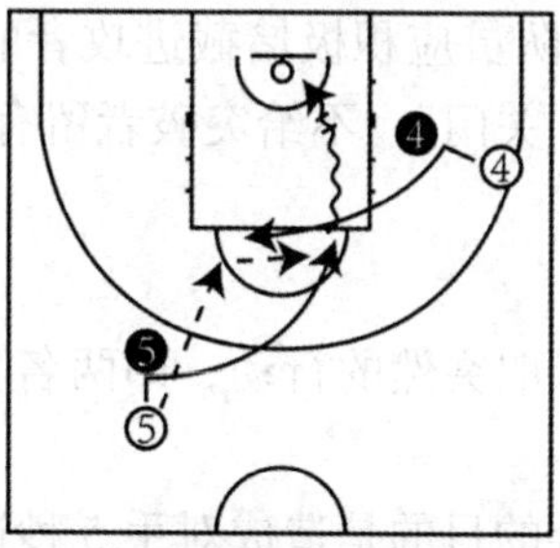

图 10–1–10

4. 突分配合

突分配合

突分配合是持球队员运球突破后，利用传球与同伴配合的方法。

⑤从防守者左侧持球突破，吸引对方两名防守队员同时封堵⑤的突破路线，此时④及时跑到有利的进攻位置，接⑤的传球投篮，或接球后做其他配合。（图 10–1–11）

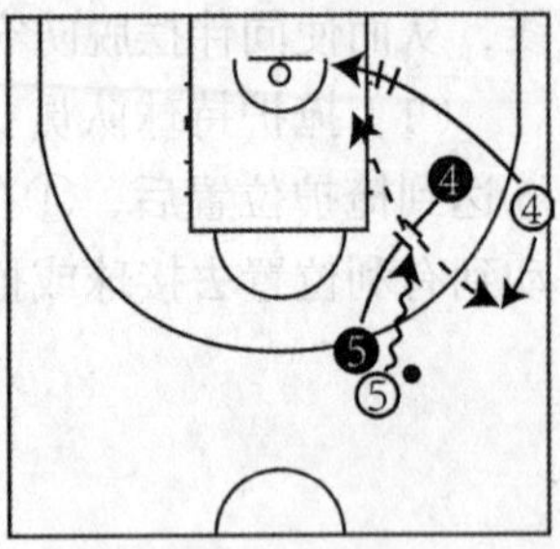

图 10–1–11

（二）防守战术基础配合

1. 抢过配合

抢过配合是破坏对方掩护配合非常有效的方法之一。防守者在掩护队员临近自己时，迅速向前跨出一步，贴近自己的防守对员，从掩护队员前面抢过去，继续补防自己的对手。防守掩护队员的同伴要及时呼应，并配合行动，以备补防。

抢过配合的要求：抢过时，要贴近进攻者，迅速抢前一步的动作要迅速、突然、有力。发现对方进行掩护，必须提醒同伴。要选择有利于协防的位置，密切注意两名进攻者的行动，及时做好补防。

2. 穿过配合

穿过配合

穿过配合是破坏对方掩护配合，及时防住自己对手的一种配合方法。当进攻队员进行掩护时，防守掩护者的队员要及时提醒同伴并主动后撤一步，让同伴快速从自己和掩护队员之间穿过，从而继续防守各自的对手。

穿过配合的要求：防守掩护者的队员要及时提醒同伴并主动让路，穿过队员要迅速穿过，并调整防守位置和距离。穿过配合通常在无投篮威胁时运用。

3. 绕过配合

绕过配合

绕过配合是破坏对方掩护配合，及时防守自己对手的一种配合方法。当进攻队员进行掩护时，防守掩护者的队员要积极贴近对手，让同伴从自己的身旁绕过，继续防守各自的对手。

绕过配合的要求：防守掩护者的队员要及时提醒同伴，并贴近自己的对手，绕过队员要快速调整位置和距离，继续防守自己的对手。

4. “关门”配合

“关门”配合

“关门”配合是两名防守队员靠拢、协同防守突破的一种配合方法。

“关门”配合的要求：防守队员应积极堵截进攻者的突破路线，临近突破一侧的防守队员要及时向同伴靠拢进行“关门”，不给突破者留有通过的空隙。“关门”配合也常运用于区域联防战术中。

5. 夹击配合

夹击配合

夹击配合是两名防守队员采取突然的行动，即两名防守队员主动防守一名进攻队员的一种配合方法。

夹击配合的要求：夹击配合的目的是造成对手 5 秒违例或传球失误，因此，要正确地掌握夹击的时机和区域，行动要果断，最好能出其不意。在形成夹击时，要用身体限制进攻队员的活动，用手臂封堵其传球和接球路线，但要避免犯规。夹击配合一般在边角区域进行。

6. 补防配合

补防配合是防守队员在同伴漏防时，迅速放弃防守自己的对手，补防威胁最大的进攻者，而漏人的防守队员要及时换防的一种配合方法。

补防配合

补防配合的要求：动作要迅速、果断、及时，补防意识要强。如果有队员发生漏防，邻近的队员要积极补防，其他防守队员要密切注意场上情况，及时调整防守位置。

四、篮球竞赛规则简介

（一）比赛定义

篮球比赛由 2 队参加，每队出场 5 名队员。每队的目标是进攻对方球篮得分，并阻止对方队得分。被某队进攻的球篮是对方的球篮，由某队防守的球篮是该队的本方球篮。比赛时间结束时比赛得分较多的队，是比赛的胜者。

（二）比赛场地

比赛场地应是一块平坦、无障碍物的硬质地面。其尺寸是长 28 米、宽 15 米，从界线的内沿丈量。

（三）器　材

下列器材是必需的：挡件（包括篮板、含有抗压篮圈和篮网的球篮、篮板支 撑构架），篮球，比赛计时钟，记录屏，进攻计时钟，供暂停计时用的计秒表或适宜的（可见的）装置（不是比赛计时钟），2 个独立的、显然不同的、非常响亮的声响信号（分别提供给进攻计时员、计时员），记录表，队员犯规标志牌，全队犯规标志牌，交替拥有指示器，比赛地板，比赛场地，足够的照明。

（四）球　队

（1）当一名球队成员按照竞赛组织部门的规程（包括年龄限制）已被批准为某队参赛时，他是合格参赛的球队成员。当一名球队成员的姓名在比赛开始前已被登记在记录表上，并且他既没有被取消比赛资格，又没有发生 5 次犯规，是有资格参赛的球队成员。

（2）在比赛时间内，一名球队成员：①当他在比赛场地上，并且有资格参赛时，是一名队员；②当他未在比赛场地上，但他有资格参赛时，是一名替补队员；③当他已发生 5 次犯规，并且不再有资格参赛时，是一名出局的队员。

（3）在比赛时间内，每队应有 5 名队员在场上并可被替换。

（五）主要竞赛规则

1. 违　例

违例是违犯规则。

（1）队员出界和球出界。

当队员身体的任何部分接触界线上方、界线上或界线外的除队员以外的地面或任何物体时，即是队员出界。

当球触及了：在界外的队员或任何其他人员时，界线上方、界线上或界线外的地面或任何物体时，篮板支撑架、篮板背面或比赛场地上方的任何物体时，是球出界。

（2）带球走。

当队员在场上持着一个活球，其一脚或双脚超出本条款所述的限制，向任一方向非法的运动是带球走。

在场上正持着一个活球的队员用一脚（称为“中枢脚”）始终接触着该脚与地面接触的那个点，而另一只脚向任一方向踏出一次或多次的合法运动是旋转。

一名队员接住球时，双脚站在地面上：一只脚抬起的瞬间，另一只脚成为中枢脚。开始运球时，在球离手前中枢脚不得离开地面。队员可以跳起中枢脚传球或投篮，但在球离手前，任意一只脚不得落回地面。

（3）3 秒钟。

某队在前场控制活球并且比赛计时钟正在运行时，该队的队员不得在对方队的限制区内停留超过持续的 3 秒。

（4）8 秒钟。

每当一名在后场的队员获得控制活球时，或在掷球入界中，球触及后场的任何队员或者被后场的任何队员合法触及，掷球入界队员所在队仍拥有在后场的球权时，该队必须在 8 秒内使球进入该队的前场。

2. 犯 规

犯规是对规则的违犯，含有与对方队员的非法身体接触和 / 或违反体育运动精神的举止。

（1）侵人犯规。

侵人犯规是无论在活球或死球的情况下，攻守双方队员发生的非法身体接触的犯规。队员不应通过伸展手、臂、肘、肩、髋、腿、膝、脚或将身体弯曲成“不正常的姿势”（超出他的圆柱体）去拉、阻挡、推、撞、绊对方队员，或阻止对方队员行进；也不得放纵任何粗野或猛烈的动作去这样做。

（2）技术犯规。

技术犯规是没有身体接触的犯规，行为种类包括但不限于：无视裁判员的警告；与裁判员、技术代表、记录台人员、对方队或允许坐在球队席的人员讨论和/或交流中没有礼貌；使用很可能冒犯或煽动观众的粗话或手势；戏弄或嘲讽对方队员；在对方队员眼睛附近挥手或手保持不动妨碍其视觉；过分挥肘；在球穿过球篮之后故意地触及球，阻碍迅速地掷球入界或罚球以延误比赛；伪造被犯规；悬吊在篮圈上，致使队员的重量由篮圈支撑，除非扣篮后，队员瞬间抓住篮圈，或者根据裁判员的判断，他正试图防止自己受伤或另一名队员受伤；在最后一次的罚球中防守队员干涉得分，应判给进攻队得 1 分，随后执行登记在该防守队员名下的技术犯规罚则。

（3）违反体育运动精神的犯规。

违反体育运动精神的犯规是一起队员身体接触的犯规，并且根据裁判员判定，包含：①与对方发生身体接触并且不在本规则的精神和意图的范畴内努力比赛；

②在尽力抢球或在与对方队员尽力争抢中，造成与对方队员过分的严重身体接触；

③一起攻防转换中，防守队员为了中断进攻队的进攻，与进攻队员造成不必要的身体接触。该原则在进攻队员开始他的投篮动作之前均适用；④一起对方队员从正朝着对方球篮行进的队员身后或侧面与其造成的非法接触，并且在该行进队员、球和对方球篮之间没有其他队员，该原则在进攻队员开始他的投篮动作之前均适用；⑤在第 4 节和每一决胜期比赛计时钟显示 2:00 分钟或更少，当掷球入界的球在界外并且仍在裁判员手中，或掷球入界队员可处理时，防守队员在比赛场内对进攻队员造成身体接触。

第二节　足球运动

一、足球运动概述

古代足球运动起源于中国，盛行于唐代，古时称足球为“蹴鞠”。现代足球运动的发源地则在英国。1863 年 10 月 26 日，英国成立了世界上第一个足球协会——英格兰足球总会，人们把这一天作为现代足球的诞生日，并载入史册。从 1900 年第 2 届奥运会开始，足球被列为奥运会的正式比赛项目。1904 年，国际足球联合会（简称国际足联）在法国巴黎成立，总部设在瑞士的苏黎世。1930 年，国际足联举办了第 1 届国际足联世界杯（简称世界杯），之后每 4 年举办一届。

经常参加足球运动能有效地增强人体各系统的功能。同时，参加足球运动还能培养参与者勇敢顽强、坚忍不拔的意志品质和遵守纪律、团结协作的团队精神。

在我国，足球运动有着广泛的群众基础。中国足球协会于 1995 年在北京成立。1994 年，中国足球甲级联赛诞生，标志着中国足球正式进入职业化阶段。2022 年 2 月 6 日，中国女足在 2022 年女足亚洲杯决赛中击败韩国队，时隔 16 年再夺亚洲杯冠军。

二、足球基本技术

足球技术是在足球比赛中，运动员所采用的操纵球、控制球和抢夺球的动作方法的总称。

（一）传接球技术

1. 踢　球

踢球是指运动员有目的地用脚的某一部位将球击向预定目标的技术。踢球包括脚内侧踢球（足弓踢球）、脚背正面踢球（正脚背踢球）、脚背内侧踢球（内脚背踢球）、脚背外侧踢球（外脚背踢球）、脚尖踢球（脚尖捅球）、脚跟踢球等。

踢球的方法有很多，各自的动作要领也有所不同，但从技术动作结构上分析，踢球主要由助跑、支撑脚的位置、踢球腿的摆动、脚与球接触的部位和踢球后的随摆动作这五个要素组成。

脚内侧踢球

（1）脚内侧踢球：踢球时，助跑路线为直线，支撑脚踏在球的侧方 15 厘米左右处，脚尖与球的前沿平行，支撑腿膝关节微屈。在支撑脚落地的同时，摆动腿由后向前摆动，在前摆过程中膝关节、踝关节外展，小腿加速前摆，脚掌平行于地面，脚尖稍翘起，踝关节收紧，用脚内侧部位击球的后中部。触击球后，身体跟随移动，髋关节向前送。（图 10–2–1）

脚背正面踢球

（2）脚背正面踢球：直线助跑时，最后一步步幅稍大并积极着地，支撑脚踏在球的侧方 10 ～ 15 厘米处，脚尖与球的前沿平行并指向出球方向，膝关节微屈。摆动腿以髋关节为轴，大腿带动小腿迅速前摆，支撑腿膝关节呈紧张状态，脚背绷直，脚趾扣紧，用脚背正面踢球的后中部，踢球腿随之前摆。（图 10–2–2）

脚背内侧踢球

（3）脚背内侧踢球：踢球时斜线助跑，助跑方向与出球方向基本成 45° 角，支撑脚踏在球的侧后方 20 ～ 25 厘米处，支撑腿膝关节微屈，在支撑的同时踢球腿已完成后摆，脚尖指向出球方向，身体向支撑腿一侧倾斜。在支撑脚着地的同时踢球腿以髋关节为轴，大腿带动小腿由后向前迅速摆动，触球一瞬间脚背迅速绷直，踝关节呈紧张状态，脚尖外转，插向球的斜下方，用脚背内侧踢球的后下部，踢球腿随球向斜上方前摆。（图 10–2–3）

脚背外侧踢球

（4）脚背外侧踢球：助跑、支撑脚站位及踢球腿摆动均与脚背正面踢球技术的三个环节相同，只是用脚背外侧触球。此时要求踢球腿膝关节和脚尖内转，脚背绷紧，脚趾内扣并提膝，踢球后身体随踢球腿的摆动前移。（图 10–2–4）

（5）脚尖踢球：脚尖踢球是一种用脚尖部位触球的方法。脚尖踢球时出球速度很快，在雨天场地泥泞时多使用这种方法踢球。脚尖踢球的具体方法是用支撑腿跳跃上步，踢球腿屈膝前跨，髋关节尽量前送，小腿前伸，在踢球脚落地前用脚尖踢球的后中部。（图 10–2–5）

图 10–2–1

图 10–2–2

图 10–2–3

图 10–2–4

图 10–2–5

（6）脚跟踢球：脚跟踢球是用脚跟触球的一种踢球方法。当球在支撑脚外侧时，踢球脚从支撑脚前面斜插过去，摆到支撑脚外侧并用脚跟踢球；当球在支撑脚内侧时，踢球脚后摆，用脚跟踢球。

2. 接　球

接球是指足球运动员用身体的合理部位将球接挡在自己的控制范围内的技术。接球包括脚内侧接球、脚背外侧接球、脚背正面接球、胸部接球、大腿接球、脚底接球等。

（1）脚内侧接球。

接地滚球：身体正对来球方向，支撑腿膝关节微屈，接球腿稍提起，脚尖翘起，膝关节外转，脚内侧正对来球。脚与球接触的瞬间，接球腿稍向后撤以缓冲来球的力量，将球接在体前。

接反弹球：先判断好球的落点，支撑脚要在球落点的侧前方，膝关节弯曲。上体稍前倾，对准球的反弹路线，接球腿放松，用脚内侧对准球的反弹角度，推压球的中上部，缓冲来球的力量，将球控制好。

接空中球：准确判断来球方向、力量和高度，主动向上、向前迎球。提腿，用脚内侧对准来球，触球的瞬间，小腿放松、微撤，缓冲来球的力量，将球接在自己的控制范围内。

（2）脚背外侧接球。

脚背外侧接地滚球：支撑腿膝关节微屈，接球腿提起屈膝，脚内翻使小腿和脚背外侧与地面成锐角，脚背外侧正对接球后球运行的方向；脚离地面的高度应约等于球的半径，然后大腿向接球后球运行的方向推送，同时身体随球移动。

脚背外侧接反弹球：根据来球的落点及时移动到接球点位置，支撑脚位于来球落点的侧后方。除触球部位外，其他环节均与脚背外侧接地滚球相同。

（3）脚背正面接球。脚背正面接球主要用于接空中下落的球。面对来球，接球腿提起，用脚背正面迎空中下落的球的底部，踝关节和膝关节放松，接球瞬间脚背向后、向下撤，缓冲来球的力量，将球准确接在体前。（图 10–2–6）

（4）胸部接球。胸部既能接高球又能接空中平直球，因此胸部接球是足球运动中较常见的技术之一，包括收胸式接球和挺胸式接球。

收胸式接球：收胸式接球主要用于接齐胸高的平直球。面对来球，两脚前后开立，两臂自然张开，挺胸迎球，在身体与球接触的瞬间，上体后移，迅速收胸、收腹挡压球，缓冲来球力量，将球准确接在体前。

挺胸式接球：挺胸式接球主要接高于胸部位置的高空球。面向来球，两臂自然屈肘，当球与胸接触时，两脚蹬地，上体稍后仰，胸部向上挺出，将球弹起落在体前。（图 10–2–7）

（5）大腿接球。大腿接球主要用于接高空下落的球及平行于大腿高度的球。接球时，面对来球，接球腿抬起，以大腿中部对准下落的球，肌肉放松，当大腿与球接触时，大腿迅速后撤，将球准确接在体前。（图 10–2–8）

（6）脚底接球。

脚底接地滚球：脚底接球技术便于掌握，易于将球接到相应的位置，常被用来接各种形式的地滚球。身体正对来球方向，移动前迎，支撑腿站在球的侧面，膝关节微屈，脚尖正对来球方向；同时接球腿提起，膝关节微屈，脚略前屈，使脚底与地面夹角略小于 45°，用前脚掌触球的上部。（图 10–2–9）

图 10–2–6

图 10–2–7

图 10–2–8

图 10–2–9

脚底接反弹球

脚底接反弹球：根据来球落点，及时前移迎球，支撑腿站在球落点侧后方，脚尖正对来球方向；球落地的瞬间，用接球脚前脚掌去触球的中上部，微伸膝，用脚底将球接在体前。

随着足球运动的发展，单一的缓冲式接球已经不能适应现代足球比赛的节奏。因此，高水平的足球比赛中对接球技术的多变性、衔接下一技术动作的连贯性都提出了更高的要求。

3. 头顶球

（1）原地头顶球。正对来球，两脚前后开立，膝关节稍屈，上体后仰，身体重心放在后脚上，两臂自然张开，判断来球的速度和力量；两脚用力蹬地，上体前摆，收腹，颈部收紧，快速向前甩头，用前额正面顶球的后中部；触球后，上体继续随球前摆。（图 10–2–10）

图 10–2–10

（2）跳起头顶球。屈膝，重心下降，准确判断来球方向、速度和落点。两脚向上跳起的同时，挺身收腹，两臂自然张开。当跳到最高点时，身体形成背弓，快速收腹，向前摆甩头，用前额将球顶出，缓冲落地。

向后蹭顶球

（3）向后蹭顶球。向后蹭顶球分原地蹭顶和跳起蹭顶。两脚前后开立，屈膝，当球运行到身体上空时，挺胸、展腹、后仰，身体向后上方伸展，用前额正面靠上的部位用力击球的下部，将球向后上方顶出。

4. 掷界外球

掷界外球时接球人不受越位规则的约束，因此，掷界外球不仅可用于恢复比赛，还可以为进攻创造有利条件，尤其是在对方前场 30 米内掷界外球，可以将球直接掷向门前，给对方造成威胁。

（1）技术动作结构分析：掷界外球的动作是一个下端固定的爆发式的平摆动作，需要稳固的支撑。应根据运动员的身高和臂长，选择合理的掷出角（不超过 45°）。掷出角是影响掷出距离的重要因素，一般球出手早则掷出角大，反之则小。球出手速度快则掷得远，这需要运动员有一定的力量基础和协调用力能力，另外充分利用助跑的初速度有助于将球掷得更远。

（2）掷界外球的方法分为原地掷界外球和助跑掷界外球。

原地掷界外球

原地掷界外球：面对出球方向，两脚前后或左右开立，膝关节弯曲，上体后仰，重心移到后脚上（左右开立时，重心在两脚间），两手自然张开，拇指相对，持球的侧后部，屈肘将球置于头后。掷球时，后脚用力蹬地，两腿迅速伸直，身体重心由后脚移到前脚，屈体收腹，同时两臂急速前摆，当球摆到头上方时，用力甩腕将球掷入场内。掷球时后脚可沿地面向前滑动，两脚均不得离地或踏入场地（但允许踏在线上）。（图 10-2-11）

图 10-2-11

助跑掷界外球：两手持球于胸前，在助跑迈出最后一步时，上体后仰形成背弓，同时将球上举至头后。掷球时的动作与原地掷界外球动作相同。

助跑掷界外球

（二）运球技术

运球是指运动员在跑动中通过用脚间断地触球，使球始终保持在自己的控制范围内的一种技术，运球是控球能力的集中体现。运球技术包括脚背正面运球、脚内侧运球、脚背外侧运球等。

1. 脚背正面运球

脚背正面运球有利于向前跑动时快速运球。运球时，身体放松，上体前倾，两臂自然摆动，步幅不要太大，运球脚提起，踝关节弯曲，脚尖下垂，在向前迈步着地前，用脚背正面向前推拨球。（图 10-2-12）

脚背正面运球

2. 脚内侧运球

在运球前进时支撑脚始终领先于球，位于球的侧前方，肩部指向运球方向，支撑腿膝关节微屈，重心放在支撑腿上，运球腿提起屈膝，用脚内侧推球前进。（图 10-2-13）

脚内侧运球

3. 脚背外侧运球

运球时身体保持正常的跑动姿势，上体稍前倾，步幅不宜过大，运球腿提起，膝关节稍屈，髋关节前送，提踵，使脚背外侧正对运球方向，用脚背外侧推拨球的后中部。（图 10-2-14）

脚背外侧运球

图 10-2-12

图 10-2-13

图 10-2-14

4. 其他运球技术

（1）拨球。利用踝关节向侧转动，用脚背内侧或外侧触球，将球拨向身体的侧前方、侧方和侧后方。

（2）拉球。将触球脚脚底放在球的上部或侧上部，支撑脚在球的侧后方支撑，然后触球脚向后下方用力将球拉回。

（3）扣球。扣球与拨球相似，但是扣球突然发力，并伴随着突然转身或急停，在对手来不及调整重心的瞬间，突然从反方向推送球以突破对手的防守。

（4）挑球。用脚背触球的下部并突然向上方挑起，运球者迅速随球跟进。

（5）颠球。根据对手抢截时所处位置或实施抢截的时间，用恰当的部位将球颠起，越过对手以达到过人的目的。

（三）守门员技术

守门员技术有位置选择、准备姿势、移动、接球、扑球、拳击球和托球、掷球等。

1. 位置选择

守门员所站位置要根据对方射门地点和射门角度来决定，守门员通常站在两门柱与射门时球常处的位置所形成的角平分线上。

2. 准备姿势

两脚左右开立，与肩同宽，两脚脚跟稍提起，重心落在两脚之间，两腿屈膝并稍内扣，上体稍前倾，两臂自然屈肘于体前，手指自然张开，目视来球。

3. 移　动

向左右调整位置的移动一般采用侧滑步和交叉步两种办法。

（1）侧滑步。侧滑步常用于扑接两侧的低平球。向左侧滑步时，右脚用力蹬地，左脚稍离地面并向左滑步，右脚快速跟上。向右侧滑步时，动作与向左侧滑步时相同，但方向相反。

（2）交叉步。交叉步多用于扑接两侧高球。向左侧交叉步移动时，身体先向左侧倾斜，同时右脚用力蹬地，并及时向左前方跨出一步成交叉步，然后左脚向左侧移动，右脚和左脚依次快速移动并蹬地跃出。向右侧交叉步移动时，动作相同，方向相反。

4. 接　球

（1）接地面球。

直腿式接球：身体正对来球，弯腰时两膝伸直，两腿分开，分开距离不得超过球的直径，两手掌心向上，前迎触球后将球抱于怀中。

直腿式接球

跪撑式接球：用于向侧移动接球。接左侧球时，左腿屈膝，右腿跪撑于左脚附近，右膝与左脚间距不得超过球的直径，其余动作与直腿式接球相同。接右侧球时，动作与接左侧球相同，方向相反。

跪撑式接球

（2）接平空球。平空球是指膝以上、胸以下的空中来球。接平空球时面对来球，两手掌心向上，小指相靠，前迎接球。上体前屈，手触球时微后撤以缓冲来球力量，将球抱于胸前。

（3）接高空球。面对来球，两臂上伸，两手拇指相对呈八字形，其余四指微屈，手掌对球。在最高点，手触球的瞬间，手指、手腕适当用力，缓冲来球力量并将球接住，顺势转腕、屈肘下引将球抱于胸前。

5. 扑　球

（1）扑两侧低球。来球异侧脚用力蹬地，两手快速向来球侧伸出，同侧手置于球后，异侧手置于球的侧上方，同时身体向同侧脚方向倒地，落地时以小腿、大腿、臀和肘外侧依次着地，落地后迅速团身。

（2）扑两侧平高球。扑两侧平高球时应注意空中展体，手指用力抓住球，接球后以球、肘、肩、上体、臀和腿外侧依次着地并迅速团身。

6. 拳击球和托球

（1）拳击球。在守门员没有把握接住球或对方猛烈冲向门前的情况下，为了避免接球脱手，可采用拳击球。准确判断来球的运行路线，及时移动到位，握紧拳，在接近球的瞬间，迅速出拳击球。拳击球有单拳击球和双拳击球。单拳击球的动作灵活，摆动幅度大，击球力量大；双拳击球的接触球面积大，准确性高。

拳击球

（2）托球。托球主要在来球弧度较大，其落点又在球门横梁附近，守门员起跳接球把握性不大时运用 。

托　球

7. 掷　球

掷球指充分利用后腿蹬地、持球手臂后引、转体、挥臂和甩腕的力量将球掷出。

三、足球基本战术

足球战术是指在足球比赛中，运动员为取得胜利，所采用的个人行为和集体配合的方法。足球战术可分为进攻战术和防守战术两大类。

（一）进攻战术

1. 个人进攻战术

个人进攻战术包括摆脱、跑位、运球过人等。个人进攻战术主要体现在对方紧逼防守的情况下运动员采用有效措施，摆脱防守队员，跑到有利的位置，接应控球同伴的传球配合以达到进攻的目的。

2. 局部进攻战术

局部进攻战术指两人以上的战术配合行动，此战术可以丰富和完善全队的进攻战术，是实施全队战术的基础。一般常用的局部进攻战术有斜传直插二过一、直传斜插二过一、反切二过一、三过二进攻配合等。

两人的局部配合是集体配合的基础。常用的两人配合如下：

（1）斜传直插二过一。如图 10–2–15 所示，⑦横传给⑨，⑨斜线传球，⑦直线插入接球；⑥斜线传球给⑩，⑥直接插入，然后接⑩的斜传。

（2）直传斜插二过一。如图 10–2–16 所示，⑦横传给⑨后立即斜线插上接⑨的直传；⑩运球过人传给⑧后，再斜线插上接⑧的直传。

（3）反切二过一。如图 10–2–17 所示，⑦回撤接⑨的传球，若防守跟上紧逼时，⑦回传给⑨并转身切入，接⑨传至对手身后空当的球。

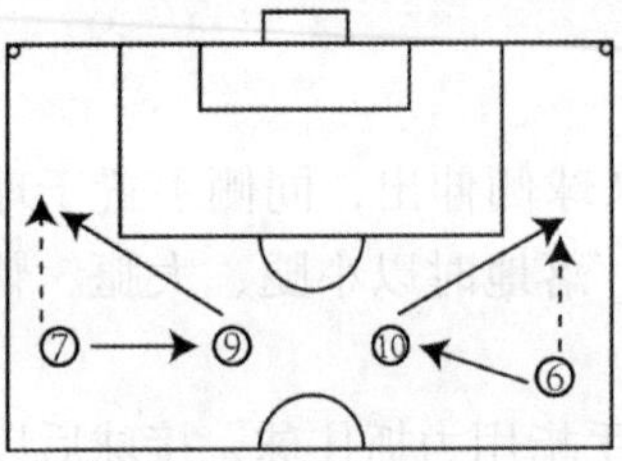

图 10-2-15

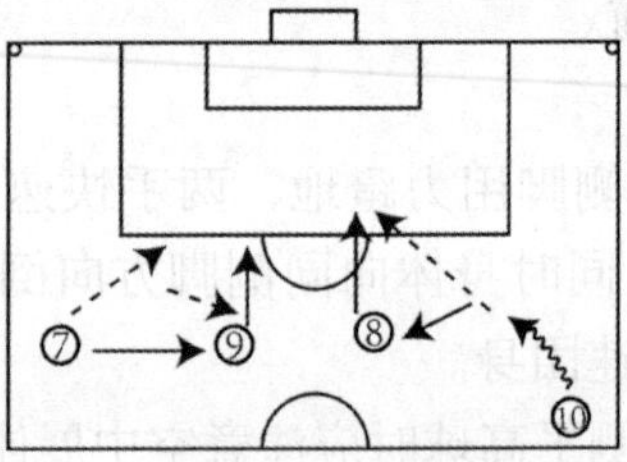

图 10-2-16

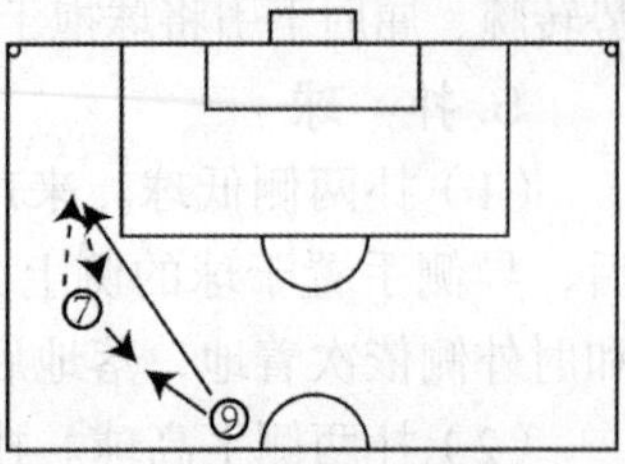

图 10-2-17

3. 集体进攻战术

（1）边路进攻。边路进攻主要由边锋或交叉到边上的中锋或直接插上的前卫、边后卫，运用个人带球突破或传球配合，突破对方防线传中（外围传中、下底传中、切底迂回传中），最后由中锋包抄射门。

（2）中路进攻。中路进攻能直接威胁球门，但中路防守队员密集，不易突破，因此要通过中锋、内切的边锋或插上的前卫间的配合或个人运球过人等方法突破对方防线。

（3）转移进攻。当一侧进攻受阻、另一侧进攻有利时，要及时快速转移进攻方向。转移进攻多是通过有效而准确的中长距离传球来实现的，以拉开对方的一侧防守，达到声东击西的目的。

（4）快速反击。在防守中积极拼抢，一旦得球，抓住对方回防不及时的空当，快速传球，形成以多打少的局面，达到射门得分的目的。

4. 定位球战术

定位球战术包括角球、球门球、任意球、点球等战术配合。

（1）角球进攻战术。角球进攻战术有两种：一种是直接将球踢至门前，由头球能力强的同伴争抢头球射门；另一种是在对方禁区附近进行短传配合，利用边路渗透形成有威胁的地面球和低平球的门前传中或者射门。

（2）球门球进攻战术。发球门球的原则是及时、快速、准确、有效地发起进攻。发球门球时，守门员可与后卫进行一次配合，以改变传球方法，守门员也可踢远球给进攻队员。

（3）任意球进攻战术。任意球分直接任意球和间接任意球两种：罚直接任意球可采用穿墙和弧线球直接踢入，或者采用过顶吊入传切配合；罚间接任意球时，传球次数要少，可运用假动作声东击西，传球要及时，以免越位。

（4）点球进攻战术。罚点球时要求主罚队员沉着、机智，有高度的信心、熟练的假动作技术和过硬的射门技术。

（二）防守战术

1. 个人防守战术

个人防守战术是局部防守和集体防守的基础，包括堵（迎面堵、贴身堵）、抢（迎面抢、侧面抢、侧后铲）、断等技术的运用。此外，选位和盯人也是重要的个人防守战术。

2. 集体防守战术

集体防守战术是指全队相互协作而进行防守的战术方法。集体防守战术有全攻全守的全场防守、半场防守、紧逼防守和区域防守，也有盯人结合的区域防守、密集防守等多种防守战术。不论采用哪种战术都要考虑到本队的特长，更要针对对方的进攻技术，采用有效的防守战术，破坏对方的进攻。

3. 造越位战术

造越位战术是防守队员主动制造对手越位，以破坏对方的进攻节奏和攻势的做法，是由守转攻的一种手段。

四、足球竞赛规则简介

（一）比赛场地

1. 场地表面

比赛场地必须为全天然草皮。若竞赛规程允许，可使用全人造草皮。此外，如果竞赛规程允许，可使用人造和天然结合材料制成的整体草皮（混合系统）。人造草皮场地的表面必须为绿色。

2. 场地标识

比赛场地形状必须为长方形，且由不具危险性的连续标线标示。不具危险性的人造草皮材料可作为天然草皮场地的标记使用。这些标线作为边界线是其所标示区域的一部分。

（二）队　员

1. 场上队员人数

一场比赛由两队参加，每队最多可有 11 名上场队员，其中 1 名必须为守门员。如果任何一队场上队员人数少于 7 人，则比赛不得开始或继续。

2. 替换人数

国际足联、各洲际联合会或各国足球协会可决定在其正式赛事中可使用的替补队员人数，但最多不能超过 5 人次替换，涉及顶级联赛球队一队及国家队 A 队的男子、女子赛事最多可进行 3 人次替换。

（三）比赛时间

1. 比赛阶段

一场比赛分为两个 45 分钟相同时长的半场。依照竞赛规程，在比赛开始前经裁判员和双方球队同意后，方可缩短各半场比赛时长。

2. 中场休息

队员享有中场休息的权利，休息时间不得超过 15 分钟。加时赛中场阶段可短暂补水（时长不超过一分钟）。竞赛规程必须明确中场休息的时长，在经裁判员许可的情况下方可调整中场休息时长。

3. 对损耗时间的补足

裁判员对每半场所有因如下情况而损耗的比赛时间予以补足：队员替换；对受伤队员的伤情评估和/或将其移出比赛场地；浪费的时间；纪律处罚；竞赛规程允许的医疗暂停，例如“补水”暂停（不超过 1 分钟）和“降温”暂停（90 秒至 3 分钟）；与视频助理裁判员“查看”及“回看分析”有关的延误；任何其他原因，包括任何明显延误比赛恢复的情况（如庆祝进球）。第四官员在每半场最后一分钟结束时展示裁判员决定的最短补时时间。裁判员可增加补时时间，但不得减少。

裁判员不得因上半场计时失误而改变下半场的比赛时长。

4. 罚球点球

如需执行罚球点球或重踢罚球点球，应延长该半场时长直至罚球点球程序完成。

（四）比赛进行与停止

1. 比赛停止

当出现如下情况时，比赛即为停止：球的整体从地面或空中越过球门线或边线；裁判员停止了比赛；球接触了比赛官员后仍在比赛场地内，并且，任一队开始了一次有希望的进攻，或直接进入了球门，或控球球队发生了转换。上述情况下，比赛以坠球恢复。

2. 比赛进行

所有其他时间，如果球接触了比赛官员，或从球门柱、横梁、角旗杆弹回并且仍在比赛场地内，均为比赛进行中。

（五）确定比赛结果

1. 进球得分

（1）当球的整体从球门柱之间及横梁下方越过球门线，且进球队未犯规或违规时，即为进球得分。

（2）如果守门员手抛球直接进入对方球门，则由对方踢球门球。

2. 获胜队

（1）进球数较多的队伍为获胜队。如果双方球队没有进球或进球数相等，则该场比赛为平局。

第三节 排球运动

一、排球运动概述

1895 年，美国马萨诸塞州霍利约克城的一位名叫威廉·摩根的体育干事发明了排球。摩根从网球运动中受到启发，将网球的球网升高，让多人隔着球网用手直接拍击球进行游戏，并先后用网球、篮球和篮球胆进行了试验。

起初，摩根将这种隔网用手拍击球的游戏叫作Minitonette，意为“小网子”。1896 年，美国马萨诸塞州体育指导大会在霍利约克城举行，大会期间进行了“小网子”表演。来自斯普林菲尔德市的霍尔斯泰德在观看了表演后认为，Minitonette这个名字没能充分表明游戏的本意，他提议根据游戏特点将游戏名称改为Volleyball。Volley是网球运动术语，意为“截击”，即在球落地前将球击回。这一提议形象地概括了“小网子”游戏的特点和性质，即双方隔网击球，使其不在本方场区内落地，得到了大家的一致同意。从此，Volleyball就成为排球运动在国际上的正式名称，并一直沿用至今。

1905 年，排球运动传入中国。经过百余年几代排球工作者的努力，排球运动在中国逐步得到发展和普及，运动技术水平不断提高，对世界排球运动的发展起到了推动作用。

中国女排是中国三大球的突出代表，曾在 1981 年和 1985 年排球世界杯、1982 年和 1986 年排球世锦赛、1984 年洛杉矶奥运会上夺得冠军，成为世界上第一支“五连冠”的女排队伍。中国女排又在 2003 年排球世界杯、2004 年雅典奥运会、2015 年排球世界杯、2016 年里约热内卢奥运会、2019 年排球世界杯上五度夺冠，极大地振奋了中国人的精神。中国女排所体现出来的顽强战斗、勇敢拼搏的精神激励着一代代中国人不断奋斗。

二、排球基本技术

（一）准备姿势和移动

准备姿势

1. 准备姿势

上体自然前倾，可稍蹲、半蹲和低蹲，两臂自然放松，置于腹前，重心稍靠前，全身肌肉适当放松。

2. 移　动

排球运动常用的主要移动步法有并步、跨步、交叉步、滑步、跑步等。要做好准备姿势，及时判断来球性质，快速移动，移动中身体重心起伏不能太大，以免影响移动速度。

移　动

（二）传　球

传球一般可分为正面传球、二传球、背传球、侧传球、跳传球等。下面主要介绍正面传球和二传球的动作技术方法。

传　球

1. 正面传球

（1）准备姿势。稍蹲姿势，抬头面对来球，两臂屈肘自然抬起，放松，两手置于面前。（图 10-3-1）

（2）传球基本技术。当球下降至额前时，蹬地伸膝，伸臂，两手向前上方迎击来球。击球点在额前上方一球距离处，此位置有利于看准来球和控制传球方向。两手自然张开呈半球形，两拇指相对呈一字形，用拇指内侧、食指全部及中指第二和第三指节触球，无名指和小指在两侧辅助控制传球方向（图 10-3-2 ①）。传球用力的顺序是蹬地—伸膝—伸腰—手指和手腕屈伸（图 10-3-2 ②）。

图 10-3-1

①　　②

图 10-3-2

2. 二传球

组织进攻中的第二次击球称为二传球，是一种转变方向的传球技术。二传球的好坏直接关系到组织进攻和战术能否实现。二传球可分为背向二传、顺网二传、调整二传、跳起二传等。（图 10-3-3）

图 10-3-3

（三）垫　球

垫球主要用于接发球和接扣球。在比赛中，垫球是争取多得分、少失分，由被动变主动的重要技术，是稳定队员情绪、鼓舞队员士气的重要手段。垫球可分为正面垫球、移动垫球、侧面垫球、跨步垫球、变方向垫球、背垫球、单手垫球、挡球等。正面垫球是最基本的一种垫球技术。

1. 准备姿势

两脚左右开立，稍比肩宽。垫球手型主要有互靠式、叠掌式、抱拳互握式等。（图 10-3-4）

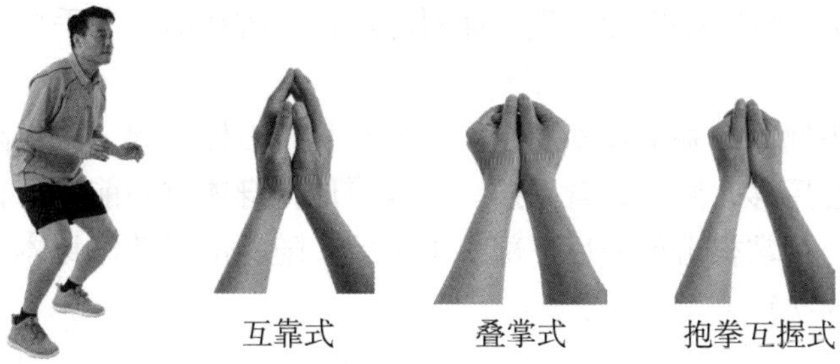

互靠式　叠掌式　抱拳互握式

基本姿势　垫球手型

图 10-3-4

2. 垫球基本技术

看准来球，两臂夹紧前伸，插到球下，用前臂腕关节以上 10 厘米左右的地方、两臂桡骨内侧形成的平面击球的下部。向前上方蹬地抬臂，迎击来球，使插、夹、抬、蹬动作连贯完成，灵活控制传球方向和力量（图 10-3-5）。手臂角度：垫球手臂与地面所形成的夹角对球的方向、弧度、落点影响很大。一般来说，来球弧度高，手臂与地面的夹角应该小些；来球弧度平，手臂与地面的夹角应该大些。

图 10-3-5

（四）发　球

发球是比赛的开始，也是进攻的开始。发球既要有准确性又要有攻击性，这样不仅可以为己方得分，还可以破坏对方的战术组合。发球可分为正面上手发球、正面下手发球、侧面下手发球等。

1. 正面上手发球

（1）准备姿势。以右手发球为例，面对球网，两脚自然开立，左脚在前，左手托球于体前。

（2）正面上手发球基本技术。左手平稳而准确地将球抛在体前右肩前上方，抛起高度约为 50 厘米。同时，右臂抬起，屈肘后引，肘略高于肩，上体稍后仰。五指并拢，指尖朝上，手腕稍后仰保持一定的紧张度，眼睛注视球体。右脚蹬地，重心前移，以收腹、屈体迅速带动手臂的挥动。在右肩前上方，用手掌坚硬部位击球的后下部。击球后迅速入场。（图 10-3-6）

正面上手发球

2. 正面下手发球

正面下手发球的动作技术简单，是学习发球技术的入门技术。

正面下手发球

（1）准备姿势。以右手发球为例，面对球网，左脚在前，左手持球于胸前，右臂自然下垂，目视前方。

（2）正面下手发球的基本技术。左手将球在身体右侧抛起，抛起高度约为 20 厘米。抛球时，身体重心后移，同时右臂后摆。右脚蹬地，身体重心前移，右臂伸直，以肩为轴向前摆至腹前，用掌根击球的后下部。击球后，随着击球动作身体重心前移，迅速进入场地。（图 10–3–7）

图 10–3–6

图 10–3–7

3. 侧面下手发球

（1）准备姿势。以右手发球为例，左肩对网，两脚开立。

（2）侧面下手发球的基本技术。左手抛球至距胸前一臂之远，球离手高度约为 30 厘米。在抛球的同时，右臂摆至右侧后下方，接着右脚蹬地向左转体，带动右臂向前上方摆动，在腹前以全手掌击球的右下方。击球者随着击球动作迅速进入场地。

（五）扣　球

扣球是排球基本技术中攻击性最强的一项技术，它在比赛中占有重要地位，是得分、得发球权的主要手段，也是进攻中最积极有效的武器。

扣　球

1. 准备姿势

队员一般站在距离球网 3 米左右处，两肩自然下垂，稍蹲，目视来球。

2. 正面扣球的基本技术

助跑时，助跑的方向、速度和步数应根据二传来球的方向、速度和弧度决定。助跑时可采用一步、两步或三步助跑。助跑最后一步脚的落地就是起跳的开始，在踏跳脚着地的瞬间，手臂摆至身体侧后方并开始向前摆动，当两腿弯曲至最深时，手臂摆至体侧，而后两臂随两腿蹬直向上画弧上摆，两脚迅速蹬地，两膝猛伸，向上跳起。（图 10–3–8）

起跳后，挺胸展腹，上体稍右转，右肩向上方抬起，身体形成反弓。挥臂时，迅速转体、收腹发力，依次带动肩、肘、腕各关节成鞭甩动作向前上方弧形挥动，在右肩前上方最高点击球。击球时，提肩，伸臂，五指微张呈勺形，以全掌包满球，击中球的后中部，力量通过球心，手腕有推压动作，使球向前下方旋转飞行。在空中完成击球后，身体自然下落，尽量用两脚的前脚掌先着地，以缓冲身体受到地面的撞击力，落地时保持身体平衡。（图 10–3–9）

图 10-3-8

图 10-3-9

（六）拦　网

拦网是在网前跳起用两手阻拦对方扣球的技术，它既是防守技术，又是进攻手段。拦网是防守的第一道防线，是反攻的重要环节。

拦　网

1. 准备姿势

面对球网，两脚左右开立，约与肩同宽，两手自然置于胸前。

2. 单人拦网的基本技术

身体移动到拦网位置后立即制动，身体正对球网后起跳，或在起跳过程中在空中使身体转向球网。起跳时，膝关节弯曲，两脚用力蹬地，两臂在体侧画小弧用力上摆，带动身体向上垂直跳起。起跳后稍收腹，控制平衡。两手从贴近额前并平行于球网处向网上沿前上方伸出，两臂伸直，两肩尽量上提。拦击时，两手尽量伸向对方场区上空，接近球，两手自然张开，屈指、屈腕呈勺形。当手触球时，两手要突然屈腕，用力捂盖在球的前上方。拦网后自然落回地面，落地时屈膝缓冲。（图 10-3-10）

图 10-3-10

三、排球基本战术

（一）阵型配备

排球阵型配备是排球战术运用的基础，阵型配备应最大限度地符合本方队员的特点，按队员特点合理搭配，同时还要考虑对手的情况。

1. 四二配备

四二配备是 2 名二传手和 4 名进攻队员组成的阵容。4 名进攻队员为 2 名主攻和 2 名副攻。四二配备被中等水平球队采用得较多，2 名二传手始终保持前后排各 1 名，便于接应传球。

2. 五一配备

五一配备是 1 名二传手和 5 名进攻队员组成的阵容。5 名进攻队员为 2 名主攻、2 名副攻和 1 名在二传手对角接应二传的队员。由于目前比赛中引入了自由防守队员，五一配备更加灵活。五一配备对二传手要求较高，因此一般被中高水平的球队采用得较多。

3. 三三配备

三三配备是由 3 名传球队员和 3 名进攻队员间隔站立组成的阵容，以确保每一轮都有传有扣。三三配备是初学者常采用的战术配备。

（二）排球进攻战术

1. 中一二进攻

中一二进攻是前排 3 个人中 3 号位担任二传手，将球传给 2 号位、4 号位进攻的战术。二传手在 2 号位、4 号位时，在发球后可以换到 3 号位，这种情况称为边一二换中一二或反边一二换中一二。中一二进攻简单，便于组织。

2. 边一二进攻

边一二进攻是前排 3 个人中 2 号位做二传手，将球传给 3 号位、4 号位进攻的战术。二传手在 3 号位、4 号位时，发球后可以换到 2 号位。边一二进攻对于右手扣球队员来说应用时比较顺手，而对于左手扣球队员来说则较吃力。必须注意的是，一传如果传偏到 4 号位，二传手则很难接应。

（三）排球防守战术

1. 接发球的站位阵型

接发球的站位阵型既要利于接球，又要利于本方进攻，同时要根据对方发球的特点来布阵。

（1）5 人接发球。除 1 名二传手在网前站立或后排插上外，其余 5 名队员均担负起一传的任务，通常为三二站位。5 人接发球的优点是便于队员分布，缺点是二传手插上距离较远或者进攻变化较少。

（2）4 人接发球。二传手和上快球队员站在网前不接发球，后场 4 人沿一字或沿弧线站立。4 人接发球便于二传手传球和进攻跑动，但容易造成空心，对接发球判断和快速移动要求高。一般用来针对发球较差的对手采用。

2. 防守阵型

（1）不拦网的防守阵型。在没有拦网必要时，二传手在网前，既可以接网前球，又可以组织进攻。前排队员后撤，准备防守和进攻。

（2）单人拦网防守阵型。单人拦网防守阵型用于对方进攻力量较弱、扣球以中线为主、吊球较多的情况。单人拦网应以中线为主，阻止球被吊入中场，前排不拦网队员后撤防前区。

（3）接拦回球的保护阵型。拦回球的保护，一般应在后排留 1 个人准备接反弹较远的球，其他队员尽量多参与前排保护。在只有一点进攻时，应采用 4 人保护。在有战术变化时，进攻队员跑动或跳起后，若未扣球应争取保护，二传手和后排队员应尽量组成 2 ～ 3 人的保护阵型。

四、排球竞赛规则简介

（一）器材与设备

1. 比赛场地

比赛场地为对称的长方形，包括比赛场区和无障碍区。比赛场区为 18 米 ×9 米的长方形。其四周至少有 3 米宽的无障碍区。比赛场区上空的无障碍空间从地面量起至少高 7 米，其间不得有任何障碍物。国际排联、世界和正式比赛，比赛场区边线外的无障碍区宽应 5 米，端线外的无障碍区宽应 6.5 米。比赛场地上空的无障碍空间至少高 12.5 米。

2. 球网与网柱

（1）球网高度。

球网架设在中线上空，高度为男子 2.43 米，女子 2.24 米。球网的高度应从场地中间丈量，球网两端（边线上空）的高度必须相等，并不得超过规定网高 2 厘米。

（2）构造。

球网为黑色，宽 1 米，长 9.50 ~ 10 米（每边标志带外 25 ~ 50 厘米），网眼直径 10 厘米。球网上沿的全长缝有 7 厘米宽的双层白帆布带。帆布带的两端留有孔，用绳索系在网柱上使网上沿拉紧。用一根柔韧的绳索穿过帆布带，拉紧球网上沿固定在网柱上。球网下沿的全长缝有另外一条构造与球网上沿相同的 5 厘米宽帆布带，用绳索系在网柱上使网下沿拉紧。

（3）标志带。

两条宽 5 厘米、长 1 米的白色带子为标志带，分别系在球网的两端，垂直于边线。标志带被认为是球网的一部分。

（4）标志杆。

标志杆是有韧性的两根杆子，长 1.8 米，直径 10 毫米，由玻璃纤维或类似的材料制成。两根标志杆分别设置在标志带外沿球网的不同侧面。标志杆高出球网 80 厘米。高出部分每 10 厘米应涂有明显对比的颜色，最好为红白相间。标志杆被认为是球网的一部分，并视为过网区的边界。

（5）网柱。

两根网柱分别架设在两条边线外 0.5 ~ 1 米处，高 2.55 米，最好可以调节高度。国际排联、世界和正式比赛，网柱应架设在边线外 1 米处，其外部必须进行柔软包裹。网柱应为光滑的圆形，并无拉链。一切危险设施和障碍物都必须清除。

（二）发球时的犯规

1. 发球犯规

下列犯规应判为发球犯规，即使对方位置错误。发球队：发球次序错误；没有遵守“发球的执行”的规定。

2. 发球击球后的犯规

球被发出后出现以下情况仍为发球犯规（除非位置错误）：球触及发球队队员或球的整体没有从过网区通过球网垂直平面；界外球；球越过发球掩护。

拦网规则

（三）拦网犯规

（1）在对方进攻性击球前或击球的同时，在对方空间完成拦网。

（2）后排队员或自由防守队员完成拦网或参加了完成拦网的集体。

（3）拦对方的发球。

（4）拦网出界。

（5）从标志杆以外伸入对方空间拦网。

（6）自由防守队员试图进行个人或参加集体拦网。

思考题

1. 简述中国在篮球运动中的成绩。

2. 足球的踢球动作由哪些要素组成？

3. 排球运动常用的主要移动步法有哪些？

第十一章 小球运动

第一节 乒乓球运动

一、乒乓球运动概述

乒乓球运动起源于英国，由网球运动派生而来。19 世纪后期，英国一些大学生在室内以桌为台、以书为网、以酒瓶软木塞为球，在桌上演示网球赛的场景，形成“桌上网球”游戏。1890 年左右，英格兰越野跑运动员吉布从美国带回了空心塑料球，代替“桌上网球”游戏中的软木塞。后因塑料球击在木板拍上发出乒乓声响，故称这种球为“乒乓球”。1891 年，英国的巴克斯特申请乒乓球商业专利。1904 年，上海一家文具店的老板从日本买回 10 套乒乓球器材，把乒乓球引入了中国。

中国国家乒乓球队成立于 1952 年，经历了由弱到强、持久昌盛的发展历程。中国国家乒乓球队是中国体育军团的王牌之师。继在 2008 年北京奥运会上包揽全部四枚金牌之后，在 2012 年伦敦奥运会和 2016 年里约热内卢奥运会上再次包揽全部金牌。截至 2021 年 4 月，中国国家乒乓球队 116 人成为世界冠军，共获得 244 枚金牌。我国乒乓球运动有完备的人才培养体系，有世界最强大的人才储备，也有世界最强大的教练队伍，涌现了容国团、庄则栋、邓亚萍、刘国梁、马琳、王励勤、王皓、张怡宁、王楠、李晓霞、马龙等一大批优秀运动员。

目前，世界乒乓球重大赛事有世界乒乓球锦标赛、乒乓球世界杯、奥运会乒乓球赛等。除此之外，在亚洲范围内还有亚洲运动会乒乓球赛、亚洲乒乓球锦标赛。我国国内赛事主要有全国运动会乒乓球赛、全国乒乓球锦标赛等。

总体来看，世界乒乓球技术将朝着更加积极主动、特长突出、技术全面、战术变化多样的方向发展。世界男子乒乓球运动员的打法是在技术全面发展的基础上，把速度和旋转结合得更好，向着更快、更新、更猛发展；世界女子运动员的打法趋势则是女子技术男性化。

二、乒乓球基本技术

（一）握拍法

握拍法即单手持球拍的方法。世界上流行的握拍法有直式握拍法和横式握拍法，两种握法各有千秋，实践时应因人而异，扬长避短。下面以右手执拍为例讲解。

（1）直式握拍法：正面拇指第一指节和食指第二指节握拍，拍柄压住虎口（两指间距离适中），背面中指、无名指和小指自然弯曲，斜形重叠，中指第一指节顶住球拍的后上部，使球拍保持平稳。（图 11–1–1）

（2）横式握拍法：中指、无名指和小指自然地握住拍柄，拇指在球拍正面轻贴在中指的旁边，食指自然伸直斜放于球拍的背面，虎口轻微贴拍，击球时拇指和食指帮助手腕调节拍面。正手攻球时食指向上移动，反手攻球时拇指向球拍中部移动，帮助手腕下压，加大击球力量。（图 11–1–2）

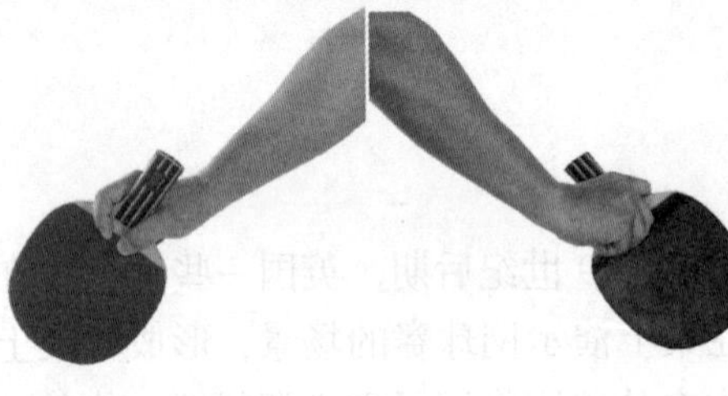

图 11–1–1

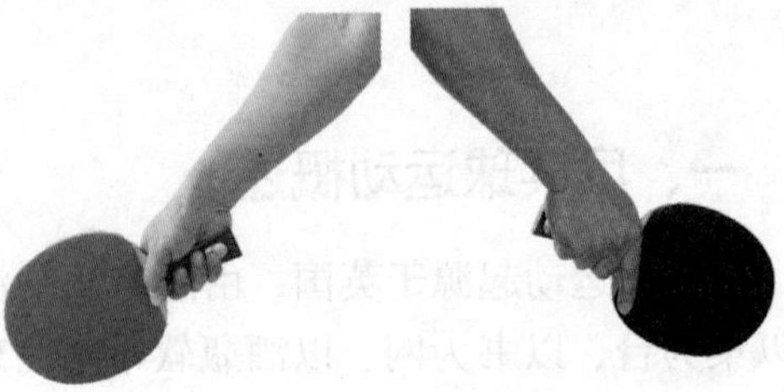

图 11–1–2

（二）准备姿势

两脚开立，约与肩同宽，两膝微屈，稍内扣，以前脚掌内侧着地，身体重心在两脚之间，上体微前倾。下颌微收，目视来球，执拍手手臂自然弯曲，手腕放松，球拍自然置于腹前，左手自然放松，弯曲抬起。

准备姿势的重点、难点是两脚前脚掌着地，屈膝微提踵，放松微动。

（三）发球技术

发球是乒乓球比赛中唯一不受对方来球限制的技术，它可以让发球者最大限度地实现自己的战术意图，具有较强的主动性。因此，发球技术是在乒乓球比赛中创造得分机会的主要技术。

1. 正手平击发球

身体离球台约 40 厘米，两脚开立，略宽于肩，左脚稍前。左手将球向上抛起，身体稍右转，同时右臂内旋，使拍面稍前倾，向右后方引拍。当球从最高点下降至稍高于球网时，击球的中上部并向左前下方挥动，以向前发力为主。击球后迅速还原。（图 11–1–3）

正手平击发球

图 11-1-3

2. 反手平击发球

身体离球台约 40 厘米，两脚开立，略宽于肩，右脚稍前。左手将球向上抛起，身体稍左转，同时右臂外旋，使拍面稍前倾，向左后方引拍。当球从最高点下降至稍高于球网时，击球的中上部并向右前下方挥动，以向前发力为主。击球后迅速还原。（图 11-1-4）

图 11-1-4

3. 正手发下旋加转球与不转球

正手发下旋加转球：身体靠近球台，左脚稍前，左手掌心托球置于身体右前方。左手将球抛起的同时，腰向右后转，右臂向后上方引拍，拍面后仰，直握拍时手腕伸展，横握拍时手腕略向外展并伸直。当球从最高点下降至稍高于网或与网同高时，以腰带动前臂加速向左前下方挥动，同时手腕屈曲并内收，以球拍远端（拍头）触球，击球的中下部并向底部摩擦。（图 11-1-5）

图 11-1-5

正手发下旋不转球与发下旋加转球的区别在于：正手发下旋不转球时，手臂外旋幅度小，减小拍面后仰角度，以球拍中后部偏右的地方触球，击球的中部或中下部，减小向下摩擦球的力量，近似将球向前推出，使击球的作用力接近球心，从而形成不转球。球发出后，将挥拍动作尽可能停住，以利于还原。

4. 反手发下旋加转球与不转球

反手发下旋加转球：身体靠近球台，右脚稍前，左手掌心托球置于身体左前方。左手将球抛起的同时，腰向左后转，右臂向左后上方引拍，拍面后仰，直握拍时手腕屈曲，横握拍时手腕略向外展。当球从最高点下降至稍高于网或与网同高时，以腰带动前臂加速向右前下方挥动，同时，若是直握拍则手腕伸展，若是横握拍则手腕内收，以球拍远端（拍头）触球，击球的中下部并向底部摩擦。反手发下旋加转球与不转球的区别同正手发下旋加转球与不转球的动作区别类似。控制动作幅度，快速还原。（图 11–1–6）

图 11–1–6

（四）攻球技术

攻球技术是乒乓球技术中最重要的得分技术之一。攻球技术在击球方式上以撞击为主，因此具有击球速度快、动作小、进攻性强的特点。

1. 正手攻球技术

（1）正手快攻。身体离球台约 40 厘米，左脚稍前。右臂自然弯曲并做内旋，使拍面稍前倾，重心移向右脚，前臂横摆引拍至身体右侧后方。右脚稍用力蹬地，髋关节和腰向左转，上臂带动前臂快速向左前方挥动迎球，在球的上升期（或高点期）击球的中上部，以向前击球为主，使球与球拍略带有摩擦，手腕辅助发力，身体重心由右脚移至左脚。击球后身体迅速还原。（图 11–1–7）

正手攻球技术

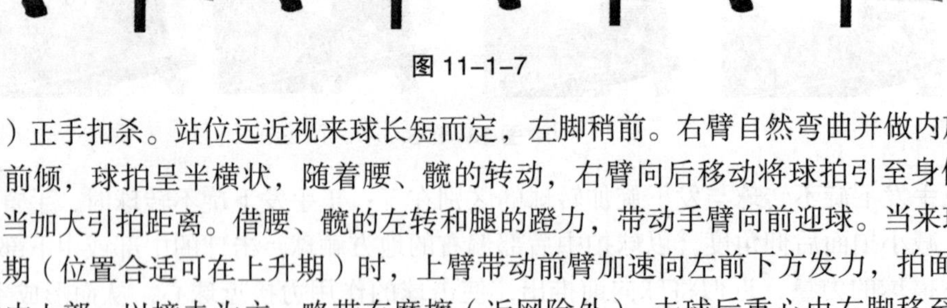

图 11–1–7

（2）正手扣杀。站位远近视来球长短而定，左脚稍前。右臂自然弯曲并做内旋，使拍面稍前倾，球拍呈半横状，随着腰、髋的转动，右臂向后移动将球拍引至身体右后方，适当加大引拍距离。借腰、髋的左转和腿的蹬力，带动手臂向前迎球。当来球跳起到高点期（位置合适可在上升期）时，上臂带动前臂加速向左前下方发力，拍面前倾，击球的中上部，以撞击为主，略带有摩擦（近网除外），击球后重心由右脚移至左脚。扣杀后，立即还原，准备连续扣杀。（图 11–1–8）

图 11–1–8

2. 反手攻球技术

身体离球台 40 ～ 50 厘米，右脚稍前。身体略左转，使腰部扭紧，右肩略下沉，前臂后引球拍至身体左侧，略高于来球。利用腰、髋的突然转动，带动前臂向右前方用力。上臂贴近躯干，肘部内收，在球的上升期或高点期击球的中上部。手腕压拍，选定用力方向后将球击出。击球后，身体迅速还原。（图 11–1–9）

图 11–1–9

（五）推挡技术

推挡是我国直拍快攻打法的基本技术之一，特别是在左推右攻打法中占有极其重要的地位。推挡球可分为平挡、快推、加力推、减力挡、推下旋、推侧旋等。下面主要介绍平挡和快推。

推挡技术

1. 平　挡

上臂自然贴近身体，拍面稍前倾，将球拍引至身体前方，在球的上升期时触球的中部或中上部。击球瞬间，前臂和手腕轻轻用力向前上方推出，主要借助来球的反弹力将球挡回。回击弧圈球时，球拍须高于来球，在球的上升后期击球。（图 11–1–10）

图 11–1–10

2. 快　推

上臂和肘部内收，自然置于身体右侧，以肩为轴，将球拍引至身体前方。当来球跳至上升期时，前臂和手腕迅速向前推出，拍面稍前倾，击球的中上部，以前臂和手腕发力为主，并适当借力。（图 11-1-11）

图 11-1-11

（六）搓球技术

搓球是近台还击下旋球的一种基本技术，可用它为拉弧圈球创造条件。

1. 慢　搓

（1）反手慢搓。身体离球台 40 ～ 50 厘米，右脚在前或两脚平行站立。右臂外旋，使拍面稍后仰，前臂向左上方引拍至胸前，横握拍时手腕适当外展，直握拍时手腕屈曲，拍头指向斜上方。当来球跳至下降前期时，前臂带动手腕加速向右前下方用力摩擦球。拍面后仰，击球的中下偏外侧部位。击球后，前臂顺势前送，并注意还原。（图 11-1-12）

搓球技术

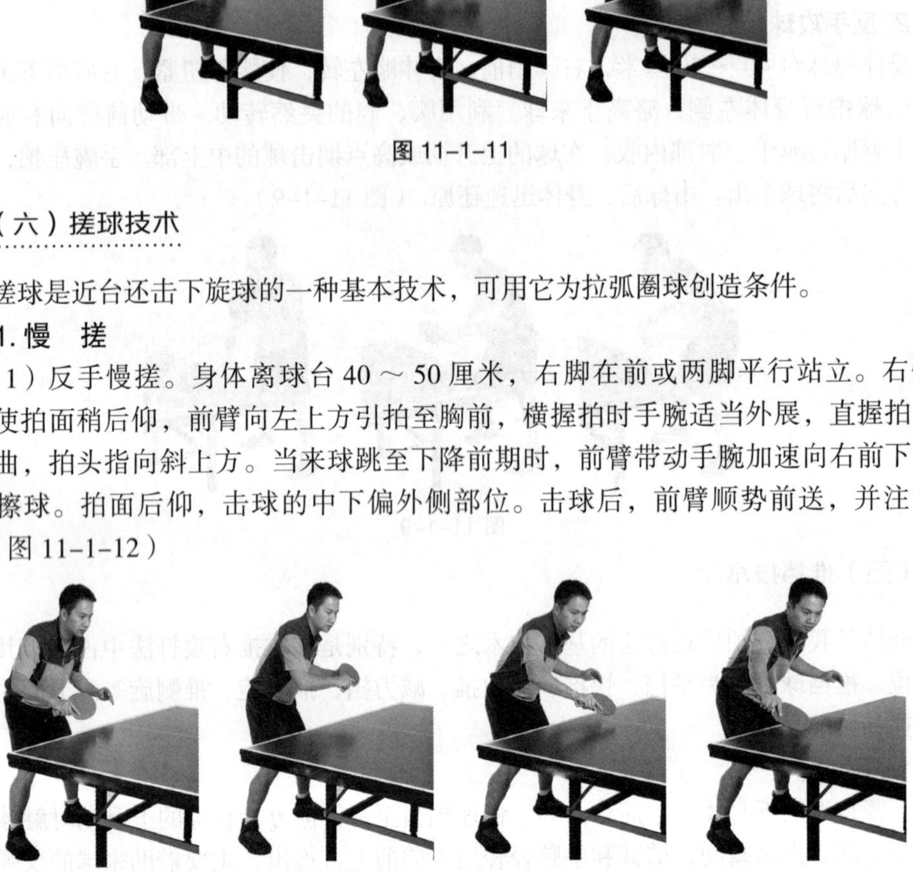

图 11-1-12

（2）正手慢搓。正手慢搓与反手慢搓动作相同，但方向相反。

2. 快　搓

（1）反手快搓。身体靠近球台，两脚平行或右脚稍前站立。肘部自然靠近身体，后引动作较小，拍面稍后仰。当来球跳至上升期时，利用上臂前送的力量，前臂和手腕配合发力，触球的中下部并向前下方用力摩擦。搓球后，尽快还原，准备下一板球。（图 11-1-13）

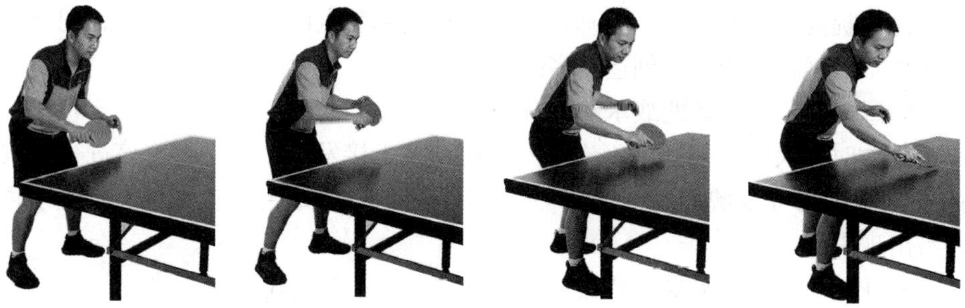

图 11–1–13

（2）正手快搓。正手快搓与反手快搓动作相同，但方向相反。

（七）弧圈球技术

弧圈球技术是现代乒乓球中最主流的进攻技术，其优势是可将球的速度和旋转有效地结合起来。

1. 正手弧圈球

判断来球，确定拉球时间和拉球部位。两脚开立，左脚稍前，收腹、含胸、屈膝，使身体重心降低，重心落在两脚之间。腰、髋向右转动，重心置于右脚前脚掌，右肩略下沉，左肩自然转向来球方向，右腿屈膝程度加大，前臂自然下垂，通过转腰带动上臂、前臂经腹前向右侧下方移动，将球拍引至身体右侧腰部下方稍后处。手臂自然放松，肘关节夹角保持在 150° ～ 170° 。右脚蹬地，髋关节适当左转，腰部带动上臂向左转动，前臂向左前上方挥动击球。通常击球的中部或中上部（如果要增加侧旋，击球方向略偏右并带侧向摩擦），前臂和手腕即将触球时迅速内收，手指在触球瞬间抓紧球拍。来球下旋强烈或击球点较低时，多向上摩擦；反之，在保证必要弧线的前提下，可增加撞击的力度以增强球的前冲力。击球后，手臂继续顺势挥动，身体重心移到左脚，迅速还原。

2. 反手弧圈球

反手弧圈球的动作原理与正手弧圈球类似。除左右方向相反外，还需注意：① 近台反手拉球时，站位基本以左脚在前为主；中远台反手拉球时，站位多以两脚平行或右脚稍前为主。② 反手拉球时，在引拍阶段肘部要稍微离开身体，置于身体外侧，以确保球拍在身体前有一定的击球空间。③ 近台拉球时，引拍动作不宜过大。

反手弧圈球

三、乒乓球基本战术

（一）发球抢攻战术

发球抢攻是快攻型乒乓球运动员的重要战术之一。发球抢攻的战术意识：首先是尽量争取发球直接得分；其次是迫使对方回球质量不高，从而赢得有利的进攻机会；最后是迫使对方的接发球不具备杀伤力，从而有利于自己进行抢攻。

运用发球抢攻战术时的注意事项如下。

（1）注意发球与抢攻的配合。发球时，应预判对方如何接球、将球接到什么位置、己方怎样抢攻等。

（2）注意提高发球的质量。将球的旋转、速度和落点的变化结合起来，同时要特别强调发球技术的创新，为抢攻创造更多的机会。

（3）注意发球抢攻与其他战术的配合。

（4）抢攻时要大胆、果断。不论对方用何种技术接发球，自己都应该进行抢攻。若抢攻的技术好，则可以增加发球的威力，原因是己方抢攻会造成对方在接发球时顾虑多，容易出现失误。

（5）发球要与运动员本身的特点、特长相结合，才能达到应有的效果。

（二）接发球战术

接发球战术是由某一单项攻（冲）球技术形成的。若战术进攻性强，可变接发球的被动地位为主动地位，也可直接得分。接发球战术是乒乓球运动各种打法，特别是进攻型打法的主要战术。

1. 常用接发球战术

（1）用快拨、快推和拉球回击，争取形成对攻的相持局面。

（2）用快搓摆短回接，使对方难以发力抢攻或抢拉。

（3）对于各种侧旋球、上旋球或不强烈的下旋短球，可用“快点”技术回接。

（4）接发球抢攻或抢拉。

以上四种接发球战术，在比赛中可视场上具体情况结合起来灵活运用。采用多种回接球方法，给对方制造各种困难，使其无法应对，从而破坏其发球抢攻或抢拉的战术意图。

2. 接发球时的注意事项

（1）接发球抢攻（抢冲）一般不可过凶，否则容易失误，要判断好来球的旋转强度、高度和旋转方向，采用适当的方法进攻。例如，对方发侧上旋球，抢攻（抢冲）时应用推压手法，以免攻球下网，只有当来球稍高时，才可大力抢攻。再如，对方发加转下旋球，接发球抢攻时应采用提拉手法，以免下网，同时，攻球的力量不可过大。

（2）接发球抢攻（抢冲）动作结束后，要立即做好对攻（对冲）或连续攻（冲）的准备，以便保持主动地位。

（3）接发球抢攻、抢冲的力量越小，越应注意球的线路和落点，一般应多将球回击至对方的薄弱面，对方反手弱则多打反手，对方反手强则多打正手。

（三）搓攻战术

搓攻战术是进攻型选手的一项辅助战术，主要利用搓球的旋转和落点变化为进攻创造机会。

常用的搓攻战术：① 改变搓球落点，伺机进行突击；② 搓球时，转与不转相结合，改变落点，伺机突击；③ 搓拉与落点变化相结合，伺机突击。

（四）对攻战术

对攻是进攻型打法选手互相对垒时常采用的一项重要战术。快攻类打法主要依靠正手攻球、反手攻球、反手推挡或快拨技术，充分发挥其快速多变的特点，以达到调动对方、产生有效攻击的目的。常用的对攻战术有攻对方两角、攻对角线、侧身攻、攻追身、轻与重的结合攻、攻防结合等。

四、乒乓球竞赛规则简介

（一）定　义

（1）回合：球处于比赛状态的一段时间。

（2）球处于比赛状态：从发球时球被有意向上抛起前，静止在不执拍手掌上的最后一瞬间开始，直到该回合被判得分或重发球。

（3）执拍手：正握着球拍的手。

（4）不执拍手：未握着球拍的手。

（5）击球：用握在手中的球拍或执拍手手腕以下部分触及处于比赛状态的球。

（6）阻挡：当球处于比赛状态时，对方击球后，在比赛台面上方或向比赛台面方向运动的球，尚未触及本方台区，即触及本方运动员或其穿戴（带）的任何物品，即为阻挡。

（7）运动员穿或戴（带）的任何物品：包括其在一个回合开始时穿戴（带）的任何物品，但不包括比赛用球。

（8）越过或绕过球网装置：除从球网和比赛台面之间通过，以及从球网和网架之间通过的情况外，球均应视作已越过或绕过球网装置。

（二）合法发球

（1）发球开始时，将球自然地置于不执拍手的手掌上，手掌张开，保持静止。

（2）发球员须用手把球几乎垂直地向上抛起，不得使球旋转，并使球在离开不执拍手的手掌之后上升不少于 16 厘米，球下降到被击出前不能碰到任何物体。

（3）当球从抛起的最高点下降时，发球员方可击球，使球首先触及本方台区，然后直接触及接发球员的台区。

（4）从发球开始，到球被击出，球要始终在比赛台面的水平面以上和发球员的端线以外。从接发球方看，球不能被发球员或其双打同伴的身体或他（她）们所穿戴（带）的任何物品挡住。

（5）球一旦被抛起，发球员的不执拍手及其手臂应立即从球和球网之间的空间移开。球和球网之间的空间由球和球网及其向上的延伸来界定。

（6）运动员发球时，有责任让裁判员或副裁判员确信他（她）的发球符合规则的要求，且裁判员或副裁判员均可判定发球不合法。

（三）重发球

回合出现下列情况应判重发球。

（1）如果发球员发出的球触及球网装置后成为合法发球或被接发球员或其同伴阻挡。

（2）如果接发球员或接发球方未准备好时，球已发出，而且接发球员或接发球方没有企图击球。

（3）由于发生了运动员无法控制的干扰，而使运动员未能成功发球、还击或遵守规则。

（4）裁判员或副裁判员暂停比赛。

（四）得 1 分

除被判重发球的回合，下列情况运动员得 1 分。

（1）对方运动员未能正确发球。

（2）对方运动员未能正确还击。

（3）对方运动员击球后，球没有触及本方台区而越过本方台区或端线。

（4）对方运动员不执拍手触及比赛台面。

（5）对方运动员或其穿戴（带）的任何东西触及球网装置。

（6）对方运动员或其穿戴（带）的任何东西使比赛台面移动。

（7）对方连击。

（8）对方阻挡。

（五）一场比赛

一场比赛由奇数局组成。

（六）一局比赛

在一局比赛中，先得 11 分的一方为胜方。10 平后，先多得 2 分的一方为胜方。

（七）发球、接发球和方位的次序

（1）选择发球、接发球和方位的权力应由抽签来决定。

（2）在获得每 2 分之后，接发球方即成为发球方，依此类推，直至该局比赛结束，或者直至双方比分都达到 10 分或实行轮换发球法，这时，发球和接发球次序仍然不变，但每人只轮发 1 分球。

（3）一局中，在某一方位比赛的一方，在该场下一局应换到另一方位。在决胜局中，一方先得 5 分时，双方应交换方位。

（八）双　打

（1）发球要从本方的右半区发到对方的右半区。

（2）双打的第一局比赛，先由有发球权的一方确定第一发球员，再由接发球方确定第一接发球员；以后的各局比赛，由先发球的一方确定第一发球员，第一接发球员则是前一局发球给他（她）的运动员。在双打决胜局中，当一方先得 5 分时，接发球方应交换接发球次序。

（3）每方轮流发 2 个球。

（4）击球的顺序：发球员—接发球员—发球员的同伴—接发球员的同伴。

（5）单打的所有规则都适用于双打。

第二节　羽毛球运动

一、羽毛球运动概述

现代羽毛球运动起源于英国。19 世纪 60 年代，一批退役的英国军官把印度的一种近似于现代羽毛球运动的游戏带回英国，并加以改进，逐渐形成了现代羽毛球运动。大约在 1870 年，英国出现了用羽毛、软木做成的球和穿弦的球拍。1873 年，英国人鲍弗特在格拉斯哥郡的伯明顿庄园开游园会，人们在此地进行了一次羽毛球游戏。当时的羽毛球场地呈葫芦形，中间狭窄处挂网。从此，羽毛球运动逐渐开展起来。“伯明顿”（Badminton）成为羽毛球的名字。直至 1901 年，羽毛球场地才改为长方形。

1875 年，世界上第一部羽毛球竞赛规则草拟于印度普那。3 年后，英国又制定了更趋完善和统一的规则。1893 年，英国的 14 家羽毛球俱乐部一致倡议，成立了世界上第一个正规的羽毛球协会，进一步修订了规则，重新规定了场地标准。1899 年，该协会举办了第 1 届全英羽毛球锦标赛。1934 年，由英格兰、加拿大、丹麦、爱尔兰、法国、荷兰、新西兰等国家和地区发起成立了国际羽毛球联合会（简称国际羽联），总部设在英国伦敦。从此，羽毛球国际比赛日益增多。1981 年 5 月，国际羽联和世界羽毛球联合会（1978 年由亚非国家组成，简称世界羽联）正式合并，统称为国际羽毛球联合会，2006 年更名为羽毛球世界联合会。

20 世纪 20 年代末至 30 年代中期，羽毛球运动传入我国。中华人民共和国成立后，羽毛球项目很快成为我国体育运动的重点项目之一。1986 年、1988 年，我国连续两次获得男子汤姆斯杯和女子尤伯杯的双冠军，1987 年的世界羽毛球锦标赛和 1988 年的羽毛球世界杯赛的 5 项冠军都被我国运动健儿摘得，创造了一个国家选手连续囊括世界级比赛 5 个单项冠军的纪录。2010 年巴黎世界羽毛球锦标赛、2011 年伦敦世界羽毛球锦标赛和 2012 年伦敦奥运会中，我国羽毛球选手包揽了全部 5 个项目的冠军。2015 年 5 月 17 日，在第 14 届苏迪曼杯羽毛球比赛中，中国队成功卫冕，实现苏迪曼杯六连冠。在 2016 年里约热内卢奥运会上，中国羽毛球队获得 2 枚金牌。在 2020 年东京奥运会上，中国国家羽毛球队获得 2 金 4 银的好成绩。

二、羽毛球基本技术

（一）握拍法

握拍是羽毛球技术的基础动作，每个击球动作都需要采用正确的握拍方法。本书以右手持拍为例，介绍两种握拍方法，分别是正手握拍和反手握拍。

正手握拍

1. 正手握拍

左手握住拍杆，使拍面与地面垂直。右手张开，成近似握手的手型，虎口对准拍框，拇指与食指呈 V 字形，五指自然贴到拍柄上。（图 11-2-1）

反手握拍

2. 反手握拍

左手握住拍杆，使拍框与地面平行。右手拇指上提，顶贴在拍柄的宽拍棱上；食指连同其余三指自然贴靠在拍柄上，以便留有一定的发力空间。（图 11–2–2）

图 11–2–1

图 11–2–2

（二）发球技术

发球不仅是羽毛球技术中一项很重要的基本技术，也是羽毛球战术的重要组成部分。发球质量的好坏往往直接影响一个比赛回合的主动（权）与被动（权）。羽毛球的发球方法有两种：一种是正手发球，另一种是反手发球。按照发出的球在空中飞行的轨迹和落点，羽毛球的发球可以分为发后场高远球、发后场平高球、发后场平射球和发前场小球。（图 12–2–3）

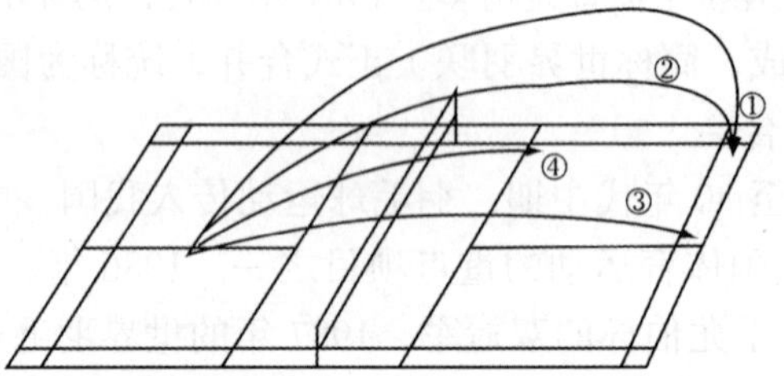

① 发后场高远球；② 发后场平高球；
③ 发后场平射球；④ 发前场小球

图 11–2–3

1. 正手发球

正手发高远球

正手发球以正手发高远球动作为基础。正手发后场高远球是用正手握拍方法，以正拍面将球击得又高又远，使球飞行到对方端线上空后突然改变方向，呈直线下落至端线附近的一种发球方法。（图 11–2–4）

图 11–2–4

正手发后场高远球的动作要领如下。

（1）准备发高远球的时候，发球者站在离前发球线 1 米左右的发球场区中线的附近，面对球网，左脚在前，右脚在后，两脚自然丌立。

（2）身体自然地微向后仰，右手向右后侧举，肘部稍弯曲，左手拿球（可拿球的球托部位）且肘部自然地在胸前弯曲。

（3）发球时，左手把球举在身体的右前方并放下，使球自然（垂直）落下；同时右臂由上臂带动前臂，从右后方向左前上方挥动。在上臂开始挥动时，身体重心由右脚慢慢地移到左脚。

（4）当球落到发球者手臂向下自然伸直能够触到球的一刹那，发球者握紧球拍，并利用甩腕的力量向前上方用力击球。在把球击出的同时，手臂向左上方挥动，击球后，身体重心也由右脚移至左脚，身体微微前倾。

2. 反手发球

由于发球的动作结构、解剖因素、力量等因素的限制，反手发球一般用来发网前球和平射球。（图 11–2–5）

图 11–2–5

反手发网前小球的动作要领如下。

（1）站位靠近前发球线，左脚或右脚在前均可，身体重心在前脚脚掌上，上体前倾，后脚脚跟提起。右手反握在拍柄稍前部，肘关节提起，手腕稍前屈，拍头低于腰部，斜放在小腹前；左手持球在球拍前方。

（2）左手放球的同时，持拍手臂的前臂内旋，以肘关节为轴带动手腕由后向前做半弧形回环挥动。

（3）击球时，球拍由后向前推送击球，使球的最高弧线略高于网顶，通过拍面的切削动作使球落到对方场区的前发球线附近。

（4）击球后，以制动动作结束发力，并迅速将握拍姿势调整为正手握拍。

反手发网前小球

（三）后场击球技术

发球只是击球的开始，更加激烈的争夺是在发球后的接发球或发球抢攻后的对拉击球。因此，合理、协调、有效的击球是确保运动员夺取胜利的最基本技术之一。后场击球技术包括后场击高远球、后场吊球、后场扣杀球等。（图 11–2–6）

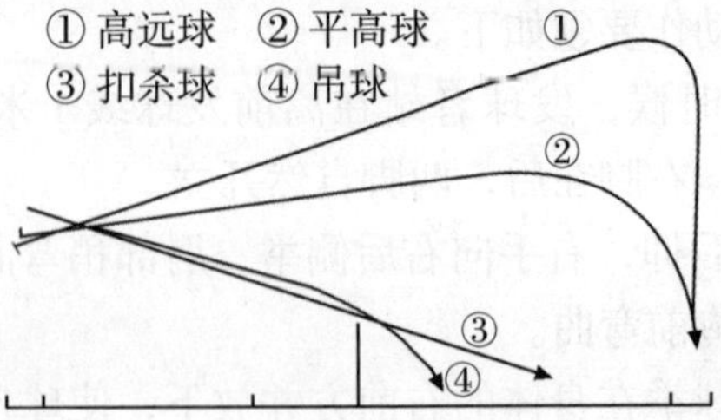

图 11-2-6

正手击高远球

1. 正手击高远球

正手击高远球是用正手握拍，以正拍面击球，击球点在右肩前上方的击球技术。（图 11-2-7）

（1）准备姿势：左脚在前，右脚在后，侧身对网。右手正手握拍，右臂屈肘于体侧，上臂与前臂的夹角约为 45°。左手自然上举，保持平衡，目视来球方向。

（2）当球下落到一定的高度时，转体，右肘上抬，手臂后伸引拍，以肩为轴做回环动作；右前臂充分向后下方摆动并外旋伸展；左臂随转体屈肘向身体左下方下落。

（3）击球时，右前臂急速内旋并带动手腕加速向前上方挥动，手腕前屈，手指屈指发力，用正拍面将球击出。击球点选在右肩的前上方，其高度以持拍手臂自然伸直击球为宜。

（4）击球后，右手随击球后的惯性向左前下方挥动，顺势收回至体前，成接球前的准备姿势。

图 11-2-7

反手击高远球

2. 反手击高远球

反手击高远球是用反手握拍，以反拍面在后场击高远球的击球技术。（图 11-2-8）

（1）运动员在中心位置起动后（由准备姿势变为右脚向左后方跨步），向来球方向移动，移动到位后，右脚在前，身体背对球网，球拍举在胸前，拍面朝上，目视来球。

（2）击球时，下肢动作是一个由屈到伸的过程；当球下落至右肩前上方一定高度时，以上臂带动前臂挥拍，在肘部上抬至与肩平行时，转为前臂带动腕部闪动；在右侧上方伸直手臂向后击球，伴随着右腿的蹬力，使击出的球更有力量。

（3）击球后，迅速转体面向球网跟进回位。

图 11-2-8

3. 吊 球

吊球是把对方击来的高球，从后场轻击或轻切、轻劈到对方的近网处的击球技术。根据击球动作方法、球的飞行轨迹的不同，吊球可分为劈吊、拦吊、轻吊等（其中每项都包括正手、头顶、反手等击球方法）。

正手吊球

（1）劈吊。劈吊击球前准备动作与打高远球相似。击球时，用力较轻，带有劈切动作（落点一般离网较远）。当球落到右臂向上自然伸直能触及的高度时，手腕快速做切削动作，使拍面与球托的右侧或左侧接触而把球击出。（图 11-2-9）

图 11-2-9

（2）拦吊。拦吊通常用于把对方击来的平高球拦截回去。击球时，拍面正对来球，当拍面与球接触时，只要轻轻拦切或点击，球即可以较平的弧线、较慢的速度越过球网垂直下落。

（3）轻吊。轻吊击球前的准备动作与打高远球相似。击球时，拍面正对来球，在接触球的一刹那，突然减速轻点或轻切来球，使球刚一过网就下落。

4. 扣杀球

扣杀球是把高球用力向前下方重击、重切或重“点”击球的击球技术，这种击球技术速度快、力量大。比赛中，扣杀球既可以直接得分，又可以使对方处于被动防守地位。扣杀球技术是羽毛球进攻的主要技术之一。（图 11-2-10）

扣杀球

图 11-2-10

扣杀球根据击球点与身体的位置可分为正手扣杀、头顶扣杀和反手扣杀；根据击球力量的大小可分为重杀、轻杀、劈杀、点杀、追身杀等。这里主要介绍头顶扣杀直线球和头顶扣杀对角线球。

（1）头顶扣杀直线球。准备姿势同头顶击高远球，不同之处是挥拍击球时，靠腰、腹带动手臂、手腕的鞭打动作，全力沿直线向下方击球，拍面与击球方向水平面的夹角小于 90°。

（2）头顶扣杀对角线球。准备姿势同头顶击高球，不同之处是挥拍击球时，靠腰、腹力量带动手臂、手腕的鞭打动作，全力向对角线下方击球。拍面与击球方向水平面的夹角小于 90°。

（四）前场击球技术

前场击球技术包括网前的放球、搓球、推球、勾球、扑球、挑球等。其中，搓球、推球、勾球、扑球属于进攻技术，要求击球前期动作具有一致性，击球瞬间产生突变，握拍要灵活，动作要细腻，手腕、手指要灵巧，以控制好球的落点。网前球的各种球路如图 11-2-11 所示。

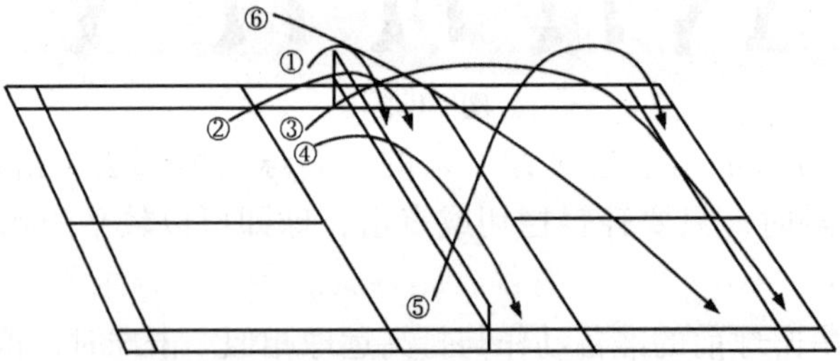

① 前场搓球；② 放小球；③ 前场推斜线球；
④ 勾球；⑤ 挑斜线球；⑥ 前场扑斜线球

图 11-2-11

网前进攻威胁较大，原因是球的飞行距离短，落地快，常使对方措手不及而导致直接失分。即使不能使对方直接失分，也能迫使对方被动回球，为己方创造下一拍进攻的机会。若网前进攻和中场进攻能紧密地配合起来，则能发挥前后场的连续进攻，掌握主动权。

1. 放网前球

放网前球是将网前区域低手位置的来球击至对方网前区域的前场击球技术。放网前球的来球一般处于低手位，击出的球没有旋转和翻滚，落点可以比较贴近球网，这样可以创造有利的进攻形势，制造转机。放网前球可分为正手放网前球和反手放网前球。

（1）正手放网前球：正手握拍，以正拍面将网前区域或低手位的来球击至对方网前区域。准备姿势为右脚在前，左脚在后，两脚前后开立，与肩同宽，右手持拍自然置于胸前，左手自然置于体侧，上体前倾。击球手前臂随步法伸向前上方，手腕外旋后引拍。击球时，握拍放松，拍面几乎呈仰平面置于球托下，手指、手腕轻轻地向上抬击球托底部，使其越网而过。击球后，右脚迅速蹬地回动，同时击球手臂收回至胸前，成接球的准备姿势，准备回击下一个来球。（图 11–2–12）

正手放网前球

图 11–2–12

（2）反手放网前球：反手握拍，以反拍面将网前区域或低手位的来球击至对方网前区域位置。击球前的动作同正手放网前球动作，只是方向相反。击球时，主要靠击球手前臂的前伸、外旋和手腕由内收至外展的合力，轻托球托底部把球轻送过网。击球后，整个动作还原成下次击球的准备姿势。（图 11–2–13）

图 11–2–13

2. 搓　球

（1）正手搓球：正手握拍，以正拍面将网前位置的来球用“搓”“切”等动作回击到对方网前区域附近。击球前，右臂前臂稍外旋，手腕由后伸至稍内收闪动；击球时，在正手放网前球的动作基础上，加快挥拍速度，搓切来球球托的右下部，使球旋转滚动过网。（图 11–2–14）

正手搓球

图 11–2–14

反手搓球

（2）反手搓球：反手握拍，以反拍面将网前位置的来球用“搓”“切”等动作回击到对方网前区域附近。击球前，右臂前臂前伸外旋，手腕由内收至外展；击球时，搓击球托的右侧后底部，使球侧旋滚动过网。另外，还可以使前臂稍伸直，手腕由外展到内收，带动球拍向前切送，搓击球托的后底部，使球下旋滚动过网。

3. 网前勾球

（1）正手勾对角线。勾球一般采用并步加蹬跨步上网的步法。在采用步法移动的同时，球拍随着右前臂往右前上方举起，前臂前伸的同时稍有外旋，手腕稍后伸，这时将拍柄稍向外捻动，使拇指贴在拍柄的宽面上，食指的第二指节贴在与其相对的另一个宽面上，拍柄不触及掌心。击球时，靠前臂稍内旋往左拉收球拍，手腕由稍后伸至内收，手腕和手指控制拍面角度使球拍拨击球托的右侧下部。击球后，球拍回收至胸前。（图 11–2–15）

图 11–2–15

（2）反手勾对角线。在采用步法移动的同时，右臂向左侧前方平举（注意手臂不要伸直，稍弯即可）。击球时，肘部下沉，在前臂内收、外旋的同时，食指和拇指协调用力捻动拍柄，使拍面拨击球托的左侧后部，将球沿对角线击飞过网。击球后，球拍回收至胸前，为下次击球做积极的准备。

4. 挑　球

（1）正手挑球。准备动作同正手放网前球动作。击球前，前臂充分外旋，手腕尽量后伸。击球时，从右下向右前方至左上方挥拍击球。在此基础上，若球拍向右前上方挥动，则挑出的是直线高球；若球拍向左前上方挥动，则挑出的是对角高球。（图 11–2–16）

图 11–2–16

反手挑球

（2）反手挑球。准备动作同反手放网前球动作。击球前，右臂向后拉，抬肘引拍。击球时，前臂充分内旋，手腕由屈至后伸闪动挥拍击球。若球拍由左下方向左前上方挥动，则球沿直线方向飞行；若球拍由左下方向右前上方挥动，则球沿对角线方向飞行。（图 11–2–17）

图 11-2-17

（五）中场击球技术

羽毛球技术中，除了后场击球技术和前场击球技术外，还有介于前后场之间的中场击球技术，其中常见的是中场平抽球和中场接杀球技术。中场区域是比赛双方攻守转换的主要地带，双方运动员之间的距离比较近，球在空中滞留的时间又比较短，因此，中场击球技术对挥拍击球时的要求是球拍的预摆幅度要相对小一些，突出体现“快”。

1. 平抽球

平抽球是把位于身体左右两侧，高度在肩部以下、腰部以上位置的球用抽击的方式击球过网，球飞行的路线既平又快，是双打的主要技术之一。

平抽球

运动员站在右场区的中部，两脚平行站立，稍宽于肩，身体重心在两脚之间，微屈膝，收腹，正手握拍举于右肩前。击球前，右臂肘关节前摆，前臂稍外旋，手腕稍外展至后方，引拍至体后。击球时，右前臂内旋，手腕伸直闪动，手指抓紧拍柄，球拍由右后方往右前方高速平扫来球。击球后，手臂左摆，左脚往左前方迈一步，右脚跟进一步回到中心位置。（图 11-2-18）

图 11-2-18

2. 接杀球

接杀球是羽毛球实战中由守转攻的重要环节。掌握好接杀球技术，可以从防守反击中得到进攻主动权或直接得分的机会。积极有效的接杀球可以化解对方的进攻，达到化被动为主动的目的。接杀球可分为接杀放网前球、接杀挑后场高球、接杀勾对角球等。每项技术可分为正手和反手两种击球方法。

运动员两脚左右开立，与肩同宽，自然站立于中场位置，膝关节稍弯曲，身体重心降低，目视对方击球动作。判断来球落点，采用相应的步法与握拍动作，控制好拍面，以切击或挑球的动作将球击出。击球后，迅速回位，并将球拍置于胸前，准备回击下一个来球。

（六）羽毛球步法

步法在羽毛球运动中占有十分重要的地位，被称为羽毛球运动技术之母。快速、灵活、合理的步法是打好羽毛球、全面提高羽毛球技术水平的重要环节。

1. 步法的组成

羽毛球步法由垫步、交叉步、小碎步、并步、蹬跨步、腾跳步等组成。

（1）垫步：当右（左）脚向前（后）迈出一步后，左（右）脚跟进，紧接着右（左）脚向同一方向再迈一步为垫步。垫步一般为调整步距使用。

垫 步

（2）交叉步：左右脚交替向前、向侧或向后移动为交叉步，经另一脚前面超越的为前交叉步，经另一脚后面超越的为后交叉步。交叉步一般在后退打后场球时运用得较多。

（3）小碎步：以小的交叉步移动的步法称为小碎步。由于步幅小、步频快，小碎步一般在起动或回到起始位置时使用。

并 步

（4）并步：右脚向前或向后移动一步时，左脚立即向右脚跟进一步，紧接着右脚再向前或向后移动一步，称为并步。

（5）蹬跨步：在移动的最后一步，左脚用力向后蹬地的同时，右脚向来球方向跨出一大步，称为蹬跨步。蹬跨步常被用于上网击球，也常被用于后场端线两角移动抽球。

蹬跨步

（6）腾跳步：起跳腾空击球的步法为腾跳步。腾跳步可分为两种：一种是上网扑球或向两侧移动突击杀球时，以领先的脚（或两脚）起跳，做扑球或突击杀球；另一种是回击对方的高远球时，右脚（或两脚）起跳到最高点时杀球。

2. 羽毛球步法的分类

（1）前场上网步法。从球场中心位置移动到网前击球的步法，称为前场上网步法。前场上网步法可根据个人习惯采用交叉步、并步、垫步或蹬跨步，分为正手上网步法和反手上网步法。

正手上网步法：当来球落点在身体右侧且离身体较远时，采用正手三步上网步法。起动后，右脚迅速向身体右侧前方迈出第一步，左脚紧接着向前垫第二步并至右脚脚跟处，同时左脚前脚掌用力蹬地，右脚再向前跨出第三大步，准备击球。（图 11–2–19）

反手上网步法：当来球落点在身体左侧且离身体较远时，采用反手三步上网步法。起动后，右脚迅速向身体左前方迈出第一小步，左脚向前交叉迈出第二小步，同时左脚前脚掌用力蹬地，右脚又向前跨出第三步击球。击球后，右脚向中心位置撤回第一步，左脚紧跟退回第二步，右脚再向中心位置迈回，最后迈一小跳步回位。（图 11–2–20）

（2）后场后退步法。后场后退步法是指从球场中心位置后退到端线的移动步法。后场后退步法是羽毛球步法中最常用的，也是难度较大的步法动作。后场后退步法可分为后场正手后退步法、后场头顶后退步法和后场反手后退步法。

后场正手后退步法：来球落点在后场正手位且离身体较远时，采用后场正手后退步法。起动后，右脚向来球落点方向后退第一步，左脚经右脚往后交叉退第二步，右脚再退第三步，身体重心放在右脚上，向右后方斜步起跳，准备击球。（图 11–2–21）

正手三步后退

后场头顶后退步法：来球落点在后场反手位且离身体较远时，可以采用后场头顶后退步法。起动后，右脚蹬地，转体，向身体左后侧区域的来球落点方向后退第一步，左脚往后交叉退第二步，右脚再向后交叉退第三步，身体重心放在右脚上，交叉步起跳，准备击球。（图 11–2–22）

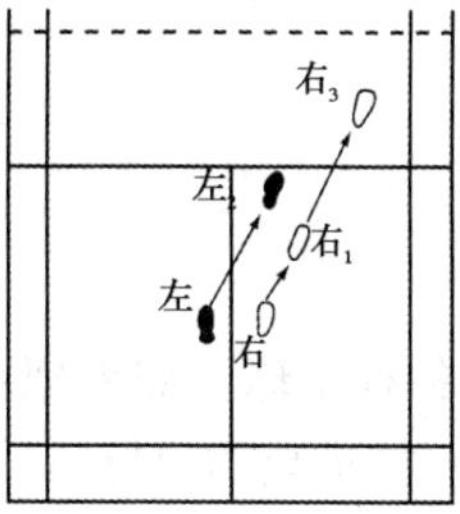

图 11–2–19

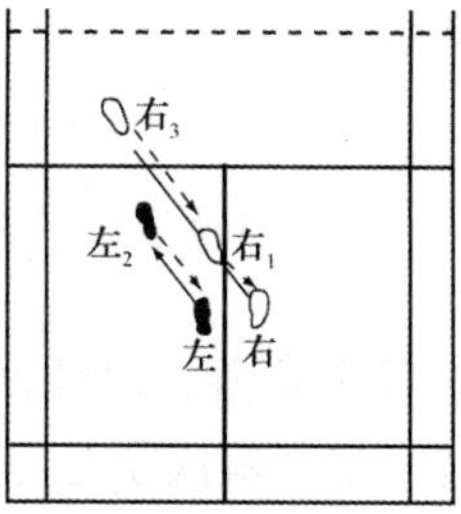

图 11–2–20

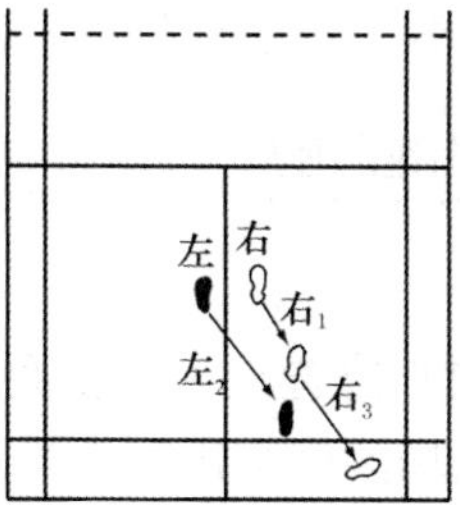

图 11–2–21

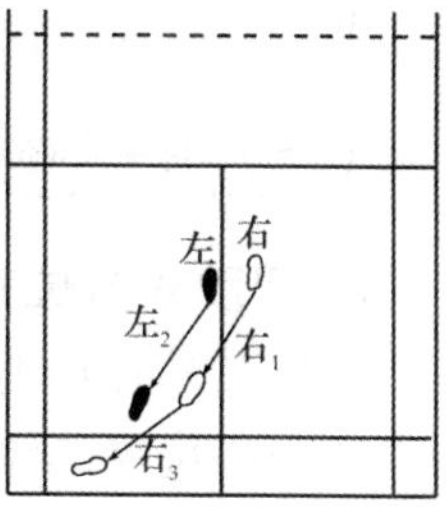

图 11–2–22

后场反手后退步法：当来球落点离身体较远，不能采用头顶后退步法时，采用反手后退步法。反手后退步法以左脚的前脚掌为轴心，右脚蹬地，向身体左后侧来球落点方向转体迈出第一步，左脚紧接其后向左后侧迈出第二步，右脚再交叉向来球落点方向跨出第三步，准备击球。完成击球后，身体重心在右脚上，迅速蹬地、转体向中心位置方向迈出第一步，左脚随即交叉迈出第二步，右脚再向中心位置迈出第三步，迅速回位。（图 11–2–23）

（3）中场步法。左右移动主要是还击中场球时所使用的步法。中场两侧移动步法多被用于接杀球。左右移动大致有两种方法：一是向右移动的正手移动步法，二是向左移动的反手移动步法。

中场正手蹬跨步接杀球步法：判断来球后，左脚蹬地，右脚向来球方向转动的同时向前跨一步接球，右脚触地动作与前场交叉步上网步法相似，接球后右脚迅速向中心蹬跳回位。（图 11–2–24）

中场反手蹬跨步接杀球步法：起动后，右脚用力蹬地，向左侧转髋的同时，左脚向来球方向跨步接球，左脚脚尖外展，脚跟触地。接球后，左脚迅速向中心蹬跳回位。（图 11–2–25）

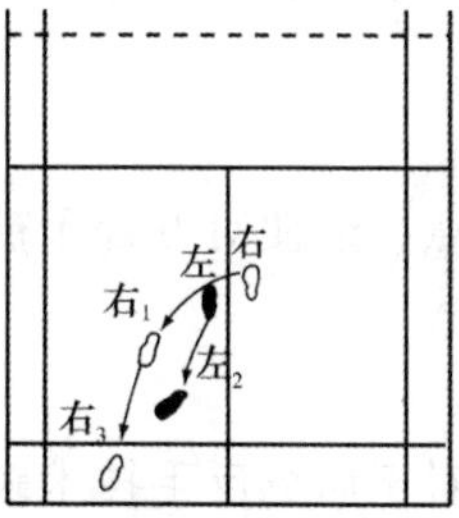

图 11–2–23

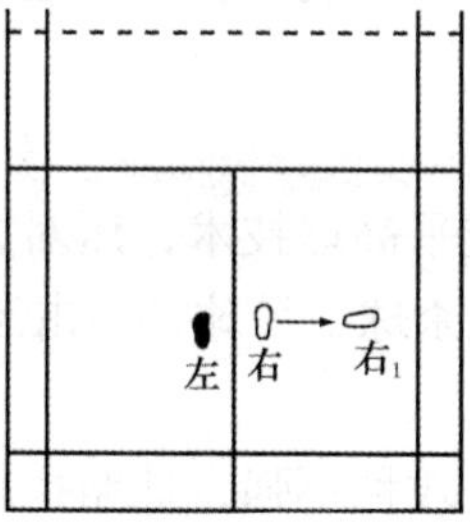

图 11–2–24

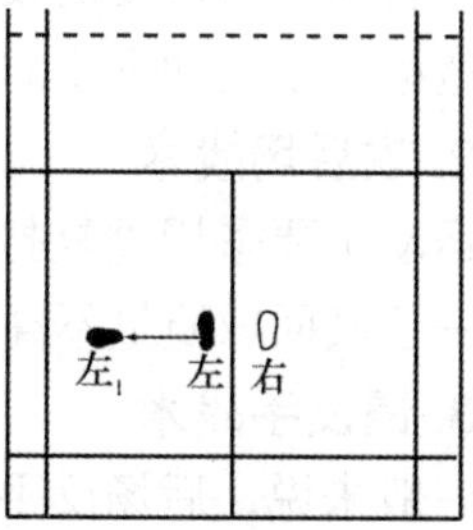

图 11–2–25

羽毛球的步法有很多，这里介绍的只是其中较为常见、较为主要的步法。运动员可以根据自身的技术打法特点和身体素质的实际情况灵活运用，也可以总结、创造一些适合自己的步法。

三、羽毛球基本战术

羽毛球战术是指运动员在比赛中为表现出高超的竞技水平并战胜对方所采取的战术

和行动。在羽毛球比赛中，运动员要控制对方节奏，力争主动，根据对方的不同特点，采取相应变化的技术手段战胜对方，这便是运用战术的意义。

我国羽毛球运动战术的指导思想是“以我为主、以快为主、以攻为主”，同时也确定了我国运动员“快、狠、准、活”的技术风格。

（一）羽毛球战术的目的

1. 调动对方位置

运动员站在场地中心位置是为了全面照顾各个角落，以便回击各种来球。如果把对方调离中心位置，他的场区就会出现空当，这一空当就成了己方下一拍进攻的目标。

2. 迫使对方击出中后场高球

运动员可通过平高球、劈杀、劈吊或网前搓球等技术造成对方还击困难，迫使对方击来的高球不能到达自己场区的端线。这样的战术可以增加己方大力扣杀和网前扑杀的威力，给对方以致命的一击。

3. 使对方重心失控

运动员可利用重复球或假动作打乱对方的步法，使对方重心失去控制，来不及还击或延误击球时间导致回球质量差，造成对方被动。

4. 消耗对方体力

运动员要控制球的落点，最大限度地利用整个场地，把球击到场地的四角或离对方最远的地方，使对方在每一次回球时尽量多地消耗体力；在争夺一球的得失时，也应通过多拍调动对方，让对方多跑动，多做无效的杀球以消耗体力，为后程比赛的胜利奠定基础。

（二）单打基本战术

1. 发球抢攻战术

发球不受对方干扰，发球者可以根据规则，以任何方式将球发到对方接球区的任意位置；善于利用多变的发球技术，先发制人，取得主动；以发平快球和网前球配合，争取创造第三拍主动进攻的机会。

2. 攻后场战术

运动员要采用重复打高远球或平高球技术，压对方后场两点，迫使对方处于被动状态，一旦其回球质量不高，便趁机杀球、吊球，一击制敌。

3. 逼反手战术

一般来说，后场反手击球的进攻性不强，球路也较简单。对于后场反手技术较差的对手，运动员要毫不放松地加以攻击，先拉开对方位置，使对方反手区露出空当，然后把球打到其反手区，迫使对方使用反拍击球。例如，先吊球到对方正手网前，让对方挑高球，然后己方以平高球攻击对方反手区，在重复攻击对方反手区迫使其远离中心位置时，突然吊对角网前。

4. 四方球突击战术

运动员以快速的平高球、吊球准确地打到对方场区的四个角落，迫使对方前后左右奔跑。当对方来不及回到中心位置或失去重心时，己方抓住对方空当和弱点进行突击。

5. 吊、杀上网战术

运动员先在后场以轻杀配合吊球把球下压，落点要选择在场地两边，使对方被动回球。若对方还击网前球，己方便迅速上网搓球或勾对角快速平推球；若对方在网前挑高球，己方可在其后退途中把球直接杀到对方身上。

（三）双打基本战术

1. 攻人（二打一）战术

攻人（二打一）战术是羽毛球比赛中经常运用且行之有效的一种战术。当发现对方有一个人的防守能力或心理素质较差，失误率比较高或防守时球路单调，可采用攻人（二打一）战术，把球攻到较弱者的一边。攻人（二打一）战术可集中优势兵力以多打少，以优势打劣势，获得主动或得分；有利于打乱对方防守站位；有利于己方突击另一线成功；有利于造成对方思想上的矛盾和不团结，影响其士气。

2. 攻中路战术

不论对方把球打到什么位置，攻球的落点都应集中在对方两人之间的结合部，并靠近防守能力较差者一侧或在中线上。攻中路战术既可以造成对方抢球或漏球，又可以限制对方挑出大角度的球路，有利于己方网前的封网。

3. 攻直线战术

攻直线战术即杀球路线和落点均为直线，没有固定的目标和对象，只依靠杀球的力量和落点来得分。当对方的来球靠边线时，攻球的落点在边线上；当对方的来球在中间区域时，就朝中路进攻，此战术在使用上较易记忆和进行。杀直线球虽然难度高，但是效果好，便于网前同伴的封网。

4. 后攻前封战术

当己方取得主动攻势时，后场队员逢高球必杀，前场队员积极移动封网扑打。

5. 防守反击战术

防守时，对方攻直线球，己方挑对角平高球；对方攻对角球，己方挑直线平高球，以达到调动对方移动的目的；然后，可采用挡或勾网前的精巧网前技术迫使对方起高球，创造后场进攻机会，达到转守为攻的目的。

四、羽毛球竞赛规则简介

（一）羽毛球场地

场地应是一个长方形，用宽 40 毫米的线画出，从场地地面起，场地中心点处网高 1.524 米，双打边线中心点处网高 1.55 米。

（二）挑　边

比赛开始前应挑边，赢方应在①或②选项中做出选择：①先发球或先接发球；②在一个场区或另一个场区开始比赛。输方在余下的一项中选择。

（三）计分方法

（1）除非另有规定，一场比赛应以三局两胜定胜负。

（2）除（4）和（5）的情况外，先得 21 分的一方胜一局。

（3）一方“违例”或球触及该方场区内的地面成“死球”，则另一方胜这一回合并得一分。

（4）20 平后，领先 2 分的一方胜该局。

（5）29 平后，先得 30 分的一方胜该局。

（6）一局的胜方在下一局首先发球。

（四）交换场区

以下情况，运动员应交换场区：第一局结束；第二局结束（如果有第三局）；在第三局比赛中，一方先得 11 分时。

（五）发　球

（1）一旦发球员和接发球员做好准备，任何一方不得延误开始发球。

（2）发球员球拍头的向后摆动一旦停止，任何对发球开始的迟延都是延误。

（3）发球员和接发球员，应站在斜对角的发球区界线以内，脚不得触及发球区和接发球区的界线。

（4）从发球开始，至发球结束，发球员和接发球员的两脚都必须有一部分与场地的地面接触，不得移动。

（5）发球员的球拍，应首先击中球托。

（6）发球员的球拍击中球的瞬间，整个球应低于距场地地面高度 1.15 米。

（7）自发球开始，发球员挥拍必须连贯向前，直至将球发出。

（8）发出的球应向上飞行过网，如果未被拦截，球应落在规定的接发球区内（即落在界线上或界线内）。

（9）发球员发球时，应击中球。

一旦运动员站好位置准备发球，发球员的球拍头开始向前挥动，即为发球开始。一旦发球开始，发球员的球拍击中或未能击中球，均为发球结束。发球员应在接发球员准备好后才能发球，如果接发球员已试图接发球，即视为已做好准备。双打比赛发球时，发球员和接发球员的同伴应在各自的场区内。其站位不限，但不得阻挡对方发球员或接发球员的视线。

第三节　网球运动

一、网球运动概述

网球运动孕育在法国，其前身是12—13世纪盛行于法国的一种用手掌击球的室内游戏，名为“掌球游戏”，后来在14世纪流行于法国宫廷。1873年，英国人温菲尔德改进了早期的网球打法，将这种游戏从室内移向了室外，设计了适合于户外的网球运动，这标志着近现代网球运动的诞生。

1877年，在英国温布尔登举行了第1届全英草地网球男子单打锦标赛，以亨利·琼为首的裁判委员会草拟的竞赛规则是现代网球竞赛规则的基础，其中的盘制、局制、换位法一直沿用至今。

网球运动走向普及和达到高潮是在美国。第二次世界大战期间，其他国家的网球赛事都停止了，唯独美国的网球运动继续开展并进入鼎盛时期，网球运动在美国普及率非常高，这为网球运动的发展做出了很大的贡献。

1913年，世界网球的最高组织——国际网球联合会（简称国际网联）成立，总部设在英国伦敦。1896年，网球被列为奥运会的比赛项目。1924年之后，国际网联因运动员参赛资格问题与国际奥委会发生冲突，网球不再是奥运会项目，直到1988年才重新进入奥运会。另外，职业网球联合会和国际女子职业网联分别成立于1972年和1973年，各自建立了完善的积分排名系统。

网球运动在19世纪后期传入我国。1953年，中国网球协会成立。1986年，中国女子网球队在第10届亚运会的团体赛中夺冠。2004年雅典奥运会，李婷、孙甜甜取得了中国体育史上第一个网球双打奥运冠军。2006年，郑洁、晏紫在澳大利亚网球公开赛女双比赛中夺得冠军。在2011年法国网球公开赛和2014年澳大利亚网球公开赛上，李娜获得女子单打冠军，成为亚洲历史上女子单打世界排名最高的选手，创造了中国网球运动的历史。

二、网球基本技术

（一）握拍方法

现代网球有多种握拍方法，即东方式握拍法、大陆式握拍法、西方式握拍法、半西方式握拍法、反手双手握拍法等。下面均以右手握拍为例进行介绍。

1. 东方式正手握拍法

左手拿起球拍，使拍面与地面垂直，右手平放在拍面上，然后下滑到球拍拍柄处握住，拇指与中指第一指节接触，食指稍分开，呈扣扳机状。东方式正手握拍法比较适合平击球。（图11-3-1）

东方式握拍

2. 东方式反手握拍法

从东方式正手握拍开始，顺时针旋转球拍，使食指根部压在一个斜面上，食指关节跨在右斜面上部，拇指放在拍柄左侧面，虎口掌根压住拍柄左上侧斜面，在击球时起到稳定作用，这样便形成了东方式反手握拍法。东方式反手握拍法通常用作单手反手抽击球。（图 11–3–2）

3. 大陆式握拍法

大陆式握拍

左手拿起球拍，使拍面与地面垂直，右手从球拍正上方握拍。与东方式握拍法不同之处：大陆式握拍法的正反手击球无须换握拍，用途比较广，比较适合切削球、网前截击、高压球和发球。（图 11–3–3）

4. 西方式握拍法

拍面水平置于地面，由正上方握起，食指根部接触到一个平面，虎口和掌根压在拍柄正上面。西方式握拍法俗称“大把抓”，即用手在拍柄底端顺手一把抓起即可。这种握拍方式比较适合打上旋球。（图 11–3–4）

西方式正手握拍

5. 半西方式握拍法

介于西方式和东方式之间的半西方式握拍法，兼具平击和上旋的击球优势，是当今网坛的主流正手握拍法。

6. 反手双手握拍法

反手双手握拍法一般右手采用大陆式握拍法、左手采用东方式正手握拍法，右手在下，左手在上。（图 11–3–5）

图 11–3–1

图 11–3–2

图 11–3–3

图 11–3–4

图 11–3–5

（二）基本站姿（以右手握拍的正手击球为例）

1. 开放式站姿

两脚连线与底线平行的站姿是开放式站姿。两脚自然分开，脚尖指向球网，上体扭转使左肩朝前，同时后引球拍，挥拍时利用身体重心从右向左的角速度来为球拍加速。开放式站位的击球点靠近身体，脚步调整幅度小，在跑动中击球及接发球更有优势。

2. 中间式站姿

两脚连线与底线垂直的站姿是中间式站姿。右脚向右转 90° 与底线平行，左脚向右脚的前方上步，同时后引球拍，以左肩朝前的姿势往前挥拍，挥拍时利用身体重心从后向前的线速度来为球拍加速。中间式站姿的击球点更靠前，球速更快，经常用于进攻性击球。

3. 半开放式站姿

两脚连线与底线夹角大于 90° 的站姿是半开放式站姿。左脚向前踏出半步，同时转肩转髋带动右臂向后引拍，利用身体旋转来为球拍加速。此站姿介于开放式站姿和中间式站姿之间，也结合了两者的优点，兼具旋转和速度，是网球运动员经常采用的一种站姿。

4. 关闭式站姿

左脚向右前方上步，两脚连线与底线夹角小于 90° 的站姿是关闭式站姿。关闭式站姿会改变身体的平衡状态，通常在范围较大的跑动回球中使用。正手击球较少采用关闭式站姿，在反手击球，尤其是单手反手击球时，采用关闭式站姿更容易利用转动身体发力。

（三）正手击球技术

1. 准备动作

面对球网，两脚左右开立，略比肩宽，两膝微屈，上体略向前倾，脚跟稍抬起，身体重心位于两脚间。以右手握拍为例，右手轻握拍柄，左手轻托拍颈，两肘微屈，球拍置于腹前，在胸腹之间的高度，拍头指向前方，目视来球，身体放松。放松握拍，根据来球迅速地做出反应，随时做好击球准备。（图 11–3–6）

2. 击球动作

击球前，后摆引拍，以转肩转髋带动右臂向后摆动引拍，后摆引拍时身体重心移向右脚，左肩对着来球，手腕固定。击球时，以左脚为轴开始转身，以腰的扭转带动拉拍，动作放松，左臂自然前伸以保持身体平衡。在开始向前挥拍时，左脚应向击球的方向迈步，右脚用力蹬地，以肩为轴向前挥拍，击球点在身体右前方，目视来球，拍面在击球时与地面垂直，手腕固定，球拍沿着球飞行的方向向前送，并尽量使拍面与球有较长时间的接触，身体重心前移，落在左脚，身体也随着转动，面对球网。击球结束，球拍位于左肩上方，球拍呈直立状。随挥结束时，左手顺势握住拍柄，身体恢复成准备姿势，准备下一次击球。（图 11–3–7）

图 11–3–6

图 11–3–7

（四）反手击球技术

1. 反手单手击球

（1）准备动作。面对球网，两脚自然开立，与肩同宽，两膝微屈，身体重心略向前，用非握拍手轻托拍颈，拍头与下颌齐平，两肘弯曲，将球拍舒适地伸向前，上体前倾，身体重心落在两脚之间。

（2）击球动作。向左转体带动右手向左后方摆动，转肩的同时右手变换成东方式反手握拍，右脚向左前方跨步，右肩对网，身体重心前移，击球点在身体左前方，眼睛始终紧盯着来球，紧绷手腕，握住球拍。击球时，将球拍朝目标方向由左下至右上前送，拍面垂直于地面，击球点应在右腿前、腰部高度的位置；随挥动作结束在身体的右肩上部。（图 11–3–8）

图 11–3–8

2. 反手双手击球

反手双手击球

（1）准备动作。与反手单手击球准备动作相同，只是双手握在拍柄上。

（2）击球动作。目视来球，击球前，靠肩的转动引拍后拉，变换握拍法，使球拍低于来球高度，身体重心转移到左脚上，右脚向来球方向迈出，双手向前挥动并击球；击球时，右臂伸直，拍面垂直于地面，击球点在身体左前方，比单手击球的击球点略靠后；击球后，球拍应沿目标方向继续挥出，动作完成时双手高于肩。（图 11–3–9）

图 11–3–9

（五）截击技术

截击是网前技术中的一种攻击性击球方法，是指当来球在空中飞行、落地之前就加以还击的一种打法，通常在球网和中场之间拦击。截击有正反手截击、高低点截击、近体截击、对角截击等。此处介绍正、反手截击技术。

1. 正手截击

正手截击应采用大陆式握拍法，因为截击球球速快，球员没有足够的时间变换握拍法，所以正手截击与反手截击准备动作相同。

截击技术

截击前，两脚平行站立，将球拍置于体前，球拍与肩部平行，拍头翘起，肩部稍转动，后拉拍要稳固，引拍动作不应过大。在向前挥拍的同时，左脚朝球飞行方向迈步，保持手腕固定，紧握球拍，击球点在身体前方，用较短的撞击动作击球。随挥动作要短，快速回到准备姿势，以便接下一个来球。（图 11–3–10）

图 11-3-10

2. 反手截击

反手截击出球比较稳定，与正拍配合使用可以封堵较大的面积，击出不同落点、不同路线的球，从而在比赛中争取主动。

反手截击时，肩部稍微转动，球拍后引幅度要小，跟进动作必须简短。后拉拍要稳固，在向前挥拍时右脚朝球飞行方向迈出；触球的瞬间，保持拍头高于手腕，并在身体前方击球；击球结束后，随挥动作要短，快速回到准备姿势，以便接下一个来球。（图 11-3-11）

图 11-3-11

（六）发球技术

现代网球运动中，发球（图 11-3-12）在网球比赛中是很重要的技术，是唯一不受对方制约、由自己掌握的一项进攻技术。比赛开始的得分或失分常常取决于发球质量的好坏，发球既可以直接得分，又可以为进攻创造条件。在高水平比赛中，球员保住自己的发球局是赢得胜利的基础和关键。

发球技术

图 11-3-12

1. 准备动作

采用东方式反手握拍法或大陆式握拍法。两脚自然开立，与肩同宽，上体前倾，右脚与底线基本平行，左脚正对右网柱，在底线后侧身站立；左手将球放在拍颈与拍框相接处，以拇指、食指和中指三指持球，手腕和手臂放松，握拍于体前。

2. 抛　球

左臂放松，掌心向上，手指自然松开，平稳地向上抛球，手臂保持伸直的状态，其走势与地面垂直，抛球的高度要适当，在最高点击球最好。抛球时，避免勾指、甩腕等多余动作，手臂升到肩部高度时，球借助惯性自然上升。

3. 击球动作

抛球与挥拍击球是同时进行的，左手将球向上竖直抛出，右臂屈肘上举。抛球后，身体开始向左转动，球拍在身后做环绕动作，在屈膝、背反弓的基础上蹬地，反弹弓背并向前上方伸展，同时以肘为轴带动手、拍头做鞭打动作。尽量伸展身体，在最高点击球，击球的后部。击球时，身体重心前移。随挥动作结束在身体左侧下方。

（七）接发球技术

接发球技术是网球运动中比较难掌握的一项技术，运动员通过判断对方发球的方法，以及来球的旋转、力量、速度等情况，采用相应的方法，将球击回。一次错误的回击往往会使己方失去1分。如果接发球技术好，不仅可以直接得分，还可以挫减发球者进攻的锐气，缓解己方的被动，为进攻创造有利条件。

1. 准备动作

两脚平行开立，比肩略宽，右手持拍者一般右脚稍前，两膝微屈，上体稍前倾，左脚脚跟提起，将球拍置于体前。接发球站位一般位于底线附近，同时要根据对方发球情况来变换自己的位置。

2. 击球动作

在接发球的全过程中，目视来球，快速转体拉拍，在击球的瞬间紧握球拍，避免其发生颤动，击球后顺着拍头的方向继续快速挥拍，一直到完成回击动作。接发球时，不要做大幅度的后摆动作，主要是要控制好拍面的角度，并紧握球拍以免球拍发生转动。选择好的落点，对控制对方发球后抢攻有重要意义。

（八）高压球技术

高压球技术是一项强攻性技术，是回击对方挑来的高球并加以扣杀的技术。流畅的挥拍动作和较强的判断力能更好地发挥高压球技术的威力。

1. 准备动作

当对方回出高球时，应迅速侧对球网，以交叉步移动到球的下方，用小侧步调整以决定右脚的位置。

2. 击球动作

采用大陆式握拍法，抬头看球，侧身转体，用短促的垫步调整位置，左手高举指向击球点，右手举起球拍向后拉拍，寻求高点击球；伸直左臂，侧身，后摆球拍做搔背动作，在右肩的前上方对准球心挥出球拍；击球后要避免身体失去平衡，随挥动作结束在身体左侧下方。

（九）挑高球技术

挑高球可分为进攻性挑高球和防守性挑高球两种。进攻性挑高球是在对方上网时，将球挑到对方后场较深处，使之被动或失误；防守性挑高球是为了赢得时间，摆脱困境。

1. 进攻性挑高球

击球前，将球拍做好充分的后摆。击球时，拍面垂直，拍头低于手腕的位置，由后下向前上挥拍打球的后下部，手腕绷紧，挥拍动作要尽可能地向前、向上送出。击球后，随挥动作要放松，在身体左侧结束。

2. 防守性挑高球

防守性挑高球动作隐蔽。击球时，拍面朝上，由右下方向前上方平缓地挥拍击球，触球的中下部，尽量使球在球拍上停留时间长一些，动作要柔和。击球后，随挥动作结束在身体左侧。

（十）放小球技术

放小球技术是球员必须掌握的一项技术，在比赛中运用得非常广泛，对调动、干扰和牵制对方能起到很好的作用。

1. 准备动作

采用大陆式握拍法。放小球技术的准备动作与正、反手击球技术的准备动作一样。

2. 击球动作

侧身对网。触球时，降低挥拍速度，利用前臂带动手腕的力量缓冲球的前冲力，使球拍沿着球的下部急剧滑动，球随着球拍的下切动作向后旋转，球速降低。正反拍都可以放小球，动作要领相同。放小球具有突然性和隐蔽性的特点，可以不让对方看出自己的意图。

三、网球基本战术

网球基本战术是技术、意志、智能和体能素质在比赛中有针对性的综合运用。只有掌握了全面的技术，并能灵活、合理地运用技术，才能在比赛中获得良好的效果。基本技术与基本战术既有明显区别，又有密切联系，两者相互依存又相互促进。

（一）单打战术

单打战术是为了取得比赛胜利，在规则允许的情况下采用的各种方法和手段。它一般可以分为发球战术、接发球战术、上网战术和底线战术四种。

1. 发球战术

（1）发球站位。在右区发球多是站在靠近中线处，这样一方面是为了便于调整，还击来球，另一方面是为了把球击向对方的反手，即中线附近。在左区发球的站位多是离开中线偏左边一些的地方，这个位置便于把球发向对方的反手，尽量使自己还击对方来球的位置稍偏左，放大正手的防守区域，这样还击时容易上位弥补，以增强进攻。

（2）一发。网球竞赛规定有两次发球机会，第一次如失误，可以有第二次发球机会。从战术上讲，第一次发球比第二次发球重要得多，原因是第一次发球通常可以在速度和落点上追求更有威胁的发球，用发球压制对方，向对方展开猛烈的进攻。一发时，不论是在左区还是在右区，应尽量发向对方的反手区，也可以运用切削发球发向对方右区外角，把对方拉出场外去接发球，或者找出对方接发球站位的破绽，向其防守差的区域发球。

（3）二发。第二次发球是发球的最后机会，如果失误就要失分，因此，首先应该把稳定性作为第二次发球的前提。发球要相对慢些，增加对球的旋转，运用切削或上旋发球，使球落到对方场区并产生向反手方向高和远的跳动，给接发球者回击球造成困难，同样也具有进攻的意义。其次，将球发向对方较弱的一侧，减少对方进行进攻性接发球的机会。

2. 接发球战术

（1）接发球站位。接发球时的站位必须从实际出发，根据临场的具体情况决定，多数站在底线前后半米处，其左右站位应在对方可能发球区的角平分线上。如果正手有较强的进攻性，不妨把正手防守范围放大一些，以便组织进攻。

（2）充分的准备动作。从对方准备发球开始，就要观察对方的动作，包括对方的站位、拉拍、击球，做到这些才能预测来球，起动，侧身对网，简洁引拍，向前迎击球。准备接发球时，应两手持拍置于胸腹前，拍头要上翘些，采用东方式握拍法会使接发球更灵活，这样引拍、前挥动作都比较小，还击较快，从而缩短了对方的准备时间，迫使对方匆忙还击。

3. 上网战术

由于球拍材质的更新和现代击球技术的不断改进，上网不再是网球比赛中唯一的得分选项。面对网前选手，在底线更容易打出穿越或过网下坠的球，造成对方被动。在单打比赛中，上网一定要看准时机，上网之前的回球一定要让对方处于被动，这样网前才不会让对方有穿越的机会。上网战术可以作为对底线战术的补充。上网一般在两种情况下进行：发球上网和抽击上网（包括接发球在内）。

（1）发球上网。发球上网时，多采用强烈的上旋或侧旋发球，原因是球的旋转强烈，落地后弹跳高，球的运行时间较长，发球者有充裕的时间上到网前，同时对接发球者造成回球压力，迫使对方打不出进攻性的回球。上网后站在尽可能靠近网的地方，大约离网 2 米。如果球员网前技术全面的话，近网则有利，因为离网近封网角度小，便于向前截击，相对球网低，便于做由上向下的截击动作，使进攻性增强，所以无论是进攻还是防守都是近网有利。近网需要球员有强有力的高压球技术作为保证，否则，很容易被对方挑高球得分。

（2）抽击球上网。上网前的抽击球非常重要，如同上网的前奏。抽击球的位置是否合理决定上网的胜负。上网前的抽击球要准、要深，要使打出的球以一定角度到对方底线附近，使对方跑动去救球，这样才具有攻击性；也可以打在对方中央地带，这样可形成反击的最小回击角度。

（3）上网击球。无论是采用发球上网还是抽击球上网，上网时都应向网前冲去。球员在对方击球时，控制身体重心，进行分腿垫步，以便判断来球的方向，然后面对球，向前去做网前第一次截击，并打低深球到对方的斜角。第二次截击打斜线到另一边，使对方左右前后奔跑。如果对方预料到己方的意图并提前向另一边跑去，第二次再打一个重复球，就会使对方扑空。

当来球较高时，可运用高压动作将球扣下，力量和落点要适当结合，并依对方的防守位置而定。上网可能会遇到被动情况，如准备不及时而造成对方把球打到脚下，这时可以运用反弹球过渡一下，以落点为主，把球打到对方难以回击的地方，再争取第二次主动截击的机会。

4. 底线战术

运用底线战术时，要以进攻打法为前提，以速度、力量、准确性和凶狠性取胜。

（1）主动进攻的击球。主动进攻在底线抽击球时，要打深，打出角度，使对方被动而出现防守上的漏洞；或攻击对方的弱点，使对方频频失误、丧失信心而导致失败；或利用突击及不同旋转的击球，出奇制胜。

（2）造成对方战术上的被动。每名队员都有自己的战术特点，要针对对方的弱点进行进攻。对付上网技术好的运动员，用落点深的球将其压制在底线，达到不让其上网的目的；对付不善于上网的运动员，先用短球或小斜角球引其上网或使其跑出中心地带，再用高球或打空隙地带的球胜之。总之，利用对方不擅长之处打球，在战术上压制对方长处，打乱对方阵脚。

（3）破网球。破网技术的基础是底线技术，要熟练掌握底线正手直线、正手斜线、反手直线和反手斜线四条基本路线。破网时，球过网越低越好，并且球最好带旋转。过网后，球弹跳不高，又朝两边斜出，给上网者造成选择回击位置和角度的困难。另外，可运用挑高球破网。破网技术得当，同样可以化被动为主动。

（二）双打战术

双打与单打不同，双打要求同伴之间配合默契，有高度灵敏的反应能力、快速的抢网交叉站位等技术，并具有自己特定的技术。

1. 发球战术

如果得到选择权，先发球是有利的。让发球技术好的运动员首先发球，并集中精力把球发好，不要企图以发球直接得分；一发成功率是保发关键，原因是对方接二发时会更有攻击性；要使用稳健的旋转发球，将球发到接发球员的反手去，以掌握发球上的主动权；发球员的同伴应把守好半边场区，等候对方接发球回球而进行截击或高压。

2. 接发球战术

双打接发球几乎是不变地和有计划地向发球员回击，决不应打给网前的对方球员。如判断对方会在发球后上网，己方应用短低球回击，迫使其把球从低处挑起。

如果网前的对方球员抢网扑杀打过去的斜线球，可有以下三种选择：① 把对角球再打得凶狠些，这样做的冒险性和困难性较大；② 可打直线球，如果网前的对方球员不抢网，那么打直线球等于“自杀”；如果网前的对方球员移位不当，抢网未成功，那么打直线球可以得分；③ 可以挑一个高球越过网前对方球员的头顶，然后积极迎上前去，和同伴同时上网。

总之，双打与单打不同，需要强调球员的“球感”（球拍与球接触的体会），原因是双打比赛打落点比猛力击球得分多。单打技术要求将球回深，利用回球路线调动对方；

但在双打中，因为有网前的对方球员，所以极易被网前的对方球员阻击，双打中要运用“巧打”，多打落点较好的软球，两人要配合默契，争取在双上网的情况下进攻。

四、网球竞赛规则简介

（一）比赛场地

网球场地为长方形，长度为 23.77 米，单打比赛的场地宽度为 8.23 米，双打比赛的场地宽度为 10.97 米。场地由一条球网从中间处分隔开，悬挂在网绳或金属绳上，附着或绕在 1.07 米高的两根网柱上。球网应充分伸展开，填满两个网柱之间的空间，网孔的大小应确保球不能从中间穿过。球网中心的高度为 0.914 米，并用中心带向下绷紧固定。

（二）局　分

1. 常规局

在常规局的比赛中，应首先报发球运动员的得分，计分如下：无得分，0；第一分，15；第二分，30；第三分，40；第四分，本局比赛结束。

若两名运动员/队都得到三分，则比分为“平分”。“平分”后如果一名运动员/队得分，则比分为“占先”，如果“占先”的这名运动员/队又得分，他便赢得了这一局；如果“占先”后是另一名运动员/队得分，则比分仍为“平分”。运动员/队需要在“平分”后连续得到两分，才能赢得这一局。

2. 平局决胜局

在平局决胜局中，使用阿拉伯数字 0、1、2、3 等计分。首先赢得 7 分并净胜对手两分的运动员/队赢得这一局及这一盘。决胜局有必要进行到一方运动员/队净胜对手两分为止。

轮及发球的运动员在平局决胜局中首先发第一分球，随后的两分由他的对手发球（在双打比赛中，对方队中轮及发球的运动员进行发球）。此后，每一名运动员/队轮流连续发两分球，直到平局决胜局结束（在双打比赛中，队内发球顺序应与该盘发球顺序相同）。

在平局决胜局中首先发球的运动员/队应当在下一盘的第一局首先接发球。

（三）盘　分

盘分有不同的计分方法。主要的计分方法是“长盘制”和“平局决胜局制”两种。比赛中可以使用其中任何一种计分方法，但必须在赛前宣布。如果使用的是“平局决胜局制”的计分方法，还必须宣布决胜盘采用“平局决胜局制”还是“长盘制”。

1.“长盘制”

先赢得 6 局并净胜对手两局的运动员/队赢得一盘。一盘有必要进行到一方运动员/队净胜两局为止。

2.“平局决胜局制”

先赢得 6 局并净胜对手两局的运动员/队赢得一盘。如果局分达到 6 ：6，则须进行“平局决胜局”。

（四）赛　制

比赛可以采用三盘两胜制，先赢得两盘的运动员/队赢得比赛；或采用五盘三胜制，先赢得三盘的运动员/队赢得比赛。

（五）发球次序

在常规局结束后，该局的接发球员在下一局中发球，该局的发球员在下一局中接发球。

双打比赛中，在每一盘第一局开始前，由先发球的那队决定哪一名运动员先在该局发球。同样，在第二局开始前，他们的对手也应当决定由谁在该局先发球。第一局发球的运动员的搭档在第三局发球，第二局发球的运动员的搭档在第四局发球。这一次序一直延续到该盘结束。

（六）发球动作

在即将做出发球动作前，发球员必须静止站在底线后（即远离球网的那一侧），双脚位于中心标志的假定延长线和边线的假定延长线之间。

然后，发球员应当用手将球向任何方向抛出并在球落地前用球拍将球击出。在球拍击到球或未能击到球的那一刻，整个发球动作即被认为已经完成。对于只能使用一只手臂的运动员，可以用球拍完成抛球。

（七）发球程序

（1）在常规发球局中，发球员在每一局都应当从场地的右侧半区开始，交替在场地的两个半区发球。

（2）在平局决胜局中，第一分发球应当从场地的右半区发出，然后交替从场地的两个半区发球。

（3）发出的球应当越过球网，在接发球员回球之前落到对角方向的发球区内。

第四节　匹克球运动

一、匹克球运动概述

匹克球是用球拍击球的一种运动，是由乔尔·普里查德和比尔·贝尔于1965年在美国西雅图的本不里奇岛发明的。匹克球结合了网球、羽毛球和乒乓球的特点。在匹克球被发明出来进行试打的时候，发明人之一的一条名为匹克的狗常常叼着球跑，因此以它的名字来命名此项运动。

二、匹克球基本技术

这里主要介绍匹克球基本技术中的握拍方法、触球时拍面的角度、准备姿势和击球技术。

（一）握拍方法

合适的握拍能帮助球员更好地击球，且打出不同类型的球。

1. 大陆式握拍

大陆式握拍，即榔头式握拍。食指根部置于与拍面水平的拍柄平面上，拍面几乎与地面垂直，仿佛在用拍框敲钉子。大陆式握拍适合击打各种类型的球，包括正反手落地球、切削球、截击球、高压球等。

2. 东方式正手握拍

东方式正手握拍，即握手式握拍。用非持拍手持拍，将球拍保持在身体前面，拍柄正对身体，拍面垂直于地面，持拍手像握手一样去握拍，拍柄的底部应当和手掌根部对齐，食指像射击时扣扳机一样自然弯曲扣在拍柄上。东方式握拍除了可以击打正手球外，还可以用于高压球和截击球。

3. 东方式反手握拍

东方式反手握拍是在东方式正手握拍的基础上，将球拍顺时针旋转一定角度形成的，与网球中的东方式反手握拍类似。

除此之外，也可以采用双手反手握拍，即非持拍手与持拍手共同握拍，以非持拍手为主导进行击球。

（二）触球时拍面的角度

拍面角度主要有三种：垂直、关闭和打开。了解拍面角度与击球效果的关系可以帮助球员确定何时用何种拍面角度去击球。

1. 垂　直

垂直，即拍面与球网平行，与地面垂直，保持拍面向前。用垂直的拍面击出的球，沿相对直的路线飞出。用垂直的拍面击球可以击打出刚刚过网的球，能够使球的过网较低，包括正手和反手落地球、发球及一般截击球。

2. 关　闭

关闭，即由垂直方向向下倾斜一定的角度使拍面关闭。当来球高于球网时，击球时将拍面稍微关闭，使球向下飞行，可以令对方被动向上回球。另外，在处理肩部高度的来球时保持拍面关闭，可以确保球不会被击打出界。用关闭的拍面可以击出高压球、高位截击球和上旋球。

3. 打　开

打开，即由垂直方向向上倾斜一定的角度使拍面打开，打开的角度是依据想要回球的高度而有所变化的。在回击低于网高的球（不论是落地前还是落地后）时，稍微将拍面打开能让球向上飞行，从而高高越过球网。用打开的拍面可以击出挑高球、半截击球、低位截击球、下旋球及弹跳较低的球。

（三）准备姿势

所有击球都始于准备姿势。面向对方站立，膝关节微屈，两脚左右开立，约与肩同宽，上身稍前倾，身体重心落于两脚之间。持拍放于体前，约与腰部同高，球拍指向前方。非持拍手放在球拍上方，或放在体前靠近球拍。保持放松而专注，目视对方。

（四）击球技术

匹克球的击球技术与网球类似，有正手和反手落地球技术、丁克球技术、切削球技术等。不同的击球技术有不同的动作方法。以下击球技术都以右手持拍为例。

1. 正手落地球技术

（1）引拍阶段。

从准备姿势开始，正手握拍，转体侧身，面向边线，侧对击球方向；或左脚向前踏出完成转身，将身体重心置于右脚上。向后引拍，保持肘部稍微弯曲，向着球网伸展非持拍手臂以维持身体平衡，目视来球，头部固定，当球弹地时完成击球前的准备。

（2）击球阶段。

当球到达前脚的位置时，身体重心前移，击中来球，挥拍轨迹由低到高。在整个挥拍过程中保持屈肘。在球撞击拍面时，保持拍面垂直或略微打开。

（3）随挥阶段。

在球飞离拍面后，继续向着击球方向送出球拍，肩部自然转动，以便在完成挥拍后面向球网；在左侧肩附近收拍后，马上将拍收至腰部高度处。后脚跟进，保持两脚平行于球网，屈膝以维持身体平衡，快速回到准备姿势。

2. 反手落地球技术

（1）引拍阶段。

从准备姿势开始，反手握拍，转体侧身，面向边线，侧对击球方向；或右脚向前踏出完成转身，将身体重心落在左脚。非持拍手辅助向后引拍，保持肘部稍微弯曲，目视球，头部固定，当球弹地时完成击球前的准备。

（2）击球阶段。

当球到达前脚的位置时，身体重心前移，击中来球，挥拍轨迹由低到高。在整个挥拍过程中保持直臂，手腕稳固，体会肩关节带动挥拍。在球撞击拍面时，保持拍面垂直或略微打开，非持拍手向挥拍方向的反方向伸展，以保持身体平衡。

（3）随挥阶段。

在球飞离拍面后，继续向着击球方向送出球拍，在完成随挥动作后迅速将球拍置于腰部高度处。前腿保持屈膝维持身体平衡，快速回到准备姿势。

3. 丁克球技术

丁克球技术是匹克球运动特有的击球技巧，是指在非凌空区进行的近网落地球技术。利用丁克球技术限制对方进攻，也是匹克球运动的核心策略。整个比赛的节奏是由较有耐心的一方掌控的。较有耐心的一方会选择适当的时机，用丁克球技术创造攻击的机会。

丁克球技术的动作要领：球员站立于非凌空线后，面对球网，尽量不移动双脚，如有必要，垫步移动；身体重心前移，在非凌空线前方击球；击球后，立刻还原到准备姿势。如果需要踏入非凌空线内击球，尝试只将一只脚踏入，右手持拍球员通常将右脚踏入，左手持拍球员通常将左脚踏入；击球后，马上踏出线外。

4. 切削球技术

切削球技术也属于落地球技术，包括正手切削球技术和反手切削球技术。利用切削动作对来球施加下旋效果。下旋球落在对方的场地时弹跳较低，这样就增加了对方回球的难度。

（1）引拍阶段。

从准备姿势开始，采用大陆式握拍，转体侧身，面向边线并对着球落地的方向；或后脚向前踏出完成转身，将身体重心置于后脚上。向后上方引拍，球拍高于手腕，肘部稍微弯曲，目视球，头部固定，当球弹地时完成击球前的准备。

（2）击球阶段。

当球到达前脚的位置时，身体重心前移，击中来球，挥拍轨迹由高到低，在球撞击拍面时，保持拍面打开。

（3）随挥阶段。

在球飞离拍面后，保持手腕稳固，继续向着击球方向送出球拍，肩部自然转动，以便在完成挥拍后面向球网。前腿保持屈膝以维持身体平衡，快速回到准备姿势。

5. 发球技术

每一分都始于发球，发球是唯一不受对方制约且由自己控制的一项技术。球员普遍采用正手发球。发球动作必须符合规则对发球的规定。球员集中注意力发球，确保发球过网且落在对方发球区里，发出的球应当尽量落在对方中路深区或对方的反手，使对方在远离底线的位置接发球。

（1）引拍阶段。

两脚站在底线后，左脚在前、右脚在后，侧对发球方向（面朝边线）。当向后引拍时，身体重心放在后脚上，持拍手臂保持微屈肘。非持拍手拿球置于体前，对准将要发球的方向。

（2）击球阶段。

当球拍引至最高处时，非持拍手释放球，目视球，保持头部固定。身体重心前移，挥拍击球。整个挥拍期间，保持稍微屈肘。击球时，拍面应当与球网平行或略微打开。

（3）随挥阶段。

继续朝着预想的发球方向挥拍，尽可能向前、向上伸展手臂。后脚跟进，保持两脚与球网平行，屈膝以维持身体平衡，快速还原到准备姿势。

6. 截击球技术

截击是来球落地前进行击球的方式，在匹克球运动中至关重要。好的进攻起始于好的网前站位和好的截击技术。截击时，球员必须站立于非凌空区后，在不违反双弹地规则的前提下，球员可以在任何时候运用截击技术来回球。最好的截击时机是球高于球网时，这样球员能以由上而下的方式去击球。

截击不是要将球大力扣杀过去，而是需要阻截球的飞行，尝试去控制回球的方向而不是施加太多力量。截击时，面向球网，不要像打落地球那样侧身；因截击时没有时间做出太大的引拍动作，最好不要有大幅度的随挥动作，而且向前的动作会导致球员站立不稳而进入非凌空区造成犯规，也影响球员快速还原至准备动作。截击球的击球点位于身体前，球拍向前迎击来球，尽量在腰与肩之间高于球网处击球。如果可能的话，截击的动作应当是由高向低的。在截击期间，保持手腕稳固，不要屈腕或晃动。随挥动作要小，在击球瞬间，伸直手臂，继续向下挥拍通过击球区。保持头部稳定，目视球。

7. 高压球技术

当对方回出高球（超过头部高度），己方就有机会来进行高压扣杀。一般来说，在比赛的中前场会出现这样的机会。

（1）引拍阶段。

从准备姿势开始，采用大陆式握拍，两脚前后开立，用碎步微调站位，转肩抬头，身体侧对球网，提前将球拍举至肩上，置于脑后，保持屈肘。伸展非持拍手臂，手指向上对准来球，以此为参照帮助确定击球点。腰背部稍呈弓形，身体重心置于后脚，两眼紧盯来球。

（2）击球阶段。

击球时，球拍呈关闭状，伸展手臂向前上挥拍，主动迎击来球，击球点的投影点位于前脚附近，尽量在手臂所能达到的最高点击球。身体重心顺势由后脚转移至前脚。手腕保持放松，击球时需要有扣腕动作，以使撞击球的瞬间拍面朝下，使球向下飞行。

（3）随挥阶段。

击球后继续随挥，借助惯性将球拍挥至身体另一侧，后脚自然向前跟进。身体保持平衡，并快速还原到准备姿势。

切忌用尽全身力气去击打高压球，这样做很可能会导致球下网或出界。球员应控制好击球方向，最好的落球点是对方的脚下或身体，以及对方场地的空当或边线附近。

（4）挑高球技术。

当球员需要主动将网前对方调动回底线，或已经被对方的回球逼到边线外，就需要采用挑高球技术。挑高球技术包括进攻性挑高球和防守性挑高球。挑高球时，球员需要将球挑过对方头顶，尽量使对方不能在近网处打高压球。与正常落地球相比，挑高球需要更开放的拍面角度，更小的向前的击球力量，以及更高的随挥动作。

8. 放小球技术

当对方在底线位置时，己方放小球可以产生突袭的效果，让对方措手不及。擅长切削球的人，比较容易掌握放小球技术。放小球技术需要球员有良好的心理素质和较好的球感。不论是正手还是反手，放小球时都应采用微微打开的拍面角度，在球拍接触球的瞬间对来球进行类似切削的击球，目标是将球尽量回得低些、浅些。

三、匹克球基本战术

匹克球是隔网持拍类项目，失误即失分或失去发球权，因此需要球员根据赛场上的情况及时采用相应的战术。

（一）单打战术

采用单打战术时，应注意以下几点：① 保持稳定，减少主动失误，先击球过网，再将球回进有效区，回球时要为自己预留误差空间，不要追求容易失误的速度、角度和落点；② 占据优势位置，寻找机会，先于对方上网，越接近球网越能打开更大的角度；③ 寻找空当，通过回球路线来调动对方，使对方跑动起来回球；④ 攻击弱点，通常是反手一侧，应当作为重点目标来击打。

（二）双打战术

双打战术的主要目的是控制网前，尽量比对方更早地来到网前，形成双上网，共同封堵对方回球路线；若对方先占据网前，则回球时要限制网前的对方球员有由上而下挥拍进攻的机会。在双打时，己方要重点攻击对方偏弱的球员，让他承担更多的击球任务，这样已方就能较多地获得进攻机会。另外，事先与搭档沟通好，可以互换位置，发挥彼此的优势。双打战术分为发球方战术和接发球方战术。

1. 发球方战术

发球方战术是将球发向深区或对方的反手方向，提高接发球难度。己方发球后，如果两名对方球员占据网前位置，第三拍球采用放小球比较明智，将球的落点控制在对方非凌空区内，限制对方的进攻，然后伺机上网。已方上网后，做好与对方进行丁克球的准备，根据路线和节奏的变化，寻找进攻机会。

2. 接发球方战术

接发球方战术是将球接发到中路深区。中间是球网较低的位置，不容易下网，也会造成对方无法确定回球的球员。接发球员接发球后顺势上网，与搭档一起占据非凌空线，努力让对方远离球网；与搭档建立位置上的联系，根据每一次回球来调整位置，如果搭档因为回球而离开正常位置时，应当及时补位。

再默契的搭档之间也需要进行交流。在击球时，两名球员要喊“你的”或“我的”以确定分工，除非清楚知道由谁来负责回球。另外，对于飞出界的球，也应当提醒搭档不要回击球，通常可以喊“不要”或“out”。

四、匹克球竞赛规则简介

匹克球场地是一个长方形场地，与羽毛球的场地大小基本相同，长为 13.41 米，宽为 6.1 米，单打和双打使用同样场地。在网柱的位置，球网的上沿距地面 0.914 米，而在球网中间的位置，球网的上沿距地面 0.86 米。非凌空区是用一条距球网 2.13 米的线标记。非凌空线后到底线中间的区域被一条线分成左右相等的两个长方形，称为左、右发球区。底线后至少留出 2.44 米的长度，两边各留出至少 1.52 米的长度。（图 11–4–1）

球拍的长度和宽度的总和不得超过 60.96 厘米。球拍长度不得超过 43.18 厘米。最常见的球拍尺寸为长约 40 厘米，宽约 20.32 厘米。球拍材料应为相对坚硬且符合匹克球国际联合会网站上文件“球拍材料”规格。球拍的厚度和重量均没有限制。匹克球是硬塑料中空球，一般有 26 ～ 40 个圆形孔，室外用球的孔径比室内用球小些。官方用球直径应为 7.3 ～ 7.55 厘米，球的重量为 22 ～ 26.5 克。

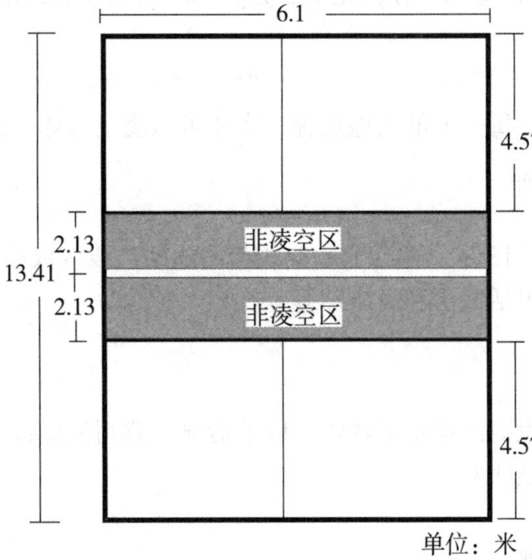

图 11-4-1

（一）发球及球场的选择和轮流转换

以掷硬币或其他任何公平的方式决定发球及球场任何一边的选择。如果胜方选择发球或接发球，输方就有权选择球场任何一边。如果胜方选择球场任何一边，输方就有权选择发球或接发球。

（二）发球规则

发球员必须用下投手势发球，手臂必须以向上圆弧方向移动，球拍的触球点必须低于手腕，且位于腰部以下（腰部的定义为肚脐水平）。

准备发球时，发球员双脚必须在底线的后面。球拍触球时，至少一只脚必须在底线后的地面或在打球地面，且脚不可以触到发球区域的界线。发出去的球必须落在对方场地非凌空线后且是对角的场地内（压到除了非凌空线外的界线都是合法的）。只允许一次发球尝试（除非球触碰球网并且落在有效区内，这种情况需要重新发球）。

发球时，只有当对方失误（无法回击球或将球打出界线等）后，发球方才可得分。发球员得分后继续从球场的不同边交替发球，直到发球员失误。如果是双打，在比赛开始时，先发球的一队失误一次后就由对方开始发球，然后，拿到发球权的队，两名球员都拥有发球机会，直到两名球员的发球权都被对方剥夺，则转换发球权。单打比赛发球位置要根据发球方的得分确定，得分是偶数则在右区发球，奇数则在左区发球；而在双打比赛中，拿到发球权的队始终要由位于右区的球员率先发球。

10 秒规则：不论是发球员还是接发球员，在呼报比分后的 10 秒内准备好发球或接球，超时则犯规。

（三）得分规则

每一局比赛中，哪一方先得 11 分，并且至少领先对方 2 分就是胜方。如果双方都得10分，比赛应该继续，直到一方领先了2分。标准的比赛形式是三局两胜制。

（四）双反弹规则

发球后，球一定要在每一方的场地反弹一次才可以凌空击球，否则应判失误。

（五）非凌空区规则

非凌空线距离球网2.13米，两条非凌空线与两边的边线构成非凌空区，球员不能在非凌空区内打凌空球（包括截击和高压球等）。

（六）犯规规则

犯规是指由于违反规则而停止了赛程。以下情况，裁判员会宣布犯规。

（1）发球时，球接触球网。
（2）击球出界。
（3）违反双反弹规则。
（4）违反发球规则。
（5）在活球期间，一名球员的身体、衣服或球拍的任何部分触碰球网或网柱。
（6）在活球期间，球击中了球员身体或穿着或携带物品。
（7）对打中的球在球场上反弹之前，击中任何永久物体。
（8）违反非凌空区规则。
（9）发球前，发球员将球在打球地面反弹。
（10）一名球员在球越过球网平面前击中球。

思考题

1.乒乓球运动中常用的搓攻战术有哪些？
2.简述羽毛球运动中接杀球技术的作用。
3.网球运动的握拍方法主要有哪几种？

第十二章 游泳

第一节 游泳概述

现代游泳运动起源于英国。1828 年，英国在利物浦乔治码头建造了世界上第一个室内游泳池。19 世纪 30 年代，这种泳池在英国各大城市相继出现。1837 年，第一个游泳组织在英国伦敦成立，同时举办了英国最早的游泳比赛。1869 年，大城市游泳俱乐部联合会（英国业余游泳协会前身）在伦敦成立，并把游泳作为一个专门的运动项目正式固定下来。随着游泳运动的发展，游泳被分为实用游泳和竞技游泳两大类。实用游泳分为侧泳、潜泳、反蛙泳、踩水、救护、武装泅渡；竞技游泳分为蛙泳、仰泳、蝶泳、自由泳。截至 2022 年 6 月，中国运动员手握两项世界纪录，分别是女子 50 米仰泳（27 秒 35）和女子 4 × 200 米接力（7 分 40 秒 33）。

第二节 游泳基本技术

一、自由泳

在游泳比赛中，自由泳项目的运动员可以选择任何泳姿进行比赛，运动员几乎都用爬泳游进，故爬泳被称为自由泳。爬泳是身体俯卧在水中，两腿交替上下打水，两臂轮流向后划水的一种泳姿。其动作结构比较合理，推进力均匀，阻力小，既省力又能产生最大速度，因此，在游泳中，爬泳是游得最快的一种姿势。

（一）身体姿势

在采用任何一种泳姿时，理想的身体姿势都应该能使运动员最大限度地减小阻力。自由泳的基本姿势是身体尽量保持水平（图 12–2–1），水平面接近发际，身体位于水面上较高的位置以减小阻力。头部位置很重要，正确的头部位置是与水面平行，较高的头部位置容易使躯干和腿下沉，使阻力增大。在游进中，身体围绕纵轴有节奏地转动，转动时，身体露出水面一侧转动的角度大于在水面下的一侧，角度约为 60° 。这种转动有助于呼吸动作的完成，使吸气时不必刻意转动头部，而是随着身体的转动使嘴自然地露出水面吸气。

图 12-2-1

（二）腿部动作

游自由泳时，腿打水由向下打水和向上打水两个部分构成。由于身体围绕纵轴转动，打水的动作并不在绝对的垂直面进行，也包含向侧打水的动作。向上打水时，由大腿带动小腿向上移动，腿成伸直姿势，当整条腿移到水面并与水平面基本平行时，向上打水停止，转入向下打水，但小腿和脚掌由于惯性的作用继续上移，使膝关节弯曲，膝关节屈曲的角度一般在 130° ～ 160° 。小腿完成向上打水后，大腿已经进入向下打水的过程。由于膝关节的弯曲，小腿和脚掌打水的方向是后下方。打水动作为向下屈膝打水，直腿上抬，打水幅度为 30 ～ 40 厘米。（图 12-2-2）

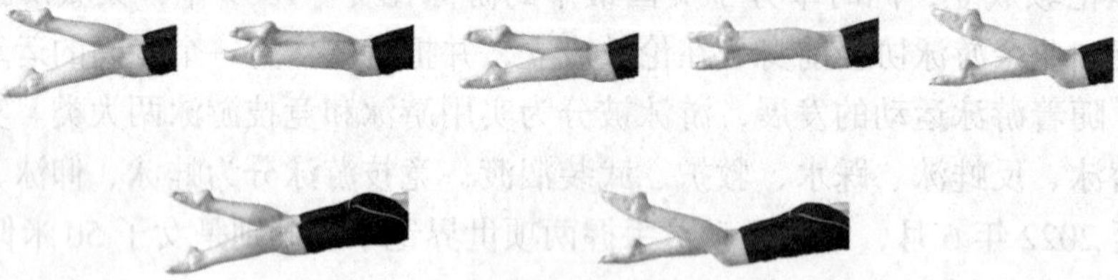

图 12-2-2

（三）臂部动作

臂部动作是推动身体前进的主要动力。一个划水周期分为入水、抱水、划水、出水和空中移臂五个不可分割的阶段。

1. 入　水

完成空中移臂后，手有控制地自然放松入水。手的入水点一般在身体纵轴与肩关节的前后延长线之间。入水时，手指自然伸直并拢，臂内旋使肘关节抬高处于最高点，手掌斜向外下方，手指首先触水，然后是前臂触水，最后是上臂自然插入水中。（图 12-2-3）

图 12-2-3

2. 抱　水

臂入水后，在积极向下方插入的过程中，手掌从向斜外下方转向斜内后方，并开始屈腕、屈肘，肘高于手，以便能迅速过渡到较好的划水位置。抱水结束，手

掌已经接近水面，肘关节屈至 150° 左右，整个手臂像抱着一个大圆球为划水做准备。（图 12–2–4）

图 12–2–4

3. 划　水

划水是手臂在自由泳游进过程中发挥最大推进作用的主要阶段，其动作过程可分为拉水和推水两个部分。紧接抱水阶段的是拉水，这时手臂要保持抬肘，并使前臂内旋，同时继续屈肘，使手的动作迅速赶上身体的前进速度，使拉水动作形成合理的动作方向，同时也使主要肌群在良好的工作条件下进入推水动作。拉水至肩的垂直平面后，即进入推水阶段，这时肘的屈度为 90° ～ 120° 。上臂带动前臂，用力向后推水。同时，肩部后移，以加长有效的划水路线。向后推水有一个从屈臂到伸臂的加速过程，手掌以从内向上、从下向上的动作路线加速划至大腿旁。整个划水动作过程中，手的轨迹始于肩前，继之到腹下，最后到大腿旁，呈S形。（图 12–2–5）

图 12–2–5

自由泳两臂划水产生的交叉有前交叉、中交叉和后交叉三种类型。前交叉是指一臂入水时，另一臂已前摆至肩前方，与水平面约成 30° 角。中交叉是指一臂入水时，另一臂在向内划水阶段，与水平面约成 90° 角。后交叉是指一臂入水时，另一臂划至腹下，与水平面约成 150° 角。（图 12–2–6）

图 12–2–6

4. 出　水

划水结束时，掌心转向大腿；出水时小指向上，手臂放松，肘微屈。上臂带动肘部，向外向上提拉带动前臂和手出水面，掌心转向后上方。出水动作必须迅速、不停顿，同时应该柔和、放松。

5. 空中移臂

空中移臂与出水没有明显界限，是出水的继续。前臂从出水时肘关节就已经屈曲，随肩部和上臂向前移动。

（四）完整的动作配合技术

游自由泳时，运动员一般是在两臂各划水 1 次的过程中进行 1 次呼吸。以向右侧吸气为例，右手入水后，嘴和鼻开始慢慢呼气；右臂划水至肩下，开始向右侧转头和增大呼气量；右臂推水即将结束，则用力呼气；右臂出水时，张嘴吸气，至空中移臂的前半部时停止吸气，并开始转头还原；然后，直至臂入水结束，有一个短暂的闭气过程，面部转向前下。头部稳定时，右臂入水，再开始下一个慢慢呼气的过程。

呼吸和臂的配合：对于自由泳的呼吸与臂、腿的配合，初学者一般采用 6 ∶ 2 ∶ 1 的方法，即打腿 6 次、划臂 2 次、呼吸 1 次，这种配合方法易使人保持平衡和协调掌握自由泳技术。

二、蛙　泳

蛙　泳

蛙泳是身体俯卧于水中，两肩与水面平行，依靠两臂对称向后划水、两腿对称向后蹬夹水而向前游进的姿势。蛙泳整个动作与青蛙游水十分相似，因此取名为蛙泳。蛙泳的特点是游时省力、容易学，游动时动作全部在水下，声音较小，头部可以出水面，视野开阔，容易对准目标。蛙泳较省力，易持久，实用价值大，常用于渔猎、泅渡、救护、水上搬运等。

（一）身体姿势

滑行时，身体俯卧于水中，两臂前伸并拢，头略抬，水齐发际，稍挺胸，腹部和下肢尽量处于水平状态，身体纵轴与水平面成 5° ～ 10° 角（图 12–2–7）。在游进时，身体随划臂和呼吸动作有一定幅度的上下起伏。

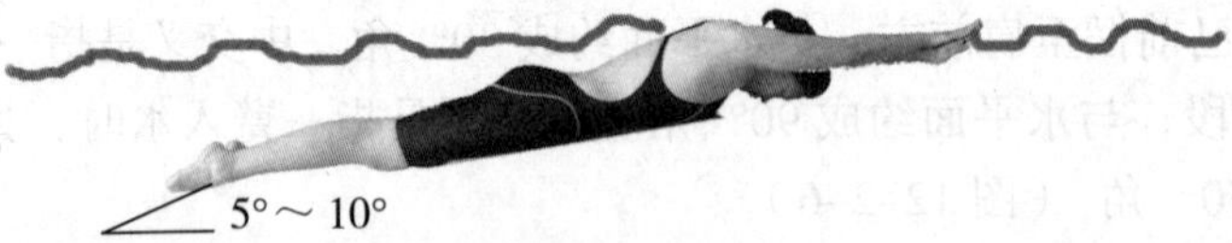

图 12–2–7

（二）腿部动作

腿部动作是蛙泳游进中产生主要推进力的动作之一，技术分为收腿和翻脚、蹬夹水及滑行。

1. 收腿和翻脚

在两腿完全伸直并稍下沉时，屈髋和屈膝，同时两小腿向大腿后折叠，向臀部靠拢，边分边收，两膝距离与肩同宽；当小腿、脚跟接近臀部时，两膝稍向里扣，脚尖向两侧外翻做翻脚动作。（图 12-2-8）

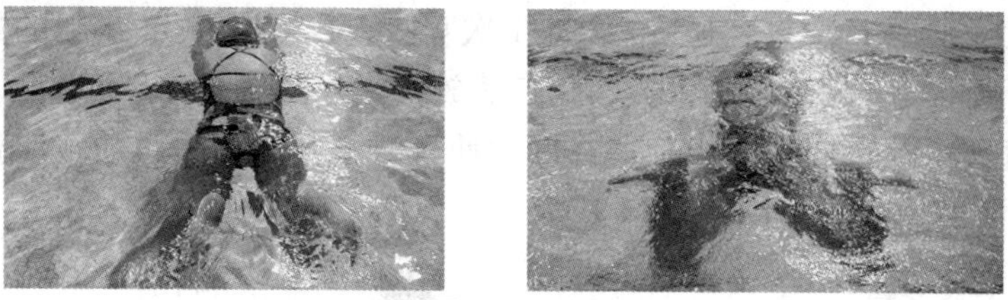

图 12-2-8

2. 蹬夹水

两腿后蹬时，边后蹬边内夹，以蹬为主。蹬夹动作先伸髋，使髋关节、膝关节和踝关节相继伸直。（13-2-9）

图 12-2-9

3. 滑　行

蹬夹水结束后，由于蹬腿的惯性作用，两腿有一个短暂的滑行阶段。这时，两腿应尽量伸直并拢，腿部肌肉和踝关节自然放松，为下一个动作周期做好准备。

（三）臂部动作

1. 抓水和划水

开始时，手臂前伸内旋，掌心转向外斜下方，两手分开向斜下方抓水。当手感到有压力时，便开始向侧、向下、向后和向内呈椭圆曲线划水。划水要以肩为轴，动作连贯，肘部保持在比手高的位置。（图 12-2-10 ①②）

2. 收手和伸臂

划水结束，臂由外向内收，两手掌心相对，当两手收至下颌前下方时，借收手弧形惯性向前伸肘，两手靠近，掌心向下，并臂前伸。（图 12-2-10 ③④）

① ② ③ ④

图 12-2-10

（四）完整的动作配合技术

呼吸要与臂的动作协调配合，划水结束时，抬头用鼻和嘴呼气，手臂划水时用嘴吸气，收手时低头闭气，伸臂时徐徐呼气。蛙泳的呼吸一般在一个动作周期中吸 1 次气。臂、腿和呼吸多采用 1 ： 1 ： 1 配合，即 1 次呼吸、1 次划水、1 次腿的配合。臂开始划水时，腿伸直不动，划水将结束，两腿自然放松，并在收手时开始收腿。手臂开始前伸时，收腿结束并做好翻脚动作，手臂接近伸直时，开始向后蹬腿。伸臂、蹬腿结束后，身体伸直向前滑行。（图 12-2-11）

图 12-2-11

三、仰泳和蝶泳

（一）仰 泳

仰 泳

仰泳是人体仰卧在水中进行游泳的一种泳姿。仰泳技术的产生和发展有较长的历史，1794 年就有了关于仰泳的记载，但是直到 19 世纪初，游泳者游仰泳时仍采用两臂同时向后划水、两腿做蛙泳的蹬水动作，即现在的“反蛙泳”。爬泳技术出现后，由于其技术合理和速度快，有人开始采用类似爬泳的两臂轮流向后划水的游法。现在的仰泳技术于 1921 年才初步形成。

仰泳技术由于头部露出水面，呼吸方便，身体仰卧于水面，比较省力，学习起来比较容易，深受中老年人和体质较弱者喜爱。仰泳技术组成：仰泳身体姿势、仰泳腿部技术、仰泳手臂技术和仰泳配合技术。

（二）蝶 泳

蝶 泳

蝶泳是游泳项目之一。蝶泳技术是在蛙泳技术动作基础上演变而来的，是四种竞技游泳姿势中最后发展起来的泳姿。它的腿部动作酷似海豚，因此又被称为“海豚泳”。

蝶泳的身体姿势与其他泳姿不同，它没有固定的身体位置。在游进中，游泳者躯干各部位和头不断改变彼此间的相对位置。头和躯干有时露出水面、有时潜入水中，形成波浪形上下起伏的位置变化。

蝶泳游进，是以横轴（腰际）为中心，躯干和腿做有节奏的摆动，发力点在腰腹部，大腿带动小腿，两腿一起做上下的鞭状打水动作。这些动作与头和臂部的动作紧密联系在一起，形成蝶泳所特有的波浪动作，前进时身体阻力较小，速度仅慢于爬泳。

第三节　游泳安全与救护

在游泳时，人们有时候会产生头晕、肌肉痉挛、呛水等意外状况，掌握一定的游泳技能但技术欠佳的人，不能擅自采取救人的行动。游泳者一般要能连续游进 200 米，并能掌握踩水技术，才算学会游泳。如果是初学者，技术不好，往往容易因紧张造成溺水事故。因此，在游泳前，游泳者应充分做好准备活动，并掌握基本的游泳应急方法。

一、预防肌肉痉挛

游泳者应充分做好游泳前的专项准备活动，下水前用冷水冲洗，这样做既卫生又能使身体适应冷水刺激；游泳时间要根据自己的体力和技术情况而定，不宜过长；上岸后要注意保暖，及时更衣。缓解肌肉痉挛的方法主要是拉长痉挛的肌肉，使收缩的肌肉伸展和松弛。

二、预防呛水

游泳时，水从鼻腔或口腔进入呼吸道，影响了呼吸器官与外界进行气体交换而引起咳嗽，这种现象称为“呛水”。避免游泳呛水的方法：注意练习和掌握正确的水中呼吸动作，在水面上用嘴吸气，吸气结束后应有一瞬间的闭气，然后在水下用嘴鼻呼气（千万不要在水中吸气），没有呼完的气可在水面上换气前迅速呼出，紧接着做吸气动作。

三、赴　救

根据溺水者的情况和现场条件，施救者可采取间接赴救或直接赴救两种方式，且应在保证自己安全的前提下进行救援。

（一）间接赴救

间接赴救也称为池岸赴救，是指施救者在岸边利用水域现有的救生器材（如救生圈、竹竿、绳子等），对较清醒的溺水者施救的一种救生技术。间接赴救是救生中经常采用的、最直接、最安全的救生方法。

（二）直接赴救

直接赴救也称为水中赴救，是在没有或无法利用救生器具拯救溺水者，或溺水者已经处于昏迷状态无法使用救生器具时，施救者采用的赴救技术。水中赴救的技术比较复杂，施救者也会面对一定的危险。因此，在条件允许时，应尽可能利用救生器材实施间接赴救，以保护施救者自身安全。直接赴救可分为入水前的观察、入水、接近、解脱、拖带、上岸等步骤。

第十三章
形体塑身

第一节 健美操

一、健美操概述

（一）健美操的起源

健美操运动起源于20世纪60年代末，英文名为Aerobics，意思是“有氧运动”。20世纪80年代初，美国健身达人、影视演员简·方达出版了《简·方达健美术》，引起了巨大的轰动，此书的出版对健美操运动的普及和发展起到了积极的推动作用。现代健美操运动于20世纪80年代传入中国。随着我国经济的发展和人民生活水平的提高，尤其是我国实施全民健身计划以来，健身逐渐成为现代人生活中不可或缺的重要内容，是人们重要的生活方式和社会经济活动之一。健美操作为一项特色鲜明的运动，因其自身散发的魅力，已在我国全民健身活动中占有重要地位，成为近年来非常流行的一项体育运动。

（二）健美操的分类

健美操分为健身健美操和竞技健美操两大类（表13-1-1）。健身健美操以有氧运动为主，锻炼形式呈现多样化、多元化的趋势，如搏击操、拉丁操、水中健美操、康复健身操等，适合大众的各种健身需求，可随时、随地进行练习。竞技健美操是一种更高层次的健美操运动，它是一种将动作、音乐和艺术表现有机且完美融合的一项竞技运动，具有很强的创造性和观赏性。它比健身健美操更能体现力与美的完美结合。竞技健美操因其特性而使健美操运动被纳入了体育竞技机制。

表13-1-1 健美操的分类

分类			内容
健身健美操	徒手健美操	一般健美操	传统有氧健美操
		不同风格健美操	搏击操、拉丁操、街舞健美操
	表演性健美操	器械健美操	踏板操、哑铃操、橡皮筋操、健身球操
		特殊场地健美操	水中健美操、固定器械健美操

续　表

分　类		内　容
竞技健美操	自编竞技健美操	男子单人操、女子单人操 混合双人操 三人操、集体五人操
	规定竞技等级健美操	成年组健美操 青少年组健美操

二、健身健美操的基本动作

健身健美操的基本动作由上肢动作、躯干动作和下肢动作组成。下面主要介绍上肢动作中的基本手型和下肢动作中的基本步法。

（一）基本手型

健身健美操的基本手型如图 13–1–1 所示。

并　掌　　开　掌　　花　掌　　立　掌　　拳

图 13–1–1

基本手型

（二）基本步法

健身健美操的基本步法是根据人体运动时对地面的冲力大小划分的，包括低冲击力步法、高冲击力步法和无冲击力步法。

基本步法

1. 低冲击力步法

低冲击力步法包括四大类，即踏步类、点地类、迈步类、抬腿类。

（1）踏步类的基本步法主要有踏步（图 13–1–2）、走步（图 13–1–3）、一字步（图 13–1–4）、V字步（图 13–1–5）、漫步（图 13–1–6）等。

图 13–1–2

图 13–1–3

图 13–1–4

图 13–1–5

图 13–1–6

（2）点地类的基本步法主要有脚跟点地、脚尖向前或向侧点地。（图 13–1–7）

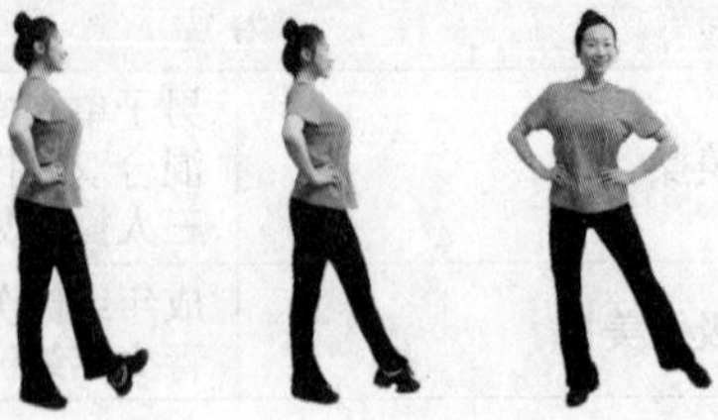

图 13–1–7

（3）迈步类的基本步法主要有并步（图 13–1–8）、迈步屈腿（图 13–1–9）、迈步踢腿（图 13–1–10）、交叉步（图 13–1–11）等。

图 13–1–8

图 13–1–9

图 13–1–10

图 13–1–11

（4）抬腿类的基本步法主要有吸腿（图 13–1–12）、踢腿（图 13–1–13）、弹踢（图 13–1–14）、后屈腿（图 13–1–15）等。

图 13–1–12

图 13–1–13

图 13–1–14

图 13–1–15

2. 高冲击力步法

高冲击力步法包括四大类，即迈步起跳类、双脚起跳类、单脚起跳类、后踢腿跑类。

（1）迈步起跳类的基本步法有并步跳（图 13–1–16）、迈步吸腿跳（图 13–1–17）、迈步后屈腿跳（图 13–1–18）等。

图 13–1–16

图 13–1–17

图 13–1–18

（2）双脚起跳类的基本步法有并腿纵跳（图 13-1-19）、开合跳（图 13-1-20）、小马跳、弓步跳（图 13-1-21）等。

图 13-1-19

图 13-1-20

图 13-1-21

（3）单脚起跳类的基本步法有钟摆跳（图 13-1-22）、踢腿跳（图 13-1-23）等。

（4）后踢腿跑类如图 13-1-24 所示。

图 13-1-22

图 13-1-23

图 13-1-24

3. 无冲击力步法

无冲击力步法是指双脚不离开地面的动作，它包括双膝弹动（图 13-1-25）、半蹲（图 13-1-26）、弓步（图 13-1-27）、提踵（图 13-1-28）等。

图 13-1-25

图 13-1-26

图 13-1-27

图 13-1-28

三、第三套《全国健美操大众锻炼标准》（三级）

第三套《全国健美操大众锻炼标准》（三级）动作图解和说明如下。

组合一

<table>
<tr><td colspan="2">动 作</td><td colspan="2"></td></tr>
<tr><td colspan="2">节 拍</td><td>下肢步法</td><td>上肢动作</td></tr>
<tr><td colspan="2">预备姿势</td><td colspan="2">站 立</td></tr>
<tr><td rowspan="2">一</td><td>1～4</td><td>由右脚开始，做向侧迈步后屈腿 2 次，2 时右转 90°</td><td>1 屈右臂，左臂侧平举；2 右臂摆至侧平举，左臂摆至胸前平屈；3～4 的动作同 1～2，但方向相反</td></tr>
<tr><td>5～8</td><td>做向右迈步后屈腿 2 次，6 时右转 180°</td><td>两手叉腰</td></tr>
<tr><td colspan="2">动 作</td><td colspan="2">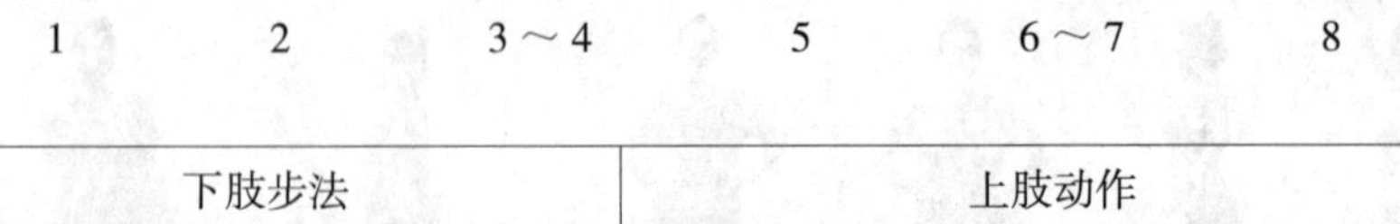</td></tr>
<tr><td colspan="2">节 拍</td><td>下肢步法</td><td>上肢动作</td></tr>
<tr><td rowspan="2">二</td><td>1～2</td><td>做 1 / 2 V 字步</td><td>1 右臂侧上举，2 左臂侧上举</td></tr>
<tr><td>3～8</td><td>3～7 由右脚开始，做侧漫步 2 次；8 时右转 90° 后并步站立</td><td>3～7 两臂随脚的动作自然前后摆动，8 两手放至大腿两侧</td></tr>
</table>

续　表

<table>
<tr><td colspan="2">动　作</td><td colspan="2">
</td></tr>
<tr><td colspan="2">节　拍</td><td>下肢步法</td><td>上肢动作</td></tr>
<tr><td>三</td><td>1～8</td><td>1～2 由右脚开始，做交叉步 1 次；3 还原，4 时右转 90°；5～6 由左脚开始，做交叉步 1 次；7～8 并脚站立</td><td>1 两臂前平举，2 两臂胸前平屈，3 的动作同 1，4 胸前击掌；5～8 的动作同 1～4</td></tr>
<tr><td colspan="2">动　作</td><td colspan="2">
</td></tr>
<tr><td colspan="2">节　拍</td><td>下肢步法</td><td>上肢动作</td></tr>
<tr><td rowspan="2">四</td><td>1～4</td><td>1～2 左脚向左侧并步跳，3～4 做 1/2 后漫步</td><td>1～2 两臂侧上举；3～4 右臂摆至体前，左臂摆至体后</td></tr>
<tr><td>5～8</td><td>左转 90°，由左脚开始，做小马跳 2 次</td><td>5～6 右臂上举，7～8 左臂上举</td></tr>
<tr><td colspan="4">第五至第八个 8 拍与第一至第四个 8 拍动作相同，但方向相反</td></tr>
</table>

组合二

<table>
<tr><td colspan="2">动　作</td><td colspan="2">
1　2　3　4

5　～　6　7　8</td></tr>
<tr><td colspan="2">节　拍</td><td>下肢步法</td><td>上肢动作</td></tr>
<tr><td rowspan="3">一</td><td>1～4</td><td>右脚向左前上步，左腿吸腿 2 次</td><td>两臂随下肢动作自然摆动</td></tr>
<tr><td>5～6</td><td>左脚向后交换步</td><td>两臂随下肢动作自然摆动</td></tr>
<tr><td>7～8</td><td>右脚向左前上步，左腿吸腿 1 次</td><td>两臂随下肢动作自然摆动</td></tr>
<tr><td colspan="2">动　作</td><td colspan="2">
1　2　3　4　5～6　7～8</td></tr>
<tr><td colspan="2">节　拍</td><td>下肢步法</td><td>上肢动作</td></tr>
<tr><td rowspan="2">二</td><td>1～4</td><td>由左脚开始，向右侧做交叉步，然后反方向再做 1 次</td><td>1～4 两臂随步法向反方向屈伸</td></tr>
<tr><td>5～8</td><td>右转 45°，左脚漫步</td><td>5～6 两臂侧屈外展，7～8 两臂经体前交叉后摆至侧下举</td></tr>
</table>

续 表

<table>
<tr><td colspan="2">动 作</td><td colspan="2"></td></tr>
<tr><td colspan="2">节 拍</td><td>下肢步法</td><td>上肢动作</td></tr>
<tr><td rowspan="2">三</td><td>1～4</td><td>由左脚开始，做十字步，同时左转 90°</td><td>两臂随下肢动作自然摆动</td></tr>
<tr><td>5～8</td><td>由左脚开始，向侧并步跳 2 次</td><td>两臂随下肢动作自然摆动</td></tr>
<tr><td colspan="2">动 作</td><td colspan="2"></td></tr>
<tr><td colspan="2">节 拍</td><td>下肢步法</td><td>上肢动作</td></tr>
<tr><td>四</td><td>1～8</td><td>左脚漫步 2 次，4 时右转 90°</td><td>两臂随下肢动作自然摆动</td></tr>
<tr><td colspan="4">第五至第八个 8 拍与第一至第四个 8 拍动作相同，但方向相反</td></tr>
</table>

组合三

<table>
<tr><td colspan="2">动 作</td><td colspan="2">
1 2 3 4

5 6 ～ 7 8</td></tr>
<tr><td colspan="2">节 拍</td><td>下肢步法</td><td>上肢动作</td></tr>
<tr><td rowspan="2">一</td><td>1～6</td><td>由右脚开始，做脚尖侧点地 3 次</td><td>1 右臂屈肘，右手举至右肩上；2 右臂向左下方伸出；3～4 的动作同 1～2，但方向相反；5～6 的动作同 1～2</td></tr>
<tr><td>7～8</td><td>由左脚开始，向前走 2 步</td><td>胸前击掌 2 次，每次击掌后十指相握</td></tr>
<tr><td colspan="2">动 作</td><td colspan="2">
1 2 3 4
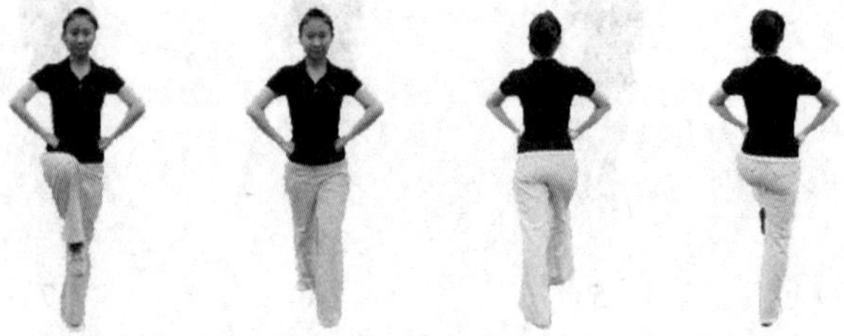
5 6 7 8</td></tr>
<tr><td colspan="2">节 拍</td><td>下肢步法</td><td>上肢动作</td></tr>
<tr><td rowspan="2">二</td><td>1～4</td><td>由左腿开始，吸左腿跳 2 次</td><td>1 两臂侧上举，2 两臂胸前平屈，3 的动作同 1，4 叉腰</td></tr>
<tr><td>5～8</td><td>5～6 吸右腿跳，向后落地；7～8 转体 180°，吸左腿跳</td><td>两手叉腰</td></tr>
</table>

续　表

动　作			
节　拍		下肢步法	上肢动作
三	1～4	1～3由左脚开始，向前走3步；4右腿吸腿跳，同时向左转体180°	1～3两手叉腰，4胸前击掌后十指相握
	5～8	5～7由右脚开始，向前走3步；8左腿吸腿跳	5～6两臂同时经体前下摆，7～8两臂经肩侧屈肘外展至胸前击掌后十指相握
动　作			
节　拍		下肢步法	上肢动作
四	1～8	1～2右脚并步1次，并左转90°；3～6左脚、右脚依次并步且右转90°；7～8左脚并步；路线呈L形	两臂做屈臂提拉4次
第五至第八个8拍与第一至第四个8拍动作相同，但方向相反			

组合四

动 作

节 拍		下肢步法	上肢动作
一	1 ～ 4	右脚上步，吸左腿	两臂做向前冲拳、后拉各 2 次
	5 ～ 8	由左脚开始，向前走 3 步，吸右腿	5 ～ 6 两臂同时经前向下摆，7 两臂经肩侧屈肘外展，8 胸前击掌后十指相握

动 作

节 拍		下肢步法	上肢动作
二	1 ～ 4	1 右脚向侧迈步，2 ～ 3 左脚向右前做 1/2 漫步，4 左脚向侧迈步	1 两臂侧上举，2 ～ 3 右臂摆至体后、左臂摆至体前，4 的动作同 1
	5 ～ 8	由右脚开始，做侧漫步	两臂随下肢动作自然摆动

续　表

<table>
<tr><td colspan="2">动　作</td><td colspan="2"></td></tr>
<tr><td colspan="2">节　拍</td><td>下肢步法</td><td>上肢动作</td></tr>
<tr><td rowspan="2">三</td><td>1～6</td><td>由右脚开始，两脚依次上步，左腿、右腿、左腿依次吸腿 1 次</td><td>1 两臂经肩侧屈肘外展，2 胸前击掌；3～4、5～6 的动作同 1～2</td></tr>
<tr><td>7～8</td><td>左脚向前做 1/2 漫步</td><td>两臂随下肢动作自然摆动</td></tr>
<tr><td colspan="2">动　作</td><td colspan="2"></td></tr>
<tr><td colspan="2">节　拍</td><td>下肢步法</td><td>上肢动作</td></tr>
<tr><td>四</td><td>1～8</td><td>1～3 左转 90°，向左做侧交叉步；4～7 转体 180° 接右侧交叉步，8 右转 90°，还原至站立姿势</td><td>1～4 两臂依次做外展、内收、外展、击掌，5～8 的动作同 1～4</td></tr>
<tr><td colspan="4">第五至第八个 8 拍与第一至第四个 8 拍动作相同，但方向相反</td></tr>
</table>

第二节 啦啦操

一、啦啦操概述

啦啦操的起源要追溯到 19 世纪 80 年代的美国大学校园，当时在大学的橄榄球赛场上，一位领队带领学生为自己的球队呐喊助威，这就是啦啦操的雏形。不过，当时的啦啦操队都是由男生组成的。进入 20 世纪 70 年代，啦啦操除了为传统的橄榄球比赛和篮球比赛加油，也开始为学校的其他比赛项目助威。1978 年春天，哥伦比亚广播公司通过电视第一次向全美国转播学校啦啦操赛事。从此，啦啦操开始作为一项正式的运动项目被人们认可。美国职业橄榄球大联盟是第一个将专业啦啦操引入竞技体育的赛事。

二、啦啦操基本动作

（一）啦啦操的常用手型

啦啦操中的手型有多种，是吸收芭蕾舞、现代舞、武术的手型特点发展而来的。手型是臂部动作的延伸和表现，若运用得好，则会使啦啦操动作更加丰富多彩、生动活泼，且更具有感染力。（图 13-2-1）

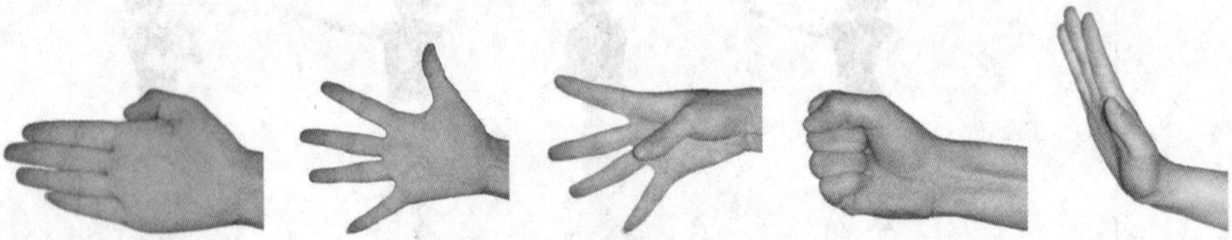

并拢式　分开式　芭蕾手式　拳　式　立掌式

图 13-2-1

并拢式：五指伸直并相互并拢，拇指微屈。

分开式：五指用力伸直并充分张开。

芭蕾手式：五指微张开，拇指内扣，其余四指稍内收。

拳式：握拳，拇指在外，并紧贴于食指和中指上。

立掌式：五指伸直，仰腕，手掌用力上翘。

（二）啦啦操的基本手位

啦啦操的基本手位如图 13-2-2 所示。

图 13-2-2

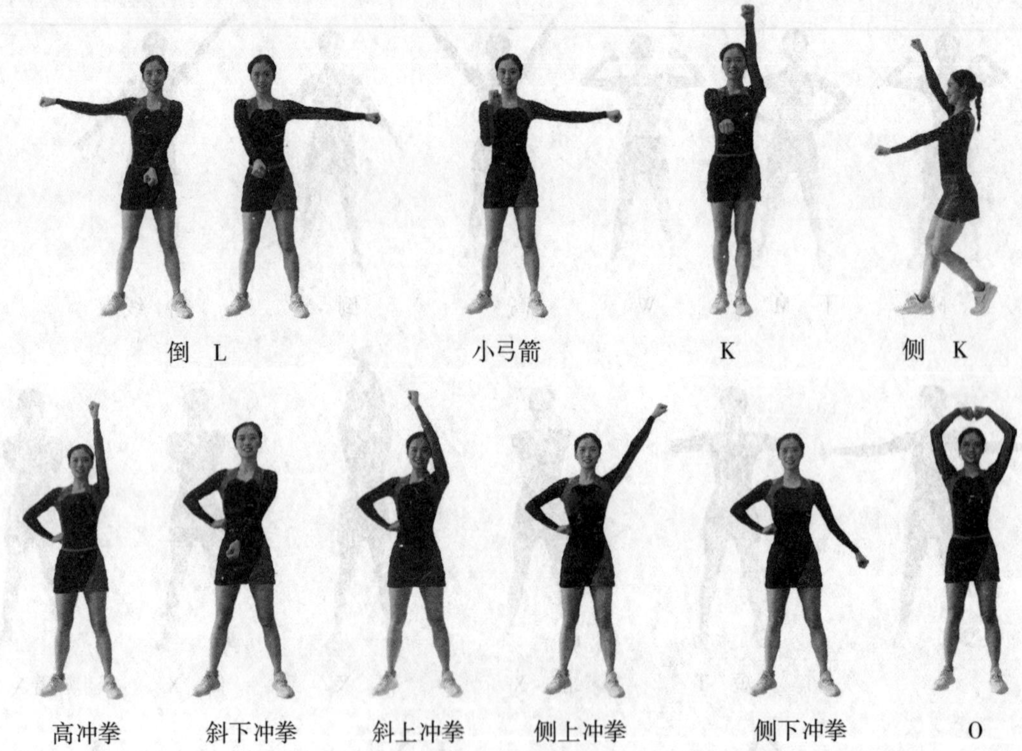

图 13-2-2（续）

第三节 形体训练

一、形体概述

（一）形体的概念

形体在生理学上是指人体或人体的形态和体质。清朝的李渔在其撰写的《闲情偶寄》中写道：“形体维何？眉发口齿，耳鼻手足之类是也。”在当代大学体育教育中，形体主要是指人在先天遗传和后天获得的基础上所表现出的身体形态上的相对稳定的特征，包括人的表情、姿态和体形在内的人的外在形象的总和。

（二）形体美

形体美包括外在美和内在美。外在美侧重于形式，主要是指由生理解剖特点所造就的身体之美，包含合理的人体整体指数和人体各部位之间恰当的比例关系，形成姿态、体态、线条和谐统一的外观特征。内在美是借助形体将人的思想、气质、情操、风度等深层次和本质的东西表现出来的一种美，是一种高素质的表现。

1. 形体美的标准

不同民族、不同时期对美的标准各不相同，如“楚王爱细腰”和唐朝“以胖为美”，就是两种截然不同的审美观。

现代社会人体形体美的标准主要包括以下十个方面。

（1）五官端正、面色红润、眼神有光、头发有光泽，颈部挺直而灵活，并与头部配合协调。

（2）两肩对称，男宽女窄。

（3）两臂修长，与身高成比例。

（4）男性胸部宽厚，比例协调，胸肌圆隆；女性乳房丰满，挺而不垂。

（5）脊柱正视垂直、挺拔；腰部呈圆柱形，细而有力。

（6）男子有腹肌，垒块隐现；女子腹部扁平。

（7）臀部圆满，微显上翘，不下垂。

（8）大腿修长，小腿长而腓肠肌位置高且稍突出，线条柔和。

（9）人体骨骼发育正常，无畸形，身体各部位比例匀称。

（10）男子形体强调上肢肌肉发达，整个体形呈倒梯形；女子形体强调身体比例匀称，线条流畅，整个体形呈曲线形。

2. 大学生形体美的标准

大学生形体美的第一条标准是健康且和谐，其次是体形匀称、肌肉丰满、体态优美、举止稳健、肤色健康、精神饱满等。

二、基本形体训练

（一）基本手位

一位手：两臂圆屈下垂，两手指尖相对。二位手：两臂圆屈向前抬起，两手掌心正对下肋；三位手：两臂圆屈上举，两手指尖相对。四位手：一臂成三位，一臂成二位。五位手：一臂成三位，一臂圆屈侧平举。六位手：一臂成二位，一臂圆屈侧平举。七位手：两臂圆屈侧平举，前臂与肘同高。（图 13-3-1）

图 13-3-1

（二）基本脚位

一位脚：两脚完全外开，两脚脚跟贴紧。二位脚：由一位开始，两脚脚跟分开，相距一脚长距离。三位脚：两脚完全外开，一脚位于另一脚的前面，且脚跟紧贴着另一脚的脚弓部位。四位脚：由三位开始，两脚前后分开，相距一脚长的距离。五位脚：两脚完全外开，向后紧贴，一脚的脚尖与另一脚的脚跟对齐。（图 13–3–2）

图 13–3–2

（三）基本方位

当站在场地中央时，从前、后、左、右放射出 8 条线，这就是形体训练中常说的 8 个方向点，正前方为 1 点，沿顺时针方向分别是 2 点至 8 点。（图 13–3–3）

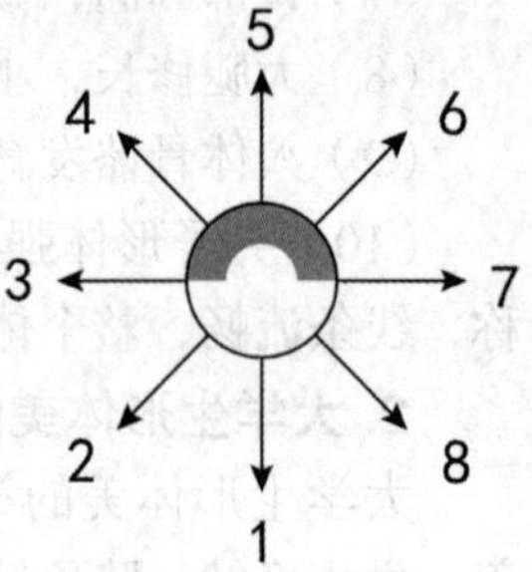

图 13–3–3

（四）把杆练习

1. 站

两手扶把，两脚一位站立，身体保持正直。（图 13–3–4）

2. 立

两手扶把，两脚一位站立，立脚尖将身体推向最高点，身体保持正直。（图 13–3–5）

3. 蹲

两手扶把，两脚一位站立，两膝外展，屈膝，上体保持正直。（图 13–3–6）

图 13–3–4 图 13–3–5 图 13–3–6

4. 擦 地

两脚一位站立，一脚向前擦地，同侧胯外开，两膝绷直。在向前擦地的过程中，注意收紧臀大肌，大腿尽量转开，大腿内侧夹紧。侧擦地和后擦地动作要领同前擦地。（图 13–3–7）

5. 小踢腿

左腿经擦地向前抬高 25° 左右踢出，稍停顿后再点地收回，成左脚在前的五位。动

作要有爆发力，停顿位置准确，脚背绷直。向侧小踢腿和向后小踢腿的动作要领同向前小踢腿。（图 13–3–8）

前擦地　侧擦地　后擦地

图 13–3–7

向前小踢腿　向侧小踢腿　向后小踢腿

图 13–3–8

6. 前画圈

身体重心在左腿，右腿经前擦地向外画圈到体侧，脚尖点地，还原时经旁擦地还原，注意保持腿的外开，胯部放松（图 13–3–9）。后画圈动作与前画圈动作相同，但方向相反。

图 13–3–9

第四节　健美运动

一、健美概述

健美运动是一项增强体格、塑造形体的体育项目，它主要以哑铃、杠铃等专用健身器械为工具，经过常年的系统训练，使全身肌肉表现出健壮发达、比例匀称的外观。通俗地说，健美运动是一项雕琢人体的运动项目。

20 世纪 20 年代，现代健美运动由欧美国家传入中国。赵竹光是中国现代健美运动的开拓者，他创立了中国最早的健美运动组织——沪江大学健美会，并于 20 世纪 30 年代先后翻译出版了《肌肉发达法》《力之秘诀》等健身著作，积极介绍和推广健美运动。1940 年 5 月，赵竹光创办了上海健身学院，当时的校训为：“健全的身体，健全的头脑，健全的人格，健全的灵魂”。1985 年 11 月，在瑞典哥德堡举行的第 39 届国际健美联合会年会上，国际健美联合会正式接纳中国为国际健美联合会会员。

二、健美运动的练习动作

（一）发展肩部肌群的练习

1. 直臂前平举 - 上举

两手正握杠铃自然下垂，先直臂前平举，静止 4 ～ 6 秒后再上举至直臂支撑。上举时吸气，伸直后呼气。（图 13-4-1）

2. 直立提肘上拉

两手正握杠铃自然下垂，握距比肩略窄，身体直立；用力向上提肘至胸部高度后，慢慢复原。提肘时吸气，复原后呼气。（图 13-4-2）

图 13-4-1

图 13-4-2

3. 颈后推举

坐于凳上，两手正握杠铃，将杠铃放置在颈后肩上，用力将杠铃推起至两臂完全伸直，然后慢慢复原。注意：杠铃放置在颈后肩上之后先吸一口气，上推后再调整呼吸。（图 13-4-3）

4. 两臂交替前举

两手分别于身体两侧抓握一个哑铃，掌心向后，肘关节微屈，先举起一侧哑铃，在还原的同时举起另一侧哑铃，交替进行。抬臂时吸气，落臂时短呼气。（图 13-4-4）

5. 臂绕环

两臂下垂，两手各持一个哑铃，然后两臂在腹前呈十字交叉状，做胸前直臂绕环，力求动作自然。上举时吸气，放下时呼气。（图 13-4-5）

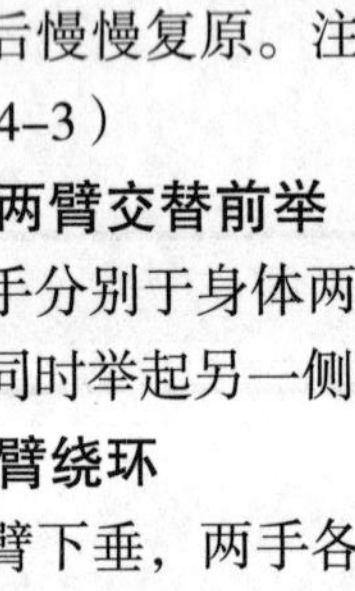

图 13-4-3

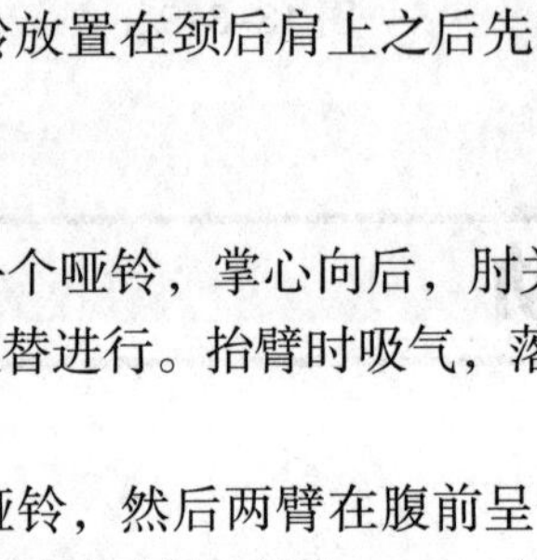

图 13-4-4

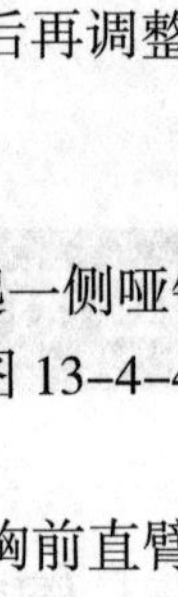

图 13-4-5

6. 俯卧飞鸟

俯卧在凳上，两臂屈肘向上抬举哑铃至上臂与地面平行，成飞鸟姿势，然后还原。抬臂时吸气，放松还原时呼气。（图 13–4–6）

7. 坐姿侧平举

坐在凳子上，上体微前倾，两手持哑铃垂于体侧，然后两臂屈肘并用力侧举哑铃。侧举时，尽量保持屈臂夹角，并且使前臂达到与地面平行的位置。向侧上抬臂时吸气，放松还原时呼气。（图 13–4–7）

8. 俯立侧平举

上体前俯，两手持哑铃垂于体侧，然后两臂屈肘向后上方抬至肘与肩同高，再慢慢还原。后抬时吸气，还原时呼气。（图 13–4–8）

图 13–4–6

图 13–4–7

图 13–4–8

（二）发展胸部肌群的练习

1. 俯卧撑

做俯卧撑时，在屈肘之前身体要前探，尽量拉长胸大肌；用力时，要注意以胸大肌发力。做俯卧撑前吸气，成直臂俯撑时呼气。

2. 仰卧推举

仰卧推举

仰卧在平凳上，两手正握杠铃，握距比肩稍宽；屈臂下放杠铃于胸部上方，两肘外展；再将杠铃从胸前向上用力推起至两臂完全伸直。卧推前吸一口气，屏气上推，两臂伸直后呼气。（图 13–4–9）

3. 颈上卧推

仰卧在平凳上，两手正握杠铃并放至颈部上方，两肘尽量外展，然后用力向上推起杠铃至手臂伸直。上推前吸一口气，屏气上推，两臂伸直后呼气。（图 13–4–10）

图 13–4–9

图 13–4–10

4. 仰卧直臂上拉

仰卧在平凳上，两臂向头顶前方伸直，握住杠铃，握距与肩同宽；然后挺胸振臂，将杠铃举至胸部上方，两臂垂直于地面，再慢慢向头顶前方下放至极限。用力前吸一口

气，屏气上拉；两臂伸直后稍微停顿，还原时呼气。（图 13-4-11）

图 13-4-11

5. 仰卧扩胸

仰卧在平凳上，两手握哑铃（掌心相对）于胸前，臂与躯干垂直。开始时，两臂慢慢向两侧打开（肘微屈）至低于凳面，胸部要高高挺起，腰部离凳，仅肩、背部和臀部着凳；然后，胸大肌用力收紧，两臂内收至胸部上方并伸直。两臂侧分及向上内收时吸气，两臂接近伸直时呼气。（图 13-4-12）

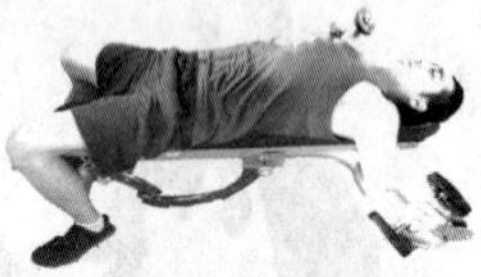

图 13-4-12

6. 弹簧棒内收

两手握住弹簧棒两端（掌心相对），置于腹前；然后两臂同时内收，肩胛骨后缩，使弹簧棒中间弯折部分停在胸前；两臂慢慢放松还原。

7. 宽撑双杠

两手握住双杠成支撑姿势，下颌收紧，弓背，脚尖向前，目视脚尖；然后慢慢屈臂使身体下降至下颌约与杠面上缘齐平，再用力将身体撑起。伸臂时吸气，放松时呼气。

8. 双杠支撑摆动臂屈伸

两手握住双杠成支撑姿势，以肩为轴摆动身体。身体前摆时，肩略后移，两臂用力伸直；后摆至最高处时，屈肘，腰部和腹部要放松。如此反复摆动、臂屈伸。屈肘后吸气，前摆时呼气。

（三）发展背部肌群的练习

1. 划船练习

坐在凳上，拉住拉力器的把手。上体前屈，屈膝，两臂向后拉动牵引绳；同时上体后仰，挺胸。当拉力器的把手触及胸腹部后，还原并重新开始。向后拉引时吸气，还原时呼气。（图 13-4-13）

2. 引体向上

握住间距约为 40 厘米的两个把手，两臂伸直成吊姿；然后把身体向上拉起，胸部尽量向上挺伸，头向后仰，肩向下、向后收紧。还原后重新开始。拉引前吸一口气，屏气上拉，待动作完成后立即呼气。（图 13-4-14）

图 13-4-13

图 13-4-14

3. 坐姿颈后下拉

两手握住拉力器的把手，用力下拉拉力器，使肘关节贴近身体的两侧，把手挨近肩膀。下拉时吸气，还原时呼气。（图 13-4-15）

图 13-4-15

4. 卧　拉

俯卧在凳上，两臂下垂，两手持杠铃，屈臂，把杠铃拉至凳子的底面。用力拉引时吸气，完成动作时呼气。

5. 提铃耸肩

身体直立，两手持杠铃，两臂下垂，用力向上耸肩至极限位置，然后还原再做。耸肩时吸气，还原时呼气。（图 13-4-16）

6. 直臂拉弹簧拉力器

两手握弹簧拉力器的两端，两臂由前平举向两侧用力拉直，至两臂于体侧呈一条直线，然后还原再做。扩胸时吸气，还原时呼气。（图 13-4-17）

7. 坐弓身

坐在凳上，背部挺直，两手握紧杠铃于颈后肩上，然后上体慢慢前倾，至腹部触及大腿，再慢慢用力抬起上体。前倾时吸一口气，直到还原时换气呼吸。（图 13-4-18）

8. 中握引体向上

两手握杠，握距与肩同宽，成吊姿，然后用力将身体拉起至下颌超过横杠上缘。（图 13-4-19）

图 13-4-16

图 13-4-17

图 13-4-18

图 13-4-19

（四）发展臂部肌群的练习

1. 坐姿臂屈伸

坐在凳上，两手握哑铃的一端，两肘高抬并向侧打开，然后用力向上伸直两臂，使哑铃沿背部举至最高位。伸肘前吸气，肘直后呼气。（图 13-4-20）

2. 背后臂屈伸

两手在体后紧握杠铃，将杠铃提至腰部，使两臂弯曲，然后两臂向后上方用力伸直。力求动作自然，一动一呼吸，尽量少屏气。（图 13–4–21）

3. 仰卧臂屈伸

仰卧在凳上，两手握住位于额前的杠铃，两肘高抬，肘尖向上，然后用力将臂伸直。用力伸臂时吸气，伸直后呼气。（图 13–4–22）

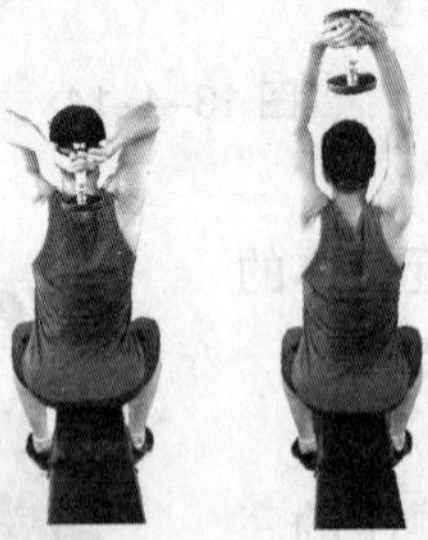

图 13–4–20

图 13–4–21

图 13–4–22

4. 斜板弯举

两手反握杠铃，两肘固定在斜板上，两臂自然伸直；然后用力屈肘，将杠铃拉至锁骨前，再慢慢还原。屈肘时吸气，还原时呼气。

5. 站姿胸前臂屈伸

两脚开立，两臂下垂，两手反握杠铃，然后屈肘，将杠铃举至胸前，再慢慢放下还原。屈肘时吸气，还原时呼气。（图 13–4–23）

图 13–4–23

6. 轮换变举

坐姿或直立，两手持哑铃，一臂用力屈肘，另一臂下垂伸直；两臂交替向上屈肘，将哑铃举至肩前。此动作不宜屏气，应保持自然呼吸。（图 13–4–24）

7. 腕弯举

坐在凳上，两手反握杠铃，将肘关节垫放在大腿上固定，然后用力向上屈腕。此动作不宜屏气，应保持自然呼吸。（图 13–4–25）

图 13–4–24

图 13–4–25

8. 反缠重锤

直立，两臂前平举，正握重锤，手腕做反卷或正卷至重锤接近短棍，放下再做。肌肉用力收缩时吸气，反之呼气。

（五）发展腰腹肌群的练习

1. 负重体前屈

两脚左右开立，间距与肩同宽，两手持杠铃于颈后肩膀上；身体直立，腰和腿收紧，上体慢慢前屈，臀部向后移，使上体与地面平行，静止片刻，再向上挺直身体，恢复直立姿势。上体前屈和上抬时要屏气，身体直立后再呼气。（图 13–4–26）

2. 直腿硬拉

两腿伸直站立，上体前屈，挺胸，收紧腰背，两臂伸直，两手握紧杠铃；然后伸髋、展体，将杠铃拉起至身体挺直。用力前吸气，身体挺直后再调整呼吸。（图 13–4–27）

3. 仰卧起坐

仰卧在垫上，低头团身，两手轻放于耳边，下肢固定，然后慢慢后倒；当背部快要接触到垫面时，立即收腹起坐，再慢慢倒体还原。起坐前吸气，还原时呼气。

4. 交替直腿抬起

仰卧在垫上，两腿伸直，头部抬起，两肘支撑，两手握拳置于体侧；然后两腿直腿交替上抬，抬到极限位置后停 2 秒再还原。腿上抬时吸气，腿放下时呼气。（图 13–4–28）

图 13–4–26

图 13–4–27

图 13–4–28

5. 屈膝两头起

仰卧在垫上，两手轻放于耳边，上体卷起时，两膝同时收缩，至两肘触及两膝后，上体还原。做动作前吸气，收缩时呼气。

6. 体侧屈

两脚左右开立，间距与肩同宽，肩负杠铃直立，做向左、向右体侧屈。侧屈时吸气，直立时呼气。（图 13–4–29）

7. 体旋转

准备动作同体侧屈，向左、向右做转体运动。（图 13–4–30）

图 13–4–29

图 13–4–30

（六）发展腿部肌群的练习

1. 负重深蹲

负重深蹲

直立，两手握住杠铃置于颈后肩上，挺胸紧腰，慢慢下蹲而后直起。下蹲时吸气，直起时呼气。（图 13–4–31）

2. 坐姿腿屈伸

坐在凳上，膝关节内侧紧贴凳面，两脚负重，做腿屈伸动作。腿伸直时吸气，还原时呼气。（图 13–4–32）

3. 弓步蹲

肩负杠铃，两腿前后分开成弓步，屈膝下压至能承受的深度后立即伸直两腿，最后收回两腿。成弓步支撑时吸气，起立后呼气。（图 13–4–33）

图 13–4–31

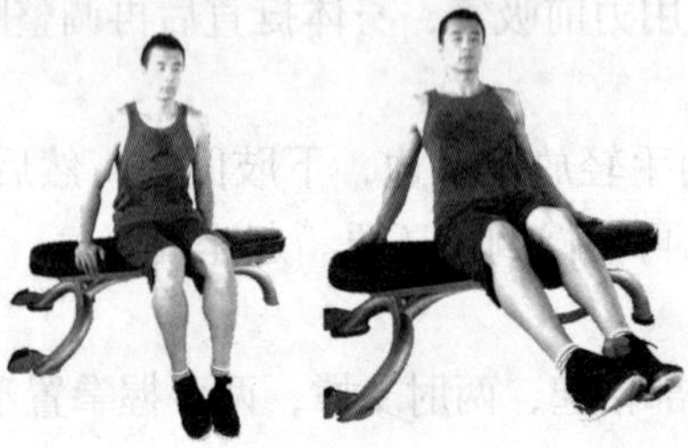

图 13–4–32

图 13–4–33

4. 腿弯举

俯卧在凳上，两手抓住凳端，两脚勾住拉力器，两脚脚跟并拢，两小腿用力后屈，将拉力器拉向臀部，还原后再做。（图 13–4–34）

图 13–4–34

5. 对抗屈小腿

练习者俯卧在凳上，两腿弯曲；辅助者站在练习者身后，两手握其踝部，用力将其弯曲的两腿拉直；练习者用力对抗，对抗时要屏气。

6. 负重提踵

肩负杠铃直立，两脚前脚掌下垫杠铃片或木垫，然后做直膝提踵动作。提踵前吸气，提踵后呼气。（图 13–4–35）

7. 练习架提踵

身体前倾，两手正握杠铃；肩部顶住杠铃杆，两脚平行直立，相距约 10 厘米，用力向上提踵，然后还原。提踵前吸气，提踵后呼气。（图 13–4–36）

8. 哑铃蹲跳

两手握住哑铃，全蹲，然后用力伸膝、抬上体，身体垂直向上跳起。用力蹬伸时吸气，下蹲时呼气。（图 13–4–37）

图 13-4-35

图 13-4-36

图 13-4-37

第五节　体育舞蹈

一、体育舞蹈概述

（一）体育舞蹈的起源和发展

体育舞蹈的前身是交谊舞，起源于欧洲、拉丁美洲，经历了圈舞、对舞、集体舞等民间舞蹈的演变过程，成为流传广泛的社交舞蹈。1925 年，英国皇家舞蹈教师协会正式规范整理了华尔兹（慢三步）、探戈、狐步舞、快步舞等舞种的步法，总称摩登舞。

1950 年，国际标准舞理事会主办了首届世界性的舞蹈大赛——黑池舞蹈节，并把规范后的舞蹈命名为国际标准交谊舞，我国将其简称为“国标舞”。此后每年的 5 月底，在英国的黑池都会举行一届世界性的国际标准交谊舞大赛。通过比赛，国际标准交谊舞在世界各地不断得到推广，其自身也得到了发展。第二次世界大战后，英国皇家舞蹈教师协会整理了拉丁舞蹈，并将它纳入国际标准交谊舞的范畴，这样就形成了具有统一舞步的、两大系列 10 个舞种的国际标准交谊舞。

体育舞蹈的发展离不开体育舞蹈组织的管理、组织及推广。目前，国际上存在两个国际体育舞蹈组织，即世界舞蹈理事会和国际体育舞蹈联合会。世界舞蹈理事会由世界舞蹈及体育舞蹈理事会更名而来，其前身是国际舞厅舞蹈理事会。国际舞厅舞蹈理事会于 1950 年 9 月 22 日在苏格兰的爱丁堡成立，注册地为英国伦敦，主要管理职业体育舞蹈事务和比赛。国际体育舞蹈联合会在 1935 年成立于捷克布拉格，注册地为瑞士洛桑，主要管理业余体育舞蹈事务和比赛，该组织于 1997 年获得国际奥委会的正式承认，并且成为唯一的代表体育舞蹈的国际组织。2000 年，体育舞蹈首次成为悉尼奥运会表演项目。目前，世界各国均将国际标准交谊舞更名为体育舞蹈，体育舞蹈成为体育运动项目之一。

国际标准交谊舞于 20 世纪 30 年代传入中国，自 1986 年正式引进后发展迅速。北京平四是社交舞家族中唯一出自中国的交谊舞。1991 年 5 月，中国体育舞蹈运动协会成立，之后中国体育舞蹈运动协会与文化部所属的中国业余舞蹈竞技协会经过协商，组建了中国体育舞蹈联合会。目前，中国体育舞蹈联合会已是国际体育舞蹈联合会的正式会员。

（二）体育舞蹈的分类

体育舞蹈按舞蹈风格和技术结构分为摩登舞和拉丁舞两大项群；按竞赛项目可分为摩登舞、拉丁舞和团体舞。其中，摩登舞包括华尔兹、探戈、狐步舞、快步舞和维也纳华尔兹；拉丁舞包括桑巴、恰恰恰、伦巴、斗牛舞和牛仔舞。

二、体育舞蹈基本技术

（一）华尔兹

华尔兹又称慢三步，节拍为$\frac{3}{4}$拍，速度为28～30小节/分，节奏为蓬（强）、嚓（弱）、嚓（弱）。华尔兹的特点为动作流畅、幅度大，重心跌宕起伏，步法婉转曼妙，舞姿华丽典雅。华尔兹速度慢，节奏分明，易于初学者掌握。

1. 手　型

女：拇指和中指向里合，其余三指向上翘起。

男：拇指向里合，其余四指并拢；或拇指向里合，食指向上翘，其余三指并拢。

2. 站立姿势

（1）直立：身体保持立正姿势，脚跟并拢，脚尖打开，成八字步站立。

（2）起踵立：前脚掌支撑，脚跟向上抬起。

（3）点地立：一条腿直立或微屈支撑，另一条腿绷直脚背，脚尖在前（侧、后）方点地。

3. 握抱姿势

华尔兹的握抱姿势有闭式舞姿、开式舞姿和外侧位舞姿。

4. 基本舞步

（1）左脚并换步（闭式舞姿），如图13-5-1所示。

【男步】

1拍：左脚前进一步。

2拍：右脚经左脚旁横步稍向前。

3拍：左脚并右脚，重心在右脚。

【女步】

1拍：右脚后退一步。

2拍：左脚经右脚旁横步稍向后。

3拍：右脚并左脚，重心在左脚。

1拍　　2拍　　3拍

图13-5-1

（2）左转步（闭式舞姿），如图13-5-2所示。

【男步】

1拍：左脚前进一步，开始左转。

【女步】

1拍：右脚后退一步，开始左转。

2 拍：右脚经左脚旁横步，左转 90°。
3 拍：左脚并右脚，左转 45°，重心在左脚。
4 拍：右脚后退一步，稍左转。
5 拍：左脚经右脚旁横步，左转 135°。
6 拍：右脚并左脚，重心在右脚。

2 拍：左脚经右脚旁横步，左转 135°。
3 拍：右脚并左脚，重心在右脚。
4 拍：左脚前进一步，稍左转。
5 拍：右脚经左脚旁横步，左转 90°。
6 拍：左脚并右脚，左转 45°，重心在左脚。

1 拍　2 拍　3 拍　4 拍　5 拍　6 拍

图 13–5–2

（3）右脚并换步（闭式舞姿），如图 13–5–3 所示。

【男步】

1 拍：右脚前进一步。
2 拍：左脚经右脚旁横步稍向前。
3 拍：右脚并左脚，重心在右脚。

【女步】

1 拍：左脚后退一步。
2 拍：右脚经左脚旁横步稍向后。
3 拍：左脚并右脚，重心在左脚。

1 拍　2 拍　3 拍

图 13–5–3

（4）右转步（闭式舞姿），如图 13–5–4 所示。

【男步】

1 拍：右脚前进一步，开始左转。
2 拍：左脚经右脚旁横步，右转 90°。
3 拍：右脚并左脚，右转 45°，重心在右脚。
4 拍：左脚后退一步。
5 拍：右脚经左脚旁横步，右转 135°。

【女步】

1 拍：左脚后退一步，开始右转。
2 拍：右脚经左脚旁横步，右转 135°。
3 拍：左脚并右脚，重心在左脚。
4 拍：右脚前进一步，右转。
5 拍：左脚经右脚旁横步稍前，右转 90°。

6 拍：左脚并右脚，重心在左脚。

6 拍：右脚并左脚，右转 45°，重心在右脚。

1 拍　2 拍　3 拍　4 拍　5 拍　6 拍

图 13-5-4

（5）叉形步（由闭式舞姿到开式舞姿），如图 13-5-5 所示。

【男步】

1 拍：左脚前进一步。

2 拍：右脚横步稍向前，左转 45°。

3 拍：左脚在右脚后交叉，重心在左脚。

【女步】

1 拍：右脚后退一步。

2 拍：左脚斜后退，右转 90°。

3 拍：右脚在左脚后交叉，重心在右脚。

1 拍　2 拍　3 拍

图 13-5-5

（6）侧行追步（由开式舞姿到外侧位舞姿），如图 13-5-6 所示。

【男步】

1 拍：右脚前进并交叉于反身动作位置。

2 拍：左脚横步稍前。

哒拍：右脚并左脚。

3 拍：左脚横步稍前。

【女步】

1 拍：左脚前进并交叉于反身动作位置，开始左转。

2 拍：右脚横步，左转 45°。

哒拍：左脚并右脚。

3 拍：右脚后退一步，左转 45°。

1 拍　2 拍　哒 拍　3 拍

图 13-5-6

（7）踌躇换步（闭式舞姿），如图 13–5–7 所示。

【男步】

1 拍：左脚后退一步，准备右转。

2 拍：右脚横步（小步拉左脚脚跟），右转 135°。

3 拍：左脚虚点于右脚旁，完成转动。

【女步】

1 拍：右脚前进一步，准备右转。

2 拍：左脚斜后退，右转 135°。

3 拍：右脚虚点于左脚旁，完成转动。

1 拍　　2 拍　　3 拍

图 13–5–7

（8）右旋转步（闭式舞姿），如图 13–5–8 所示。

【男步】

1 拍：右脚前进一步，开始右转。

2 拍：左脚经右脚旁横步，右转 90°。

3 拍：右脚并左脚，右转 45°，重心在右脚。

4 拍：左脚后退，右脚保持反身动作位置，右轴转 180°。

5 拍：右脚前进一步，右转。

6 拍：左脚横步稍后，右转 135°，重心在左脚。

【女步】

1 拍：左脚后退一步，开始右转。

2 拍：右脚经左脚旁横步，右转 135°。

3 拍：左脚并右脚，转动完成，重心在左脚。

4 拍：右脚前进，右轴转 135°。

5 拍：左脚后退并稍向左侧，右转。

6 拍：右脚经左脚旁斜进，右转 135°。

1 拍　　2 拍　　3 拍　　4 拍　　5 拍　　6 拍

图 13–5–8

（二）伦 巴

伦巴起源于古巴，被称为“拉丁舞之灵魂”。伦巴是激情与爱之舞，伦巴的特点为：音乐缠绵深情，舞步婀娜多姿，动作缓慢舒展，风格柔美抒情，令人陶醉。伦巴与恰恰恰的动作名称和身体姿态大多相似。

1. 握持姿势

（1）闭式舞姿：男女相对，相距 15 厘米，重心可放在任意脚（男女相反）上。男士的右手扶在女士背阔肌外缘。男士左手四指并拢、虎口张开，与女士右手相握，两人的前臂内侧贴近，男士肘部下缘平于女士胸膈膜线。女士的左臂轻靠在男士右臂上方，左手放在男士右肩上。

（2）开式舞姿：男女相对，分开约一臂长之远，重心可放在任意脚（男女相反）上，另一脚向侧打开，脚尖点地。男士左手手心向上，握住女士右手的四指，相握的手臂略弯曲。男士的右臂和女士的左臂向外侧伸出并略下收、弯曲，与肩形成一条柔和的曲线。

2. 基本舞步

（1）十字步。以左脚侧点的开式舞姿做准备，如图 13-5-9 所示。

【男步】

2 拍：左脚前进一步。

3 拍：右脚留在原地。

4&1 拍：左脚左横一步。

【女步】

2 拍：右脚后退一步。

3 拍：左脚留在原地。

4&1 拍：右脚右横一步。

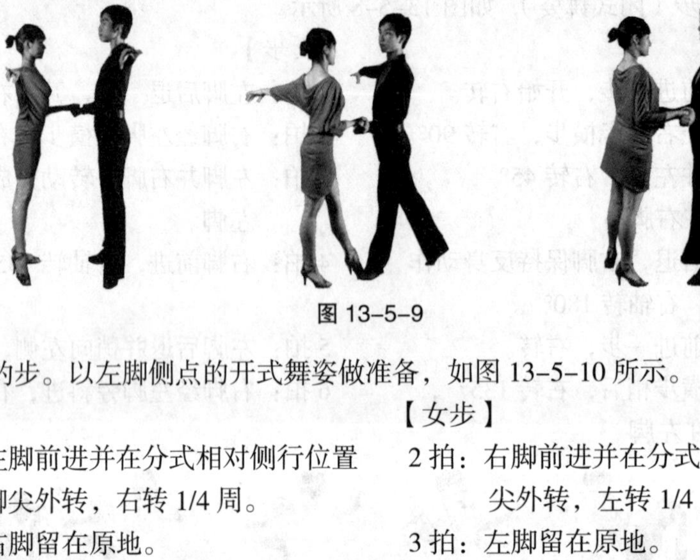

图 13-5-9

伦巴纽约步

（2）纽约步。以左脚侧点的开式舞姿做准备，如图 13-5-10 所示。

【男步】

2 拍：左脚前进并在分式相对侧行位置脚尖外转，右转 1/4 周。

3 拍：右脚留在原地。

4&1 拍：左脚向侧，左转 1/4 周。

【女步】

2 拍：右脚前进并在分式相对侧行位置脚尖外转，左转 1/4 周。

3 拍：左脚留在原地。

4&1 拍：右脚向侧，右转 1/4 周。

图 13-5-10

伦巴定点转

（3）定点转。以右脚侧点的开式舞姿做准备，如图 13-5-11 所示。

【男步】
2 拍：右脚向左前交叉点步，左转 1/4 周。
3 拍：左转 1/2 周，重心移向左脚。
4&1 拍：左转 1/4 周，成双拉手势。

【女步】
2 拍：左脚向前交叉点步，右转 1/4 周。
3 拍：右转 1/2 周，重心移向右脚。
4&1 拍：拍右转 1/2 周，成双拉手势。

注意：转体时一定要收紧身体，注意动力脚必须经主力脚迈出。

图 13–5–11

（4）手接手。以左脚侧点的开式舞姿做准备，如图 13–5–12 所示。

伦巴手接手

【男步】
2 拍：左脚后退一步，左转 1/4 周，右手向前成单拉手势。
3 拍：右脚留在原地，右肩与女伴左肩相靠。
4&1 拍：左脚向左横步，右转 1/4 周，成双拉手势。
2 拍：右脚后退一步，右转 1/4 周，成单拉手势。
3 拍：左脚留在原地，左肩与女伴右肩相对。
4&1 拍：右脚向右横步，左转 1/4 周，成双拉手势。

【女步】
2 拍：右脚后退一步，右转 1/4 周，左手向前成单拉手势。
3 拍：左脚留在原地，左肩与男伴右肩相靠。
4&1 拍：右脚向右横步，左转 1/4 周，成双拉手势。
2 拍：左脚后退一步，左转 1/4 周，成单拉手势。
3 拍：右脚留在原地，右肩与男伴左肩相对。
4&1 拍：左脚向左横步，右转 1/4 周，成双拉手势。

图 13–5–12

（5）扇形步，如图 13–5–13 所示。

【男步】
2 拍：右脚后退。

【女步】
2 拍：左脚前进。

3拍：左脚留在原地，左转1/8周。

4&1拍：右脚向右横步稍前。

3拍：右脚向侧稍后退（脚尖内转），左转1/8周。

4&1拍：左脚向左后退，左转1/4周，重心左移。

图 13–5–13

（三）恰恰恰

恰恰恰完整示范

恰恰恰起源于古巴。恰恰恰的音乐曲调欢快，节奏感强，舞姿花哨，舞步利落紧凑，跳起来活泼可爱，在全世界广泛流行。

1. 握持姿势

恰恰恰的握持姿势与伦巴的握持姿势相同。

2. 基本舞步

（1）横移步（表13–5–1、图13–5–14）。预备时，两脚并拢，腿部肌肉自然收紧，两手打开。

表 13–5–1　横移步（女）

步　数	脚　位	节　奏
1	左脚向左侧迈出一小步，同时左腿弯曲，左脚脚尖落地，膝盖和脚踝均内扣，胯向右侧打开，身体右侧直立拉起，重心落在右脚上，右脚脚跟落地	2
2	左腿迅速用力伸直，右脚贴地向左拉动，右脚脚踝与左脚脚踝贴紧，右腿弯曲内扣，右侧胯下压，左侧胯向上顶起，呈现恰恰恰中并脚站立的基本姿势，髋部不能向左或向右移动，此时左侧肩部、肋骨、髋部、腿部在一条直线上	3
3	同第1步	&
4	右脚向地面施力，将身体向左推；同时左脚左移，并将重心转移到左脚上。此时，右腿绷直，右脚脚尖向外打开，脚跟不落地，右侧线条拉长	4&1

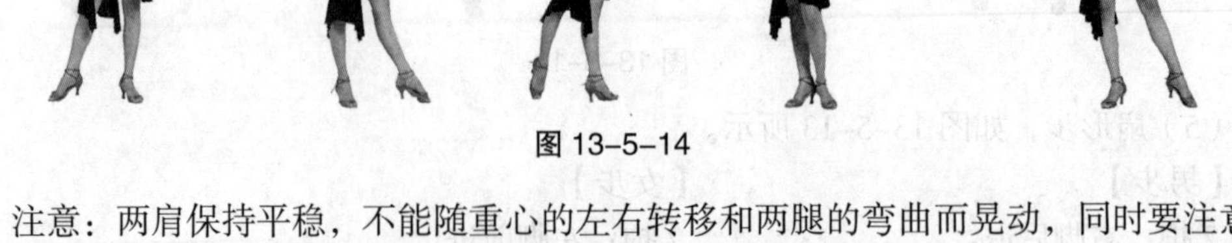

图 13–5–14

注意：两肩保持平稳，不能随重心的左右转移和两腿的弯曲而晃动，同时要注意腹肌和背肌的运用及体侧肌肉的压缩与拉伸。前面两步是一拍，后面的两个并步是半拍，最后一步为一拍。

（2）前进锁步。（表 13–5–2、图 13–5–15）

表 13–5–2　前进锁步（女）

步　数	脚　位	节　奏
1	左脚经过右脚前迈（左脚前迈过程中与右脚平行时，左脚脚踝贴着右脚脚踝前移），出脚速度要快。到位后，身体重心一定要落在前脚上，并且上体稍有前倾	2
2	右脚经过左脚前迈	3
3	左脚经过右脚前迈	4
4	右脚从后方向左脚贴近，此时右腿膝盖贴在左腿膝盖后方，两腿均弯曲；右脚前脚掌着地，左脚全脚掌着地。这时，髋关节朝向正前方，不能随两腿的移动而左右摆动	&
5	右脚向下踩，并推动重心前移，左腿顺势向前迈一小步，右腿伸直，重心移到左腿上，此时髋关节也朝向正前方	1
6	迈右腿	2
7	迈左腿	3
8	迈右腿	4
9	左腿贴在右腿后	&
10	推出右腿	1

图 13–5–15

（3）后退锁步。（表 13–5–3、图 13–5–16）

预备动作：右脚在前，脚尖着地；左脚在后，全脚掌着地，重心在左脚的前脚掌位置，身体不可前倾或后仰。

前进后退恰恰锁步

表 13–5–3　后退锁步（女）

步　数	脚　位	节　奏
1	右脚经过左脚后退，并迅速将重心随右脚到达右脚脚掌上，左脚脚尖着地	2
2	左脚经过右脚后退，并转移重心	3

续 表

步 数	脚 位	节 奏
3	右脚继续经过左脚后退一步，重心保持不动，右脚前脚掌着地，重心仍然放在左腿上	4
4	左腿稍微后撤至右腿膝盖贴住左膝腘窝，重心跟随左腿移至两腿之间，此时两腿自然直立，右腿略弯曲	&
5	左脚踩地，得到一个向后的力量；右腿向后，重心到达右脚上	1
6	左脚后退	2
7	右脚后退	3
8	左脚后退，重心不后移	4
9	右腿后撤并贴在左腿前方	&
10	左脚后退	1

上身动作：退左脚时，右手收回，左手延伸；上右脚时，左手收回，右手延伸；也可以一手按腹，一手延伸。

图 13–5–16

注意：锁步动作幅度大、流动性强，是恰恰恰的一大特点，在各舞步之间起到连接和交换左右脚的作用，从而增强舞蹈的艺术性。做锁步动作时，膝盖外露，形成拉丁交叉的姿势。

（4）定点转。（表 13–5–4、图 13–5–17）

预备动作：女士的重心放在右腿上，男士的重心放在左腿上，两手持握，开式站立。

表 13–5–4　定点转（女）

步 数	脚 位	节 奏
1	女士左脚经过右脚迈到身体右侧。旋转时，腰腹部肌肉收紧，同时以左脚为重心，身体左侧略微挤压，此时右侧不必拉伸，两人相握的手放开	2
2	以左腿为轴，向右侧旋转 180°。此时左侧肋部收缩，注意左侧胯稍向左后方延伸，右侧肋部拉长，注意头部的动作；身体继续旋转 90°，同时将重心转移到左腿上，两人的手恢复相握，即男士左手与女士右手相握	3
3	完成 4&1 的恰恰恰基本步（横移步）	4&1

图 13-5-17

注意：在旋转过程中，要将每个节拍的动作做得清晰明了、干脆利落且带有延伸感，尤其是在旋转 180° 时，速度要快，重心平稳，并且有清晰的“留头”动作。迈出第一步时，即女士左脚经过右脚旋转身体时，脚尖不可离地，旋转迅速到位，并尽量有向中间的延时步。

男士与女士方向相对，即做相反方向动作。练习时，两人可以不必面对面站立，也可以同向站立，左侧定点转与右侧定点转交叉进行。

（5）纽约步。（表 13-5-5、图 13-5-18）

预备动作：重心在右脚；左脚外开，前脚掌着地，脚背绷直。

表 13-5-5 纽约步（女）

步数	脚位	节奏
1	左脚右转 90°，右腿膝盖靠近左腿膝盖，右手向上打开，手心朝下	2
2	右脚原地换重心	3
3	左脚收回，左转 90°	4
4	右脚与左脚并步	&
5	左脚继续向左移动；右脚外开，前脚掌着地，脚背绷直	1

图 13-5-18

注意：第 1 步的重心完全放在主力腿上，重心在两脚之间，形成半重心，上步时有一个 1/16 周的外开动作。反方向动作相同，方向相反。

（6）肩对肩。（表 13-5-6、图 13-5-19）

预备动作：重心在右脚；左脚外开，前脚掌着地，脚背绷直。

表 13-5-6 肩对肩（女）

步 数	脚 位	转 度	节 奏
1	左脚后退一步，左转 1/4 周	向左旋转 1/4 周	2
2	右脚原地换重心	—	3
3	左脚上前一步	向左转 1/4 周	4
4	右脚从后方向左脚贴近，此时右腿膝盖贴在左腿膝盖后方，两腿均弯曲；右脚前脚掌着地，左脚全脚掌着地。这时，髋关节朝向正前方，并不随两腿的移动而左右摆动	—	&
5	左脚上前一步，右转 1/2 周，两脚位置不变	向右转 1/2 周	1

图 13-5-19

（四）北京平四

北京平四是唯一出自中国的交谊舞。20 世纪 80 年代初，中国的舞蹈家们以我国北方（东北三省、河北、山东等地）的大秧歌舞的基本舞步为基础，吸取了吉特巴等舞种的基本花样组合和造型，经过加工提炼，创造出了一种新形式的社交舞蹈——北京平四。

北京平四的音乐节奏为$\frac{2}{4}$拍。舞曲速度一般采用中四舞曲，即每分钟 26 小节左右，也可采用快四舞曲，每分钟 32 小节左右。其基本节奏为蓬、嚓、蓬、嚓，没有快慢之分。

北京平四的舞蹈特点：舞步平稳，简单明快；舞姿优美质朴，热情活泼。

1. 握持姿势

北京平四的握持姿势与伦巴的握持姿势相同。

2. 基本舞步

（1）基本步，如图 13-5-20 所示。

【男士】

第 1 步（蓬）：左脚向前。

第 2 步（嚓）：右脚原地踏步。

第 3 步（蓬）：左脚向后。

第 4 步（嚓）：右脚原地踏步。

【女士】

第 1 步（蓬）：右脚向前。

第 2 步（嚓）：左脚原地踏步。

第 3 步（蓬）：右脚向后。

第 4 步（嚓）：左脚原地踏步。

图 13-5-20

（2）拉双手转步，如图 13-5-21 所示。

【男士】

第 1 步（蓬）：左脚向右前上步。
第 2 步（嚓）：右脚向前，转 1/4 周。
第 3 步（蓬）：左脚向后，转 1/4 周。
第 4 步（嚓）：右脚原地踏步。
第 5 步（蓬）：左脚向右前上步。
第 6 步（嚓）：右脚向前，转 1/4 周。
第 7 步（蓬）：左脚向后，转 1/4 周。
第 8 步（嚓）：右脚原地踏步。

【女士】

第 1 步（蓬）：右脚向右前上步。
第 2 步（嚓）：左脚向前，转 1/4 周。
第 3 步（蓬）：右脚向后，转 1/4 周。
第 4 步（嚓）：左脚原地踏步。
第 5 步（蓬）：右脚向右前上步。
第 6 步（嚓）：左脚向前，转 1/4 周。
第 7 步（蓬）：右脚向后，转 1/4 周。
第 8 步（嚓）：左脚原地踏步。

反方向动作相同，方向相反。

图 13-5-21

（3）拉单手转步，如图 13-5-22 所示。

【男士】

第 1 步（蓬）：左脚向右前上步。
第 2 步（嚓）：右脚向前，左转 1/4 周。
第 3 步（蓬）：左脚向后，左转 1/4 周。
第 4 步（嚓）：右脚原地踏步。
第 5 步（蓬）：左脚向前，右转 1/4 周。
第 6 步（嚓）：右脚向后，右转 1/4 周。
第 7 步（蓬）：左脚向后。
第 8 步（嚓）：右脚原地踏步。

【女士】

第 1 步（蓬）：右脚向右前上步。
第 2 步（嚓）：左脚向前，右转 1/4 周。
第 3 步（蓬）：右脚向后，右转 1/4 周。
第 4 步（嚓）：左脚原地踏步。
第 5 步（蓬）：右脚向前，左转 1/4 周。
第 6 步（嚓）：左脚向后，左转 1/4 周。
第 7 步（蓬）：右脚向后。
第 8 步（嚓）：左脚原地踏步。

反方向动作相同，方向相反。

图 13–5–22

（4）背后换手步，如图 13–5–23 所示。

【男士】

第 1 步（蓬）：左脚向右前上步。
第 2 步（嚓）：右脚向前，左转 1/4 周。
第 3 步（蓬）：左脚向后，左转 1/4 周。
第 4 步（嚓）：右脚原地踏步。
第 5 步（蓬）：左脚向前，右转 1/4 周
第 6 步（嚓）：右脚向后，右转 1/4 周。
第 7 步（蓬）：左脚向后。
第 8 步（嚓）：右脚原地踏步。

【女士】

第 1 步（蓬）：右脚向右前上步。
第 2 步（嚓）：左脚向前，右转 1/4 周。
第 3 步（蓬）：右脚向后，右转 1/4 周。
第 4 步（嚓）：左脚原地踏步。
第 5 步（蓬）：右脚向前，左转 1/4 周。
第 6 步（嚓）：左脚向后，左转 1/4 周。
第 7 步（蓬）：右脚向后。
第 8 步（嚓）：左脚原地踏步。

反方向动作相同，方向相反。

图 13–5–23

（5）套手步，如图 13–5–24 所示。

【男士】

第 1 步（蓬）：左脚向前上步。
第 2 步（嚓）：右脚原地踏步。
第 3 步（蓬）：左脚向后。
第 4 步（嚓）：右脚原地踏步。
第 5 步（蓬）：左脚向前上步。
第 6 步（嚓）：右脚原地踏步。
第 7 步（蓬）：左脚向后。
第 8 步（嚓）：右脚原地踏步。

【女士】

第 1 步（蓬）：右脚向右前上步，右转 1/2 周。
第 2 步（嚓）：左脚向后。
第 3 步（蓬）：右脚向后。
第 4 步（嚓）：左脚原地踏步。
第 5 步（蓬）：右脚向前上步。
第 6 步（嚓）：左脚向后，左转 1/2 周。
第 7 步（蓬）：右脚向后。
第 8 步（嚓）：左脚原地踏步。

反方向动作相同，方向相反。

图 13-5-24

（6）反弹步，如图 13-5-25 所示。

【男士】
第 1 步（蓬）：左脚向右前上步。
第 2 步（嚓）：右脚向前，右转 1/4 周。
第 3 步（蓬）：左脚向后，左转 1/2 周。
第 4 步（嚓）：右脚原地踏步。
第 5 步（蓬）：左脚横向上步，右转 1/2 周。
第 6 步（嚓）：右脚向后，左转 1/4 周。
第 7 步（蓬）：左脚向后。
第 8 步（嚓）：右脚原地踏步。

【女士】
第 1 步（蓬）：右脚向右前上步。
第 2 步（嚓）：左脚向前，右转 1/4 周。
第 3 步（蓬）：右脚向后。
第 4 步（嚓）：左脚原地踏步。
第 5 步（蓬）：右脚横向上步。
第 6 步（嚓）：左脚向后，左转 1/4 周。
第 7 步（蓬）：右脚向后。
第 8 步（嚓）：右脚原地踏步。

反方向动作相同，方向相反。

图 13-5-25

第六节　排　舞

一、排舞概述

排舞的英文名称为“Line Dance”，字面意思为排成一排跳舞。排舞起源于 20 世纪 70 年代的美国西部乡村舞蹈，起初用吉他伴奏和拍手的方式起舞，后来融入了欧洲宫廷和拉丁式的舞蹈，形成舞步多元、风格创新、简单易学，兼个人独享和团体共乐特点于一体的一种舞蹈。

随着时代的发展，排舞融合了国际上多种舞蹈元素，如恰恰恰、伦巴、牛仔舞等舞种，具有鲜明的本土性、民族性、时代性、国际性、多元性。在与如此众多的舞蹈元素融合与不断发展变化之下，排舞衍生出简单易学和复杂高难度的类别。

二、排舞套路

（一）《宝贝对不起》

音乐选用《宝贝对不起》，共 2 个 8 拍，4 个方向，前奏、第 2×8 拍右起。

（1）第 1×8 拍如图 13-6-1 所示。

图 13-6-1

【动作讲解】

两手握拳，两臂屈肘在体侧自然摆动。

1 拍：右脚向右迈一步，重心在左脚上。

2 拍：左脚并右脚，左脚脚尖点地。

3 拍：右脚向右迈一步，重心在左脚上。

4 拍：左脚并右脚，左脚脚尖点地。

5 ～ 8 拍动作与 1 ～ 4 拍动作相同，方向相反。

（2）第 2×8 拍如图 13-6-2 所示。

图 13-6-2

【动作讲解】

两手握拳，两臂屈肘在体侧自然摆动。

1 拍：右脚向左前方 45° 迈出，脚跟点地。

2 拍：向右方转体 90°，右脚脚尖在左脚内侧点地。

3 拍：右腿提膝，大腿与地面接近平行，右脚贴于左膝关节内侧。

4 拍：两腿并立。

5 拍：左脚脚尖向左侧点地，左腿膝关节伸直；同时两臂在体侧微屈打开，手心向下。

6 拍：两腿并立。

7 拍：右腿向左前跳一步，左小腿后踢，左腿膝关节贴在右腿膝关节处。两臂在体侧打开，手心向前。

8 拍：两腿并立。

（二）《如此简单》

音乐选用《如此简单》，共 4 个 8 拍，4 个方向，前奏、前 4×8 拍右起。

（1）第 1×8 拍如图 13-6-3 所示。

图 13-6-3

【动作讲解】

两脚并立，两手叉腰。

1 拍：右脚向右迈一步，重心落在两脚之间。

2 拍：左脚向右后方迈一步，重心在左脚上。

3 拍：右脚向右迈一步，重心在右脚上。

4 拍：左脚并右脚，左脚脚尖点地，同时两手于胸前握拳。

5 拍：左脚向后侧 45° 迈一步，右臂屈肘 90° 上举，五指张开并转动手腕，左手叉腰。

6 拍：右脚并左脚，右脚脚尖点地，右臂屈肘 90° 上举，五指张开并转动手腕，左手叉腰。

7 拍：右脚向后侧 45° 迈一步，左臂屈肘 90° 上举，五指张开并转动手腕，右手叉腰。

8 拍：左脚并右脚，左脚脚尖点地，左臂屈肘 90° 上举，五指张开并转动手腕，右手叉腰。

（2）第 2×8 拍如图 13-6-4 所示。

图 13-6-4

第 2×8 拍与第 1×8 拍动作相同，方向相反。

说明：第 1×8 拍向后做动作，第 2×8 拍向前做动作。

（3）第 3×8 拍如图 13-6-5 所示。

图 13-6-5

【动作讲解】

两臂前后自然摆动。

1 拍：右脚向右迈一步，重心在右脚上，两手于体前握拳，两臂屈肘上举至两手约与肩齐平。

2 拍：左腿提膝，左脚在半空稍停，重心在右脚上。

3 拍：左腿放下，右脚原地踏一步，重心在左脚上。

4 拍：右脚向左迈一步，重心在左脚上。

5 拍：左脚脚尖在右后点地，重心在右脚上。

6 拍：右腿提膝，右脚在半空中稍停，重心在左脚上。

7 拍：右腿放下，左脚原地踏一步，重心在右脚上。

8 拍：右脚向右迈一步，重心在左脚上。

（4）第 4×8 拍如图 13-6-6 所示。

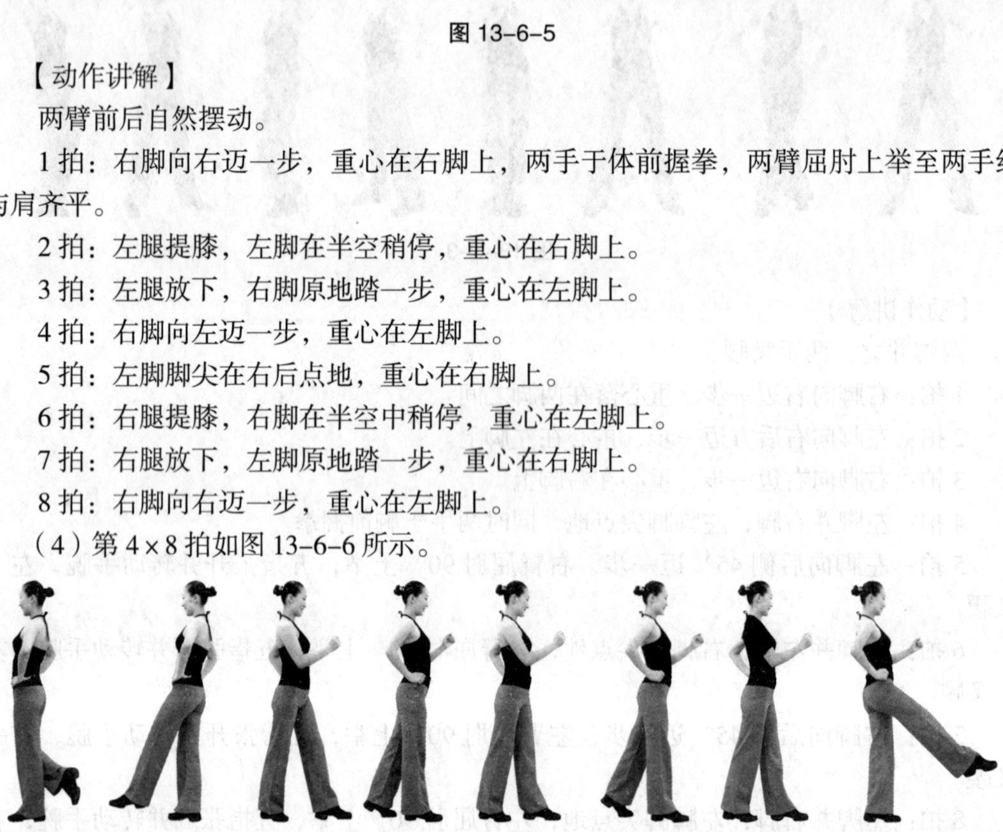

图 13-6-6

【动作讲解】

两臂前后自然摆动。

1 拍：两手叉腰，向右转体 90°；同时，左脚向前迈一步，右腿向后弹踢，面向 3 点，重心在左脚上。

2 拍：左腿向上踢，重心移到右脚上。

3 拍：向左转 180° 的同时，左脚向前迈一步，重心在左脚上。

4 拍：右脚向前迈一步。

5 拍：左脚向前迈一步。

6拍：右脚向前迈一步。

7拍：左脚向前迈一步。

8拍：重心在左脚上，右腿向前弹踢一次，右腿膝关节伸直。

第七节　街　舞

一、街舞的起源与发展

街舞最早出现于20世纪60年代末的美国，纽约和洛杉矶是街舞的两大发源地。街舞的英文名为“Hip-Hop”，从字面上来看，“Hip”是臀部，“Hop”是单脚跳。街舞舞者在音乐的伴奏下，不受表演空间的限制，道旁、街边成了他们展示音乐和舞蹈天赋的舞台。街舞不是一种风格单一、纯粹的舞蹈，而是将多种舞蹈风格融合于一体、崇尚舞者个性特点的舞蹈。

20世纪90年代，街舞作为一种体育文化活动与体育健身相融合。新兴的街舞在原有的基础上又有了新的突破，这时的街舞更注重身体的协调性和韵律性，同时增加了身体的律动、手部的动作和步法的花样。街舞的魅力集中体现在动作的张弛自如、快慢有度，以及流畅中的停顿和有节奏的身体弹动。在中国，街舞得到了广泛的推广，成为现代人展现自我的方式之一。

二、基本动作

各类型街舞的代表性基本动作如下。

（一）霹雳舞

霹雳舞是以旋转为主、翻身为辅，以手部为主要支撑点，以肢体在空中翻腾、旋转为特色的技巧性街舞。霹雳舞由基础的摇摆步、地板步衔接，加入复杂的技巧性动作或固定动作，使整个舞蹈向更广、更高的方向发展。霹雳舞大体上可以分为两种类型：用手、头、腰等在地上旋转，称之为“大地板”；用肢体在地上做出复杂变化的脚步动作，加上倒立，称之为“小地板”。

1. K　踢

K踢，也叫作L踢，这一动作来自于坎波舞。主要动作为：单手撑地，两腿踢向头部上方，身体随着非支撑臂的位置变化和两腿的弯曲程度做出多种变形。两腿向两侧尽量分开，呈V字形。

2. 手　转

手转就是舞者倒立且旋转，然后随着身体重心的移转，由一只手换到另一只手做动作，做到脚着地为止。

3. 侧手转

侧手转与手转相似，不同之处在于，侧手转是用肘部支撑于体侧，两腿并拢并上下叠放，身体侧立做圆周旋转。

4. 蛙 跳

蛙跳是像青蛙一样身体下蹲向前跳，然后两手撑住地面，再接两腿的蛙跳。

5. 蟋蟀跳

蟋蟀跳，也叫跳飞机。两手撑于体下，两肘抵住腹部，两脚离地，身体平行于地面，两手推动身体做上下跳动的旋转动作。注意只能用手接触地面。蟋蟀跳可以连接地板步、托马斯、蠕虫动作和其他飘浮动作。

6. 头 转

头转是以头撑地的旋转动作。先以头顶地倒立，两手扶地，然后两腿分开做圆周摆动，带动身体旋转，同时两手离地。在旋转中，朝上的两腿可以摆出各种造型或做出各种动作。

7. 分腿全旋

分腿全旋（托马斯）是来自体操的旋转动作，在保持动力和平衡时，两腿保持在空中，围绕上体前后旋转。

（二）机械舞

机械舞起源于模仿机器人的动作及形态，利用肌肉的紧绷与放松来产生身体的震动和定格。机械舞的动作规格要求有突然的停顿，但力度不能太大，应有一种将力量释放出来的“划过骤停”的感觉。机械舞的动作要配合音乐的节拍点“卡住”。卡拍时，肌肉瞬间收紧；在不卡拍时，肌肉相对地放松，在肌肉紧张与放松之间把握好度。机械舞动作要求细腻，因此对舞者基本功的要求较高。

1. 弗雷斯诺

身体斜向一侧，抬起该侧手臂震动，然后身体斜向另一侧，抬起该侧手臂震动；手臂做弗雷斯诺的同时，加入同侧腿部动作（猛烈地向后抽动该侧腿的膝关节，感觉像是在极力扩张肢体）。连贯、交替地做此动作。（图 13–7–1）

图 13–7–1

2. 眼镜蛇舞

舞者用一只手臂做波浪动作，然后传到另一只手臂，再将“波浪”送回来。注意只能用肩膀传送。（图 13–7–2）

图 13-7-2

3. 玩具人舞

舞者模仿玩偶形态的动作。（图 13-7-3）

图 13-7-3

（三）新派街舞

新派街舞是极自由的舞蹈，没有固定的舞蹈体系，可以采用任何舞蹈元素。初学者可以从律动、波浪、转动等动作学起。

1. 律　动

律动是街舞的基本动作，也是新派街舞风格的主要体现。律动表现为身体随音乐起伏和摇摆，分为重拍向上和重拍向下两种，前者多用于放克舞蹈和豪斯舞蹈。（图 13-7-4）

图 13-7-4

2. 波　浪

身体做波浪式传动，给人的感觉就像是有一股看不见的力量穿过舞者的整个身体。波浪可以是两臂之间水平的波浪，也可以是从头到脚垂直的波浪，还可以是两腿之间、肩臂之间等身体部位的波浪。不同的波浪动作可以相互组合，自由发挥。波浪动作要流畅连贯，充满律动。（图 13-7-5）

图 13-7-5

3. 转　动

身体的各个部位均可以做转动，其中最基本的动作为颈部、肩部、胸部、胯部和腿部的转动。转动可以是一种动作与另一种动作之间的连接动作，也可以是在新爵士舞蹈中表现性感的动作。（图 13-7-6）

图 13-7-6

第八节　瑜　伽

一、瑜伽概述

瑜伽起源于古印度。瑜伽的含义是身心处于相对稳定的、平衡的状态。瑜伽主要包括一系列修身养性的方法，对心理的减压作用和对生理的保健作用较为明显。

瑜伽于 20 世纪 80 年代传入我国。目前，在我国流行的瑜伽不仅吸收了古老瑜伽的精髓，还融入了我国传统医学与养生的内容，同时加入了一些健身的新内涵。瑜伽体位法练习不但对练习者的肌肉和骨骼有益，而且能强化其神经系统、内分泌系统和主要器官的机能，通过激发人体潜在能量来促进身体健康。在学习的初级阶段，按照个人身体条件练习瑜伽体位法，尽力而为，不可强求。练习瑜伽体位法的每一个步骤都要谨慎，不可操之过急，练习过程中可逐步增加力度和难度。如果遇到使自己感到特别难受的动作，可暂缓练习。学会几个瑜伽姿势后，可选五六个适合自己的动作进行练习，并继续学习新动作，循序渐进，逐步加深巩固。注意结合瑜伽呼吸法，全方位地理解和体会瑜伽体位法的精髓。

二、瑜伽呼吸法

瑜伽呼吸法包括腹式呼吸、胸式呼吸、完全呼吸三种。

（一）腹式呼吸

【方法】取仰卧或瑜伽坐姿，将一只手或两只手放在肚脐下方，感受呼吸时腹部的起伏。吸气时，腹部向外鼓起，吸气越深，鼓起的幅度会越大。随着腹部扩张，横膈膜会向下降。呼气时，腹部向内朝脊柱方向收缩，尽量深长呼气，收缩腹部，将肺内的气体呼出，横膈膜自然而然地升起。

【益处】滋养和净化肺部，按摩腹部脏器，促进消化和吸收。

（二）胸式呼吸

【方法】取仰卧或瑜伽坐姿，深长吸气，但不要让腹部扩张，把气体直接吸入胸部区域。在胸式呼吸中，胸部扩张，腹部保持平坦。当吸气加深时，腹部向内朝脊柱方向收缩。用胸式呼吸法吸气时，肋骨向外、向上扩张；呼气时，肋骨向下并向内收。

【益处】增强腹肌力量，促进血液循环。

（三）完全呼吸

【方法】完全呼吸是把腹式呼吸与胸式呼吸结合起来的呼吸方式。缓缓吸气，先将气体吸入肺部。肺部鼓起时，气体就开始充满胸部区域的下半部分，紧接着充满胸部的上半部分。用力吸气，将胸部扩张到最大限度，此时的吸气量已达到双肺的最大容量，最好能够保持 3 秒的悬吸；再缓缓呼气，先放松胸部，再放松腹部。用收缩腹部肌肉的方法结束此次呼吸。

【益处】由于血氧含量增大，肺部组织会变得更为强壮，从而增强了身体的免疫力；使神经系统镇静下来，心律平稳，身心变得平静和安详。

三、瑜伽基本坐姿

（一）简易坐

坐在垫子上，弯曲左腿，把左脚放在右大腿内侧；弯曲右腿，把右脚放在左小腿外侧，盘腿而坐。两手放在两膝上，掌心向下，腰背挺直。自然地呼吸。（图 13-8-1）

图 13-8-1

简易坐

【优点】使两髋、两膝、两踝柔软灵活，补养和提高神经系统功能，辅助治疗风湿性关节炎。

（二）金刚坐

两膝跪地靠拢，两脚紧靠，两脚脚跟向外打开，臀部坐在两脚脚跟之间。挺直脊柱，收紧下颌。（图 13-8-2）

图 13-8-2

【优点】金刚坐是一个极好的姿势，有助于使练习者平和，特别适合饭后练 5 ～ 10 分钟，它是增强消化系统功能的极好姿势。

（三）半莲花坐

半莲花坐

以简易坐为起始动作，把右脚放在左大腿根部上方，脚心向上。腰背挺直，两手放在两膝上，掌心向上，自然地呼吸。（图 13–8–3）

图 13–8–3

【优点】促进大脑、胸部和骨盆区域的血液循环，保护心脏，使心律平稳，对于呼吸系统疾病的患者大有益处，可以使两髋、两腿关节更灵活，有助于预防及辅助治疗风湿病。

（四）莲花坐

以半莲花坐为起始动作，把左脚搭放在右大腿根部上方，脚心向上。两手于胸前合掌，两膝向两侧地面靠近。（图 13–8–4）

图 13–8–4

【优点】具有与半莲花坐相同的效果，且效果更好。

四、瑜伽套路

瑜伽套路分为热身套路和初级瑜伽套路。

（一）热身套路

动作名称及顺序：头部练习—肩部练习—肘部练习—脚趾练习—脚踝练习—半莲花膝部练习—动物放松功。

（二）初级瑜伽套路

1. 动作名称及顺序

山式—风吹树式—三角伸展式—三角侧伸展式—战士第一式和战士第二式—蹲式—简化脊柱扭动式—圣哲玛里琪第一式—猫伸展式—虎式—上抬腿式—犁式系列—大休息式。

2. 动作详解

（1）山式：并腿站立，两脚脚跟、脚趾并拢，重心在两腿之间；目视前方，两臂垂于体侧，指尖朝下，保持此姿势 1 分钟。（图 13–8–5）

【要点】收紧踝关节、膝关节、大腿内侧、臀部和腹部，骶骨收回。上体挺直，两肩松沉，立颈。

【功效】拉长身体线条，使体态更加挺拔；消除腹部和臀部的多余脂肪。

（2）风吹树式：接上一体位，两脚左右开立、与肩同宽。两臂伸直，两手于头顶合掌，十指交叉。呼气，上体向右侧屈，转头看左上方。保持数秒，然后进行反侧练习。（图 13–8–6）

【要点】身体侧屈时，下半身不动，髋部前推，背部保持在一个平面上。

【功效】消除腰部、腹部的多余脂肪，提高身体的灵活性。

（3）三角伸展式：预备式为山式站立，两脚左右开立，间距约为 3 个肩宽，右脚外展 90°，左脚内扣 30°，两臂侧平举。呼气，身体向右侧屈，右手指尖触地，两臂形成一条直线，转头看左手。呼气，左手向耳侧放下，贴于耳根。保持数秒，然后进行反侧练习。（图 13–8–7）

【要点】向侧弯腰时，注意将髋部向前推，避免上体有向前屈的倾向。

【功效】有益于拉伸胸部、腿部的肌肉；可促进消化；减少腰部多余脂肪。

图 13–8–5

图 13–8–6

图 13–8–7

（4）三角侧伸展式：预备式同三角伸展式，屈右膝，右大腿平行于地面。呼气，身体向右侧屈，右手手掌于右脚外缘扶地，左臂贴左耳根处。身体还原，然后进行反侧练习。（图 13–8–8）

【要点】保持姿势时，胸、髋、腿在一条直线上；还原时，手、躯干、脚依次收回，成基本站立姿势。

【功效】同三角伸展式。

（5）战士第一式和战士第二式。

战士第一式：预备式同三角伸展式。屈右膝，右大腿平行于地面，上体右转。呼气，头后仰，目视指尖，两臂伸直，两手于头顶上方合掌，保持数秒。呼气，上体前倾，保持数秒。还原站姿，然后进行反侧练习。（图 13–8–9）

战士第二式：接战士第一式。呼气，转头看右手指尖，保持数秒。还原站姿，然后进行反侧练习。（图 13–8–10）

【要点】练习战士第一式手臂上举动作时，肩膀松沉，背部伸展，手臂和背部在一条直线上。

【功效】增强两踝、两膝、两髋和两肩的力量；扩展胸腔，加大肺活量，对肺部有益。

图 13–8–8

图 13–8–9

图 13–8–10

（6）蹲式：由山式站立开始，两脚左右开立，间距稍宽于肩。两手于腹前十指相交，两臂下垂。呼气，屈膝下蹲。每降低一个高度都要在恢复直立后再次下蹲，重心比

前次略低。最后下蹲到两手略高于地面。重复练习。（图 13-8-11）

【要点】下蹲时，呼气；起身时，吸气。

【功效】拉伸两踝、两膝、两大腿内侧和子宫部位的肌肉。

图 13-8-11

（7）简化脊柱扭动式：坐姿，两腿伸直并拢，绷脚背；立腰，目视前方；两臂于体侧打开。屈右膝，右脚放于左膝外侧。左肘抵住右膝外侧，身体右转，两臂于右侧打开，屏息数秒。还原坐姿，然后进行反侧练习。（图 13-8-12）

【要点】上体扭转时，保持腰部、背部向上立直。

【功效】伸展、强化颈部肌肉，放松肩关节，增强脊柱灵活性，预防背痛。

图 13-8-12

（8）圣哲玛里琪第一式：接简化脊柱扭动式，屈右膝，右脚脚跟靠近臀部。上体前倾，右手由内向外抱住右腿，两手在背后相扣，保持数秒。呼气，上体前屈，额头贴近左膝，保持数秒。还原坐姿，然后进行反侧练习。（图 13-8-13）

【要点】初学者很难弯身时，不要勉强，达到自己能力所及的位置即可，但尽量保持腰部、背部挺直。

【功效】使内脏保持强壮健康；可改善支气管炎或肠胃问题；强壮背部、肩部、两臂和两腿。

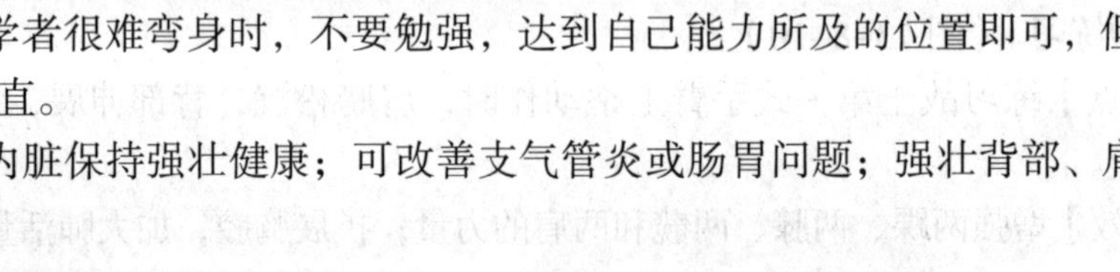

图 13-8-13

（9）猫伸展式：跪立，两膝、两手着地，成“四脚”姿势，目视前方。吸气时抬头，塌腰翘臀，屏息数秒。呼气时低头含胸，拱背收腹，保持数秒，重复练习。（图 13-8-14）

【要点】“四脚”姿势即两臂、两大腿与地面垂直，上体与地面平行。

【功效】有效消除腰部、腹部多余脂肪，丰满胸部；增强脊柱灵活性；按摩腹部脏器，促进消化。

图 13-8-14

（10）虎式：接猫伸展式。右腿伸直上抬，保持数秒。呼气时屈右膝，膝关节向前靠近胸部。低头拱背，鼻尖触膝，保持数秒。重复几次，然后进行反侧练习。（图 13-8-15）

【要点】屈膝向前时，脚背、膝关节离地。

【功效】强壮脊柱神经和坐骨神经；减少髋部和大腿区域的多余脂肪；强壮生殖器官。

图 13-8-15

（11）上抬腿式：仰卧，两腿伸直并拢，两臂放于体侧，掌心朝下。两腿同时离地，依次与地面成 30° 角、60° 角、90° 角，每个高度保持数秒。两腿缓慢还原，勿猛然落下。休息片刻，然后进行重复练习。（图 13-8-16）

【要点】抬腿时，膝关节伸直，上体平贴地面。

【功效】增强腿部、背部力量；消除腰部多余脂肪；补养腹部脏器，促进消化，有助于消除便秘。

图 13-8-16

（12）犁式：仰卧，两腿伸直并拢。两臂放于体侧，掌心朝下。两掌按地，两腿举至垂直于地面。呼气，两腿摆至头后，脚趾触地，两臂伸过头后。保持数秒，缓慢还

原。（图 13–8–17）

【要点】两腿摆至头后时，臀部和下背部离地，头部不要离开地面。

【功效】滋养脊柱神经，消除肩部和肘部的僵硬感；促进消化，缓解胃胀，调理月经失调等。

图 13–8–17

（13）侧犁式：接犁式。两手推背，使背部垂直于地面。呼气，两腿并拢伸直，向右前方下落，保持数秒。呼气，两腿转向左前方，保持数秒，恢复犁式。（图 13–8–18）

【要点】两腿转向另一侧时，保持胸部和两肩不动。

【功效】功效同犁式，还可以促进排泄通畅。

图 13–8–18

（14）双角犁式：接侧犁式。两腿向两侧最大限度分开，保持数秒，恢复犁式。（图 13–8–19）

【要点】尽量抬起脚跟，使下背部抬起得更高些，拉伸大腿后侧肌群。

【功效】功效同犁式，还可以拉伸和锻炼两腿肌肉。

图 13–8–19

（15）大休息式：为放松姿势。仰卧，两腿自然放于地面，两臂放于体侧，掌心朝上。（图 13–8–20）

【要点】闭上两眼，放松全身，平静自然地呼吸。

【功效】消除神经紧张。

图 13–8–20

第十四章 定向运动

第一节 定向运动概述

一、定向运动的概念

定向运动是指运动员借助定向地图和指北针，充分利用自然条件，按组织者规定的顺序，在城市道路、公园、校园、郊野、旷野、林间等环境中自我选择行进路线并到访地图上所标示的地面检查点，以通过全程检查点用时较短者或在规定时间内找到检查点得分较多者为胜的一种体育运动。

二、定向运动分类

定向运动可以根据比赛成绩的计算方法、比赛时间、比赛性质、比赛距离和到访检查点的顺序进行分类。本节以按规定的顺序到访检查点为基础，对定向运动比赛项目进行分类（图 14-1-1）。

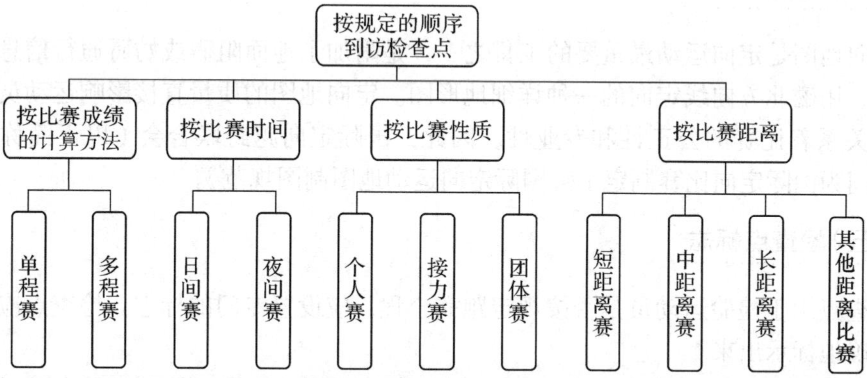

图 14-1-1

第二节 定向运动的器材和场地

开展不同等级和项目的定向运动赛事，其所需的物质条件也不尽相同。本节以个人徒步定向运动为例，介绍个人徒步定向运动所需的基本物质条件，原则上它们也适用于其他定向运动项目。

一、器 材

（一）号码布

号码布规格一般不超过 25 厘米 × 25 厘米，号码数字的高度不小于 10 厘米，字迹要清晰，字体要端正。在比赛中，要求运动员将号码布佩戴于前胸及后背两处。

（二）指北针

指北针多由组织者提供，如要求自备，则可能会对其性能、类型做出原则上的规定。目前指北针的类型主要有简单式、液池式、透明式、照准式和电子式。

目前，国际性定向运动比赛常使用由透明有机玻璃材料制成的指北针。

（三）检查卡片

检查卡片主要用于判定运动员的成绩。检查卡片用厚纸片制成，分为主卡和副卡两个部分。主卡由运动员在比赛中携带，并按顺序将每个检查点的点签图案印在空格中，到达终点时交裁判员验证；运动员须在出发前将副卡交给工作人员留底并在公布成绩时使用。

（四）定向地图

定向地图是定向运动最重要的工具之一，是附加了地面阻碍或妨碍通行信息和易跑性信息、用磁北方向线定向的一种详细地形图。定向地图的质量直接影响运动员比赛的成绩，关系着比赛的公正性和专业性。因此，国际定向越野联合会（以下简称国际定联）专门为国际定向比赛制定了《国际定向运动地图制图规范》。

（五）检查点标志

检查点用于检验运动员是否按规定跑完全程，应设置专门的标志。检查点应在地图上被准确地标示出来。

检查点标志（图 14–2–1）由三面正方形标志旗连接组成，每面标志旗沿对角线分开，左上为白色，右下为橙色。标志旗的尺寸为 30 厘米 × 30 厘米，可以用硬纸壳、胶合板、金属板、布等材料制作。标志旗通常要用英文字母编上代号，便于运动员在比赛时根据旗上的代号来判断自己是否找到了正确的检查点。标志旗悬挂高度一般从标志旗上沿计算，距地面 70 ～ 100 厘米。

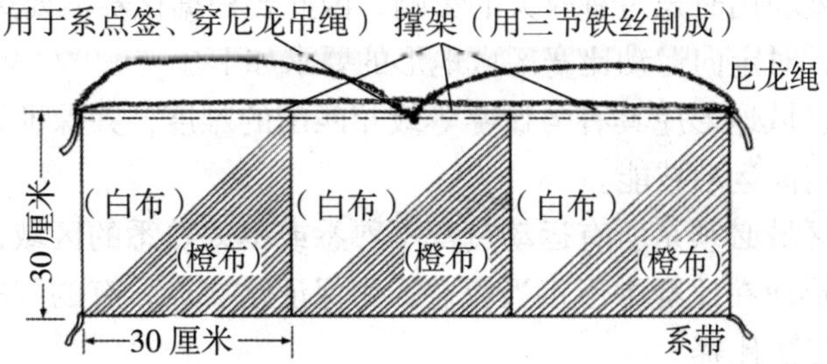

图 14-2-1

（六）打卡器

打卡器需要与检查点配合使用（图 14-2-2）。打卡器为运动员提供到达位置的凭据。打卡器有机械打卡器和电子打卡器两种。机械打卡器的样式很多，常见的有印章式打卡器和钳式打卡器。

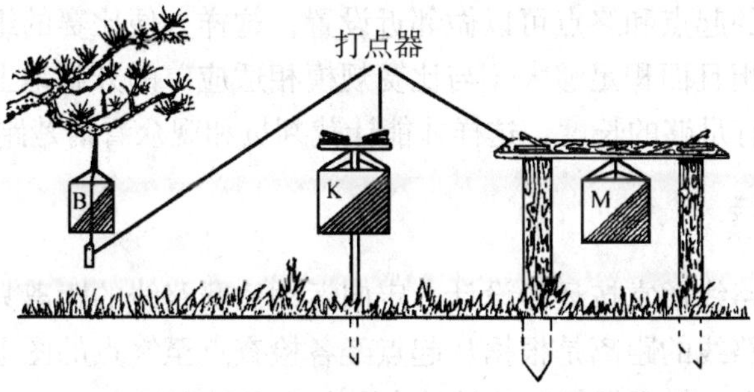

图 14-2-2

印章式打卡器上雕刻有不同的图案或代码，最好选用能自动上印油的印章，否则在比赛时还要另备印泥。钳式打卡器用弹性材料制成，顶端装有钢针。钢针的不同排列，使钳式打卡器可以印出不同图案的印痕。

为了确保比赛的公平性和提高统计赛事成绩的效率，现在大部分比赛使用电子打卡系统，以防运动员作弊。

（七）《检查点说明符号》

除了上述器材之外，国际定联还制定了《检查点说明符号》，以帮助运动员在某些等级较高或规模较大的比赛中能正确地找到检查点。组织者应在比赛前以表格的形式将《检查点说明符号》提供给运动员使用。

二、场　地

定向运动场地包括比赛区域的地形、起点和终点及路线设计。

（一）比赛区域的地形

地形是地物和地貌的总称。地物指地面上的固定性物体，如建筑物、道路、河流、树木等。地貌指地面高低起伏的状态，如山地、丘陵、平地、洼地等。地形对定向运动比赛的难易程度和用时长短有较大的影响，因此要根据比赛需要选择地形。

一般来说，对定向运动比赛区域地形的要求如下。

（1）比赛区域地形应具有与比赛等级相匹配的难度，并保证该地形能够使运动员充分发挥自己的定向运动技能。

（2）比赛区域必须是所有运动员都不熟悉或不太熟悉的区域，以避免比赛举办地的选手因熟悉地形而在比赛中不正当获益。为保证这一点，有的国家规定3年内不得在同一地点举行第二次比赛。

（3）比赛区域的选择和确定在赛前必须严格保密。

通常情况下，合格的定向运动比赛地域应具备以下特点：包含中等起伏的自然植被、适度的林地和地形变化多样的有限通视地域，人烟稀少。当然，在组织一般的定向运动活动时，城市公园、近郊区也是可供选择的地点。

（二）起点和终点

定向运动比赛的起点和终点可以做邻近设置，这样方便比赛的组织工作。起点和终点一般设在地势平坦且面积足够大（与比赛规模相适应）的开阔地上。作为终点通道的地段要足够平坦和有足够的长度，这样才能让裁判员和观众看清楚跑回来的选手。

（三）比赛路线

定向运动比赛路线通常按环形设计。定向运动比赛路线的距离只是一个相对准确的数字，原因是比赛路线的距离是根据从起点经各检查点至终点的图上最短水平距离计算的。比赛路线的距离一般要根据运动员的水平和比赛时间确定。

第三节 定向运动基本技术

一、正确识读定向地图

定向地图一般由比例尺、图例注记、定向地图符号等要素构成。

（一）比例尺

比例尺是定向地图重要的参数之一。要想学会识别和使用定向运动地图，首先应了解地图的比例尺。

1. 比例尺的概念

地图上某线段的长度与相应实地水平距离之比，称为比例尺。

比例尺的计算公式为：

比例尺＝图上距离/相应实地水平距离

例如，某幅地图的比例尺是1∶10 000，那么图上两点间为1厘米，则该两点的实地水平距离为 10 000 厘米，即 100 米。

2. 比例尺的特点

比例尺的大小通常是按比值的大小来衡量的。通常地图比例尺的分子取值为 1，比值的大小可根据比例尺分母来确定：分母小则比值大，比例尺就大；分母大则比值小，比例尺就小。例如，1∶10 000 大于 1∶15 000，1∶25 000 小于 1∶10 000。

一般而言，一幅地图，当图幅面积一定时，比例尺越大，其包括的实地范围就越小，图上显示的内容就越详细；比例尺越小，图幅包括的实地范围就越大，图上显示的内容就越简略。比例尺越大，图上量测的精度越高；比例尺越小，图上量测的精度越低。

3. 图上距离的计算

图上距离的计算通常可采用以下方法。

（1）用指北针量读。可利用刻有直线比例尺的指北针量读图上距离，使用时可根据刻在尺上的数值在图上直接读出相应实地两点间的距离。

（2）根据数字比例尺换算。先用直尺在图上量取两点之间的距离，然后用公式换算得出实际距离。换算公式为：

实地距离 = 图上长度 × 比例尺分母

例如，在比例尺为 1∶10000 的定向地图上量得某两点间的距离为 3 毫米，则实地水平距离为 3 毫米 ×10 000=30 000 毫米（30 米）。

当量算某两点间的曲线（如公路）距离时，可将曲线切分成若干短线段，然后分段量算并相加。

（3）用里程表量读。量取两点间的距离时也可使用专用的里程表量测。

（4）估算法，又称心算法或目估法。估算法在定向运动比赛中最有实用价值，要掌握此方法，需要具备以下三个方面的能力：① 能够精确地目估距离，包括图上的距离和实地的距离。在图上，能够辨别 0.5 毫米以上尺寸的差异；在实地，目估距离的误差不应超过该距离总长度的 1/10，如某两点间的准确距离为 100 米，则目估的距离应为 90 ～ 110 米。② 熟知几种图上常用的尺寸单位与相应实地水平距离的对应关系，如在比例尺为 1∶15 000 的定向地图上，1 毫米相当于实地 15 米，2 毫米相当于实地 30 米，1 厘米相当于实地 150 米等。③ 能够精确地目估高差，包括图上的高差和实地的高差。在图上，能够辨别各种等高距的差异；在实地，目估高差的误差不应超过该高差的 1/10，如某两点间的准确高差为 50 米，则目估的高差应为 45 ～ 55 米。

采用目估法时，图上距离越长，目估误差就越大，因此可采用分段目估。

（二）图例注记

定向地图的注记主要分为以下三类。

1. 地名注记

在定向运动地图上，地名注记并不是必须具备的因素，除非其对运动员判定方向和确定站立点很有用，地名（包括村镇、河流、高地等）一般不作注记。

2. 高度注记

高度注记分为等高线注记（注在等高线上）、高程注记（地面高程注记绘有测注点，水面高程注记旁则不绘测注点）和比高注记三种。

3. 图外说明注记

定向地图的图外说明注记包括比例尺、等高距、图名、图例、绘制单位、绘制时间、成图方法、用图要求等。在定向运动常设场地中，由于实地设置了固定的检查点标志，有时会在该场地地图上印有简易检查卡、检查点说明、赞助商广告等，便于业余爱好者随时取用。

（三）定向地图符号

识别定向地图符号对于正确使用定向地图是十分重要的。识别地图符号不是依靠机械的记忆，而是需要了解各符号的图形、色彩和表意之间的逻辑关系。只有这样，才能根据符号联想出每一种地面物体的外形、特点和专门功能。

和其他地形图一样，定向地图也要求完整而详细地表示地貌、水系、建筑物、道路、植被和境界线。根据定向运动比赛的特殊需要，国际定联将定向地图的符号分为以下五类。

1. 地貌符号

地貌符号（图 14–3–1）用棕色表示。地貌符号包括小丘、小凹地、土崖、冲沟、陡坡、土墙等表示地面详细形态的专门符号。

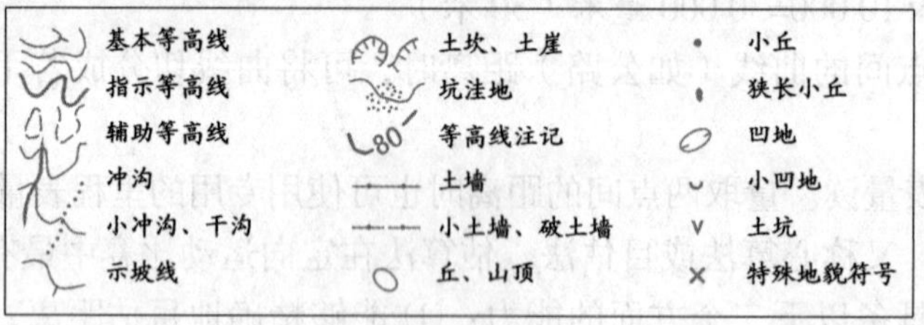

图 14–3–1

2. 岩石和石块符号

岩石和石块是地貌的特殊形式，其符号既可以作为运动员读图和确定点位的参照物，又可以向运动员表明该区域是否可以通行。（图 14–3–2）

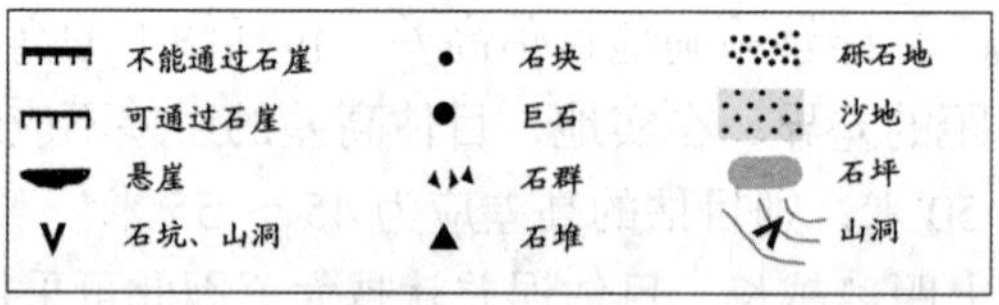

图 14–3–2

3. 水系与湿地符号

水系与湿地符号包括河流、露天的明水系和水生或沼泽生的植物。（图 14–3–3）

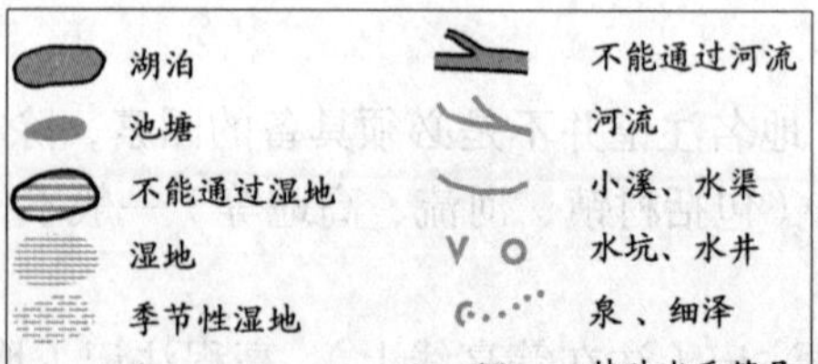

图 14–3–3

4. 植被符号

植被情况的详细区分和全面表示非常重要。（图 14-3-4）

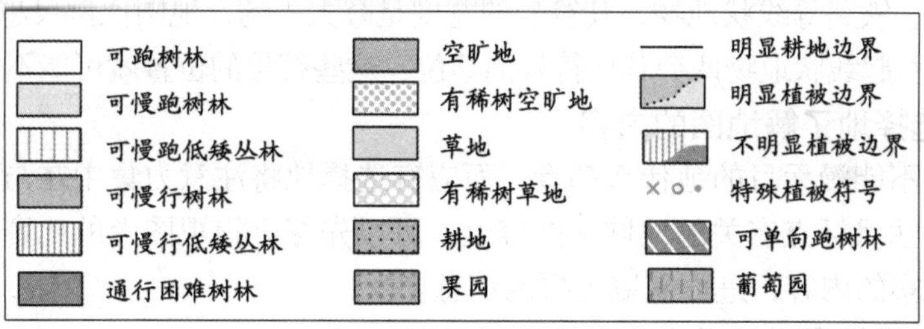

图 14-3-4

5. 人工地物符号

人工地物符号包括各种道路、房屋、栅栏、高压线等地图符号。（图 14-3-5）

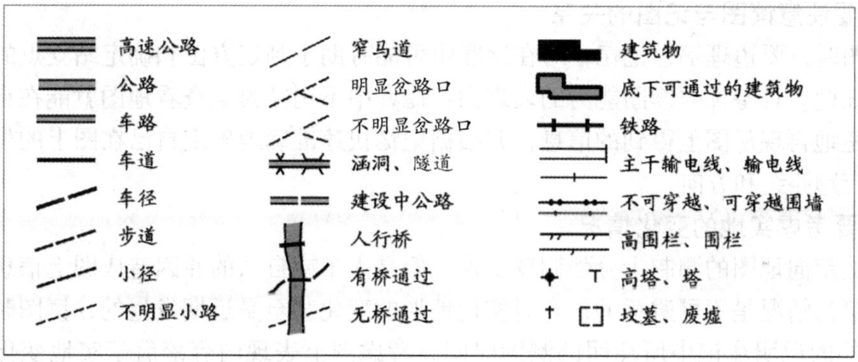

图 14-3-5

6. 其他符号

磁北线（MN线）是地图上表示地磁的方向线。磁北线不仅可以用来标定地图的方向、测量目标的方位角，还可以概略地判明行进路线的方向和距离。磁北线在图上一般用蓝色或黑色的平行线表示。在 1∶15 000 比例尺的定向地图上，要求两条相邻的磁北线的距离大约相当于实地 500 米。磁北线在图上的长度，要求贯通整个赛区。

比赛路线是在定向运动比赛前根据设计临时标绘的内容，在较正规的定向运动比赛用图上，比赛路线符号一律用透明紫色表示。对于高等级的比赛，国际定联规定必须在赛前将路线符号加印在比赛用图上，其他等级的训练赛则可以用红色圆珠笔手工填绘。

（四）读图的一般规则

读图应遵循以下几点规则。

1. 要完整、正确地理解地图

定向地图不是地面客观存在的机械反映，它是制图工作者通过采用取舍、概括、夸大、移位等制图方法完成的，图上物体的数量、形状、大小、精确位置等与实地并非总是完全一致的。因此，读图时要注意以下几个方面。

（1）在多种地物聚集的地方，地图只标示对定向运动有价值的信息，对其他地物通常不标示或仅象征性地选择标示。

（2）山背上、河岸边的细小凸凹，不可能在图上全部标示出来，仅标示它们的概略形状。

（3）公路、铁路等线状地物，其符号的宽度是夸大了的，地图比例尺越小，夸大程度越高。这必然引起线状地物两旁其他符号的移位，这些符号的位置就可能不会十分精确。

2. 要有选择地了解地图的内容

读图时，不能漫无目的地什么都看，而应有选择地将注意力集中在与正确判别方向和准确快速到达目标点有关的地域和内容上。可以先综合扫视图上的比赛地域，而后确定需要重点考察的内容，进而获取需要的信息。

3. 要对各类符号进行综合阅读

读图时，不能孤立地看待地物或地貌的单个符号，而应将各类符号和地貌及其他地形要素联系起来阅读，即不仅要了解符号的性质，还要了解符号之间的通行性、方向、距离、高差等空间位置关系，从而明确这些要素对比赛的综合影响。

4. 要注意读图与记图的关系

读图时，要边理解边记忆，对在比赛中可能有助于判定方位和确定站立点的各种要素更应如此。具备优秀读图能力的表现为：比赛中不用频繁地查看地图就能在自己的意识中清楚地再现从图上得到的信息，并根据记忆快速准确地确定自己在图上的位置及下一步的奔跑路线和方向。

5. 要考虑实地的变化情况

虽然定向地图的测制十分强调现实性，但是人工或自然的原因造成图上信息与实际地形不符的情况是不可避免的，有时实地地形的变化甚至是近期发生的，读图时必须根据图廓外的说明注记中所注明的测图时间，考虑图上表现内容落后于实地变化的可能性。一般来说，测图时间距离使用时间越久，图上与实地之间的差异就会越大。

二、标定地图

在定向运动中，必须首先标定地图，即保持地图方位与实地方位一致。标定地图方位（给地图正确定向）是最重要的定向技能之一。

（一）利用指北针标定地图

先将指北针上的箭头朝向地图上方，并使箭头与定向地图上的磁北方向线重合（或平行），然后转动地图，使地图上的磁北方向线与指北针N端指向一致，地图即已标定。（图 14–3–6）

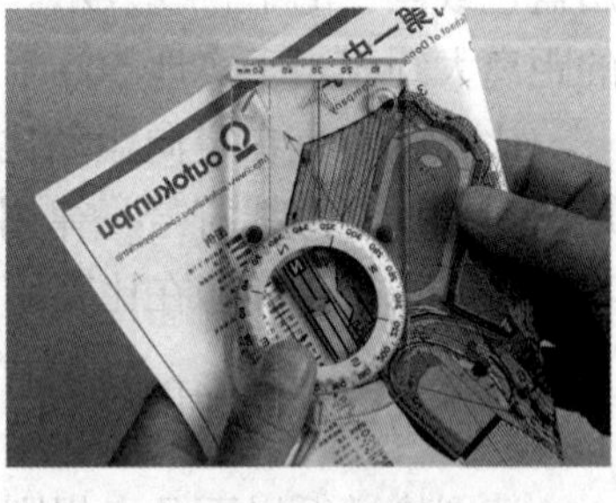

图 14–3–6

（二）利用直长地物标定地图

利用直长地物（如道路、土垣、沟渠、高压线等）标定地图。首先应在图上找到这段直长地物，对照两侧地形，使地图与现地各地形点的关系位置概略相符，然后转动地图，使图上的直长地物与现地的直长地物方向一致，地图即已标定。（图 14–3–7）

图 14-3-7

（三）利用明显地物地貌标定地图

当通过地图判定本人位于明显地形点的位置时，可以利用明显地形点标定地图。方法为：先在地图上选择一个图上与现地都有的远方明显地形点（目标），然后转动地图，使图上的站立点至目标的连线与现地的站立点至目标的连线重合，此时地图即已标定。

三、确定站立点

确定站立点有直接确定和利用位置关系法确定两种方法。

（一）直接确定

当自己所处位置在明显地形点上时，只要从图上找出该地形点，站立点即可确定。

明显地形点地物主要有单个的地物（如房屋、水塔、凉亭、小桥等），线状地物的拐弯点、交叉点（呈十字形）、交汇点（呈丁字形）和端点，面状地物的中心或者特征明显的边缘。

明显地形点地貌主要有山地、鞍部、洼地，特殊的地貌形态（如陡崖、冲沟等），谷地的拐弯和交汇点，山脊、山背线上的转折点和坡度变换点。

（二）利用位置关系法确定

利用位置关系法确定站立点主要依据以下两个要素：一是站立点至明显点的方向；二是站立点至明显点的距离。此外，在地形起伏明显的地方还可以结合高差判定。

四、确定前进方向

每次出发前（包括途中每一路段出发），必须判明出发点在图上的位置，明确前进方向和目标点，然后标定地图，选准前进方向，向目标点进发。

五、折叠地图

将地图折叠成适当大小，以方便运用拇指辅行技术，并使读图时的注意力集中在即将寻找的一两个检查点上。折叠地图时，应注意沿磁北线方向或沿行进方向平行折叠地图，以保证有足够的可视区域。

六、选择正确行进路线

选择正确行进路线，应遵循以下原则。

（一）有路不越野

在野外进行比赛时，应尽量选择沿道路行进，原因是在道路上容易确定站立点，运动员更具信心；地面相对整洁、平坦，有利于提高奔跑速度。

（二）走高不走低

比赛中，如果不得不越野，且当目标点在半山腰、周围又没有明显地貌地物时，则应选择从山顶向下寻找的方法，这也是人们常说的“从上到下法”。

（三）有障提前绕

识读地图时要注意通观全局，特别是当检查点之间有大的障碍而不易穿越时，不能在抵近障碍后再折线绕行，而应该全面分析地貌地形，提前选择最佳迂回路线。

七、保持正确的行进方向

在选好最佳行进路线后，在前进过程中还要采取相应的方法，以确保沿着正确的行进方向前进，并安全准确地到达目的地。

（一）拇指辅行法

在定向运动中，运动员常用拇指压住图上本人目前站立点的位置，将拿图手的拇指假想为自己（缩小到图中的自己）；当向前运动时，拇指也在图上相应移动，这种方法称为拇指辅行法。拇指辅行法的主要作用是帮助运动员随时明确自己在图上的位置。

（二）“扶手”法

“扶手”法是指把实地中的线状地形，如各种道路、输电线、溪流，面状地物的边界等地物、地貌比喻为上下楼梯的扶手，作为运动员行进中的“引导”。利用“扶手”引领，可较为容易和安全地到达目的地。

（三）记忆法

运动员一般要按行进的顺序，分段记住路线的方向、距离、经过的地形点、两侧的辅助（参照）物，即“人在地上跑，心在图上移”。运用记忆法可以减少途中跑时读图的时间，提高运动成绩。

（四）借线法

在寻找检查点的过程中，当地图上有明显的线状地物时，如道路、河流、高压线、植被分界线、陡崖等，可以借用这些线状地物，以便更安全、更快地到达目标点。

第四篇

传统体育篇

【本篇内容简介】

传统体育是我国体育事业的重要组成部分，是中华民族宝贵的文化遗产。很多优秀的民族传统体育项目不但具有很强的健身价值，而且具有极大的艺术价值和丰富的娱乐、教育功能。本篇包括武术、健身气功、民族民间传统运动三章，具体介绍了武术基本功，以及 24 式简化太极拳、散打、五禽戏、八段锦、易筋经、六字诀、柔力球、毽球、舞龙舞狮、龙舟几个项目的基本技术、动作要领等，以帮助学生更好地习练这些项目，增进健康。

【本篇学习任务】

- 掌握武术的手型、手法、步法、腿法等基本功。
- 掌握 24 式简化太极拳的动作要领。
- 掌握散打的基本技术。
- 掌握五禽戏、八段锦的手型和动作要领。
- 掌握柔力球和毽球的基本技术。

第十五章 武术

第一节 武术基本功

一、手型

武术的基本手型主要包括拳、掌、勾等。

（1）拳：四指并拢卷握，拇指紧扣于食指和中指的第二指节。（图 15-1-1）

（2）掌：四指并拢伸直，拇指弯曲、紧扣于虎口处。（图 15-1-2）

（3）勾：五指的第一指节捏拢在一起，屈腕。（图 15-1-3）

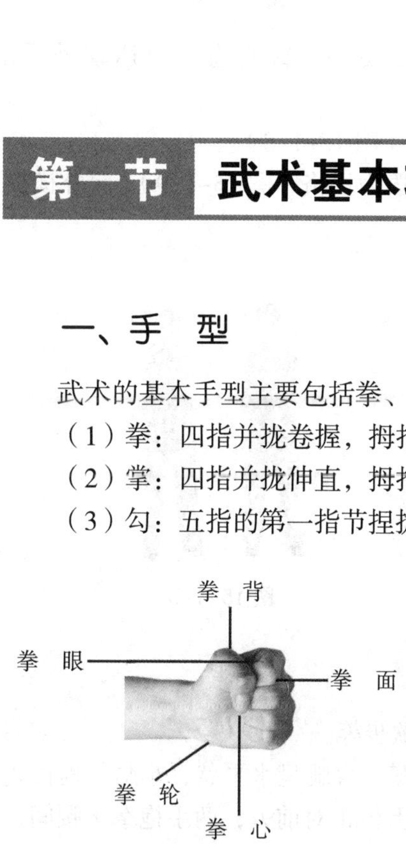

图 15-1-1

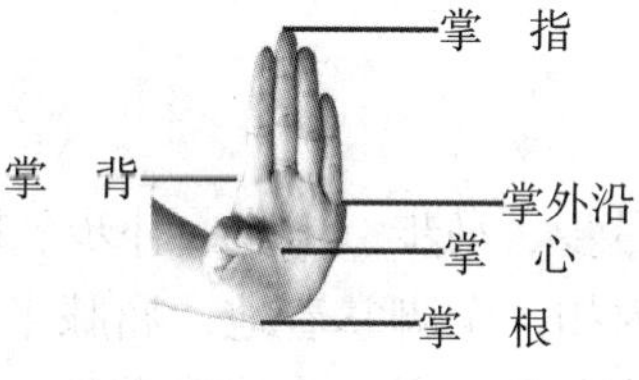

图 15-1-2

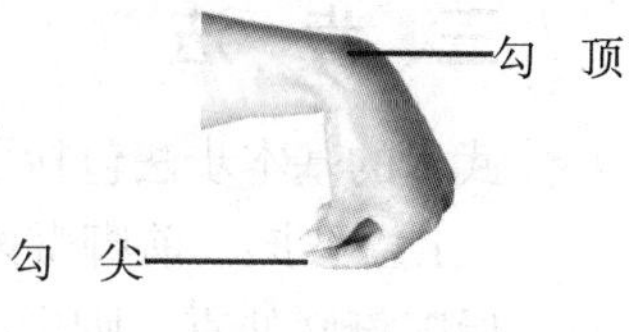

图 15-1-3

二、手法

武术的基本手法包括冲拳、架拳、劈拳、推掌、亮掌、格肘等。

（1）冲拳：拳从腰间旋臂向前快速击出，力达拳面。（图 15-1-4）

（2）架拳：右拳向左经体前向头上方架起，拳轮朝上，臂呈弧形。（图 15-1-5）

（3）劈拳：拳自上向下快速劈击，臂伸直，力达拳轮；劈击时，臂要抡成立圆。（图 15-1-6）

图 15–1–4

图 15–1–5

图 15–1–6

（4）推掌：掌由腰间旋臂向前立掌推击，速度要快，臂要直，力达掌外沿。（图 15–1–7）

（5）亮掌：臂微屈，抖腕翻掌，举于头侧或头上。（图 15–1–8）

（6）格肘：屈臂，拳心向里，力在前臂，向内横拨为里格（图 15–1–9），向外横拨为外格。

图 15–1–7

图 15–1–8

图 15–1–9

三、步　法

武术的基本步法包括弓步、马步、虚步、仆步、歇步等。

（1）弓步：前脚微内扣，全脚掌着地，屈膝半蹲，大腿呈水平状，小腿与地面垂直；后腿挺膝伸直，脚尖内扣斜向前，全脚掌着地；上体正对前方，两手抱拳于腰间，目视前方。（图 15–1–10）

【要点】挺胸，塌腰，沉髋。

（2）马步：两脚左右开立，屈膝半蹲，两大腿呈水平状，膝部不超过脚尖；两手握拳分别抱于腰间，目视前方。（图 15–1–11）

【要点】挺胸，塌腰，直背，两膝微内扣。

（3）虚步：两脚前后开立，后脚脚尖斜向前，后腿屈膝半蹲，大腿接近水平状，全脚掌着地；前腿微屈，脚背绷紧，脚尖虚点地，重心落于后腿上，目视前方。（图 15–1–12）

【要点】挺胸，立腰，虚实分明。

（4）仆步：两脚平行开立，一腿屈膝全蹲，大腿与小腿靠紧，臀部接近小腿，膝和脚尖稍外展；另一条腿伸直平铺，接近地面，脚尖内扣；两脚全脚掌着地。（图 15–1–13）

【要点】挺胸，塌腰，沉髋。

（5）歇步：两腿交叉，屈膝全蹲；前脚全脚掌着地、脚尖外展；后脚脚跟离地，臀部外侧紧贴小腿。（图 15–1–14）

【要点】挺胸，立腰，两腿靠拢贴紧。

图 15–1–10

图 15–1–11

图 15–1–12

图 15–1–13

图 15–1–14

四、腿　法

武术的基本腿法包括正压腿、侧压腿、后压腿、弹踢、正踢腿、侧踢腿、外摆腿、压腿纵劈叉、横劈叉、正搬腿等。

（1）正压腿：面对肋木或一定高度的物体并步站立。一条腿抬起，脚跟放在肋木上，脚尖勾紧；两手扶按在膝上，上体前屈，向前下做振压动作。（图 15–1–15）

（2）侧压腿：侧对肋木或一定高度的物体站立。左腿支撑，脚尖外展，右脚脚跟放在肋木上，脚尖勾紧，上体向右侧做振压动作。（图 15–1–16）

（3）后压腿：背对肋木或一定高度的物体站立。右脚脚背放在肋木上，脚背绷直，上体后屈，做振压动作。（图 15–1–17）

图 15–1–15

图 15–1–16

图 15–1–17

（4）弹踢：右脚支撑，当左腿屈膝提起至大腿接近水平时，小腿猛力向前弹出，挺膝，力达脚尖。目视前方。（图 15–1–18）

（5）正踢腿：支撑腿伸直，全脚掌着地；另一条腿挺膝，脚尖勾起并向前额处快速提起。目视前方。（图 15–1–19）

（6）侧踢腿：一条腿支撑，另一条腿挺膝，脚尖勾起，经体侧踢向头顶。目视前方。（图 15–1–20）

（7）外摆腿：支撑腿自然伸直，全脚掌着地；另一条腿挺直，勾脚斜踢，再经面前向外做弧形摆动下落。目视前方。（图 15–1–21）

图 15-1-18

图 15-1-19

图 15-1-20

图 15-1-21

（8）压腿纵劈叉：两手在左右两侧扶地或两臂侧平举，两腿前后分开并呈一条直线。左腿后侧着地，脚尖勾起；右腿内侧或前侧着地。（图 15-1-22）

（9）横劈叉：两手在体前扶地或两臂侧平举，两腿左右分开并呈一条直线，两腿内侧着地。（图 15-1-23）

（10）正搬腿：右腿支撑，左腿屈膝提起；右手托握左脚，左手抱左膝。（图 15-1-24）

图 15-1-22

图 15-1-23

图 15-1-24

五、腰 功

武术的基本腰功主要包括俯腰、甩腰和涮腰。

（1）俯腰：并步站立，两手十指交叉，直臂上举，掌心朝上；然后上体前俯，两手掌心尽量贴地。（图 15-1-25）

（2）甩腰：开步站立，两臂上举，以腰、髋关节为轴，上体交替做前屈、后伸动作，两臂也随之摆动。（图 15-1-26）

（3）涮腰：开步站立，两臂下垂。上体前俯，两臂随之向左前方伸出，以髋关节为轴，向前、向右、向后、向左绕环一周。（图 15-1-27）

图 15-1-25

图 15-1-26

图 15-1-27

六、肩　功

图 15-1-28

武术的基本肩功主要包括压肩、握棍转肩和单臂绕环。

（1）压肩：面对肋木或一定高度的物体开步站立，两手抓握肋木，上体前俯并做振压动作。（图 15-1-28）

（2）握棍转肩：两脚开立或并步站立，两手相距一定距离，正握木棍于体前；以肩关节为轴，两臂由体前经头顶绕至背后，再由背后经头顶绕至体前。（图 15-1-29）

（3）单臂绕环：在左弓步的基础上，左手按于左膝处，右臂上举，由上向后、向下、向前绕环。（图 15-1-30）

图 15-1-29

图 15-1-30

第二节　24 式简化太极拳

一、24 式简化太极拳概述

24 式简化太极拳由国家体育运动委员会（现为国家体育总局）于 1956 年组织太极拳专家整编而成。它以杨式太极拳为基础，保留了传统太极拳的主要技术，去掉了繁难和重复的动作，按照由简到繁、由易到难的原则，首先安排直进动作，其次安排后退和侧行动作，重点动作安排左右式对称练习。其套路充分体现了太极拳动作柔和、缓慢、圆活、连贯的特点。整套动作分为 8 组，包括起势、收势等 24 个动作，动作简练、易学易练。

二、24 式简化太极拳动作要领

（一）第一组

1. 起　势

头颈正直，下颌微收，身体放松，自然直立，收腹敛臀，气沉丹田，两臂自然垂于体侧。两臂上抬时配合吸气。两肩下沉，两肘松垂，手指自然微屈。屈膝，松腰，敛臀，身体重心落于两脚之间。两臂下落与身体下蹲的动作要协调一致。（图 15-2-1）

图 15-2-1

2. 左右野马分鬃

两臂分开时要保持弧形，弓步动作与分手动作的速度要协调一致；身体转动时，要以腰为轴带动上肢做动作；重心移动时，上体要保持平稳，不可前俯后仰；胸部要宽松舒展。（图 15-2-2）

图 15-2-2

3. 白鹤亮翅

两手抱球动作与右脚跟进半步要协调一致，重心后移与右手上提、左手下按要协调一致；转动动作要以腰带臂，虚步动作要收腹敛臀。（图 15-2-3）

图 15-2-3

（二）第二组

4. 左右搂膝拗步

腿成弓步的同时，手掌向前推出；身体不可前俯后仰，要松腰松胯；推掌时要沉肩垂肘、坐腕舒掌，同时须与松腰、弓腿上下协调一致；成弓步时，两脚脚跟的横向距离约为 30 厘米。（图 15-2-4）

图 15-2-4

5. 手挥琵琶

以身体重心的转移来带动上肢动作，上下肢要协调一致；左手上起时要由左向上、向前，微带弧形；身体姿势要平稳自然，沉肩垂肘，胸部放松。（图 15-2-5）

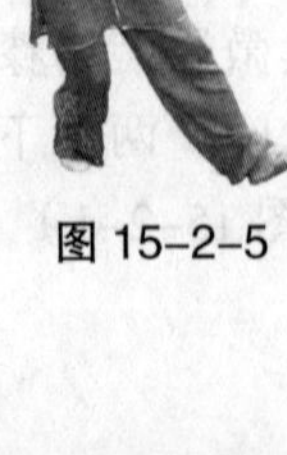

图 15-2-5

6. 左右倒卷肱

前推的手臂要微屈，后撤的手随转体画弧；前推时要转腰、松胯，两手的速度要均匀一致；转体时，前脚以脚掌为轴扭正；退左脚时略向左后斜，退右脚时略向右后斜，避免使两脚落在一条直线上。（图 15–2–6）

图 15–2–6

（三）第三组

7. 左揽雀尾

两臂掤出时，肘部微屈，保持弧形；分手、松腰、弓腿三者必须协调一致；成弓步时，两脚脚跟的横向距离约为 10 厘米。向前挤时，上体要正直；挤的动作要与转腰、弓腿相协调。重心右移时，要松腰、坐胯，两手收至腹前；向前按时，两手须走曲线，按掌与弓腿应协调一致，腕部高与肩平，两肘微屈。（图 15–2–7）

图 15–2–7

8. 右揽雀尾

“右揽雀尾”的动作要领与“左揽雀尾”相同，只是方向相反。（图 15-2-8）

图 15-2-8

（四）第四组

9. 单　鞭

完成定势时，右肘稍下垂，左肘与左膝上下相对，两肩下沉；左手向外翻掌前推时，要随转体边翻边推出，翻掌速度不要太快或最后突然翻掌；全部过渡动作，上下要协调一致。如面向南起势，则单鞭的方向（左脚脚尖）应为正东偏北约 15°。（图 15-2-9）

图 15-2-9

10. 云　手

身体转动要以腰脊为轴，松腰松胯，上体保持自然正直，重心不可忽高忽低；两臂随腰转动而运转，动作自然圆活，速度缓慢均匀；下肢移动时，重心要稳，两脚前脚掌先着地再踏实，脚尖向前；视线随左、右手的运转而移动；第三个“云手”中，右脚在最后跟步时，脚尖微内扣，以便于接“单鞭”动作。（图 15-2-10）

图 15–2–10

11. 单　鞭

此“单鞭”的动作要领与前“单鞭”式相同。（图 15–2–9）

（五）第五组

12. 高探马

上体左转与推右掌、收左掌协调一致；跟步转换重心时，上体保持自然正直，不要上下起伏。（图 15–2–11）

图 15–2–11

13. 右蹬脚

两手分开时，腕部与肩平；蹬脚时，左腿微屈，右脚脚尖回勾，力达脚跟；分手动作与蹬脚动作要协调一致，右臂与右腿上下相对。如面向南起势，则蹬脚方向应为正东偏南约 30° 。（图 15–2–12）

图 15–2–12

14. 双峰贯耳

完成定势时，头颈正直，松腰松胯，两拳松握，沉肩垂肘，两臂均保持弧形。“双峰贯耳”式的弓步和身体方向与“右蹬脚”相同。成弓步时，两脚脚跟横向距离同“揽雀尾”式，约为 10 厘米。（图 15–2–13）

图 15–2–13

15. 转身左蹬脚

“转身左蹬脚”动作要领与“右蹬脚”式相同，只是左右方向相反。左蹬脚方向与右蹬脚方向成 180° 角，即正西偏北约 30° 。（图 15–2–14）

图 15-2-14

（六）第六组

16. 左下势独立

左手、左小腿回收要协调一致；成仆步时，左脚脚尖与右脚脚跟踏在中轴线上。独立时，左腿微屈，上体要正直。右腿提起时，左手上挑。（图 15-2-15）

图 15-2-15

17. 右下势独立

右脚脚尖触地后再提起向下仆腿，其他动作要领均与“左下势独立”式相同，只是左右相反。（图 15-2-16）

图 15-2-16

（七）第七组

18. 左右穿梭

左右穿梭的方向分别为左斜前方约 30° 和右斜前方约 30° ；架掌、推掌与前弓腿上下要协调一致；上体保持正直。（图 15-2-17）

图 15-2-17

19. 海底针

身体要先向右转再向左转，完成定势后面向西，上体微前倾。(图 15-2-18)

图 15-2-18

20. 闪通臂

推掌、架掌与弓腿动作要协调一致；成弓步时，两脚脚跟的横向距离同“揽雀尾”式，约为 10 厘米。(图 15-2-19)

图 15-2-19

(八) 第八组

21. 转身搬拦捶

向前冲拳时，右肩随拳略向前伸，沉肩垂肘，右臂要微屈。(图 15-2-20)

图 15-2-20

22. 如封似闭

身体后坐时，应避免后仰，臀部不可凸出；两臂随身体后坐收回时，肩部、肘部略向外松开，不可直臂抽回；两手推出时，间距不超过肩宽。(图 15-2-21)

图 15-2-21

23. 十字手

两手分开和合抱时，上体不要前俯；站起后，身体自然正直，头要微向上顶，下颌稍向后收；两臂环抱时要圆满舒适，沉肩垂肘。（图 15-2-22）

图 15-2-22

24. 收　势

两手左右分开下落时，全身放松，同时气徐徐下沉（呼气略加长）。呼吸平稳后，左脚收到右脚旁。（图 15-2-23）

图 15-2-23

第三节 散　打

一、散打运动概述

散打是指竞技双方在规则的制约下，以踢、打、摔等徒手攻防手段，通过攻、防、进、退、还击和反还击进行格斗的对抗性运动项目。

散打运动在继承传统武术的基础上，形成了独特的技术风格。它有别于传统武术的“点到为止”，也不同于“一招制敌”的实用技击技术，比赛双方没有固定的动作顺序，而是根据对方技击动作随机应变，斗智较技，以长制短。它要求运动员熟练地掌握技术要领，具有良好的应变能力。

散打运动是一种较技、较力、斗智、斗勇，且对抗性较强的运动项目。散打在提高人体的速度素质、力量素质、柔韧素质、耐力素质、灵敏素质等身体素质，提高内脏器官的机能，增强神经系统的灵活性等方面有较大的作用。另外，它还能有效地提高人的应变能力，增强竞争意识；培养顽强果断、勇于进取的意志品质，形成尊师爱友、讲礼崇德的良好风尚。

二、散打基本技术

散打基本技术是指在实战中完成进攻与防守动作的方法，是散打竞技水平的重要体现。其主要内容有基本姿势、基本步法、基本拳法、基本腿法、基本摔法、基本防守技术等。

（一）基本姿势

基本姿势又称实战姿势，具体为：两脚前后开立，距离稍宽于肩；前脚脚尖微内扣，后脚脚跟稍离地；两膝微屈，身体重心落在两脚之间；两臂弯曲，左臂屈肘约 90°，肘尖下垂，左拳置于体前，拳眼斜朝上，高与鼻平；右臂屈肘小于 90°，右拳略高于下颌，上臂内侧紧贴右侧肋部，肘尖自然下垂；胸、背保持自然状态，下颌微收，平视前方。左脚在前称“正架”（图 15-3-1），右脚在前称“反架”。

图 15-3-1

实战姿势

（二）基本步法

1. 进　步

以正架实战姿势站立（以下均同），左脚先向前进半步，右脚紧接着跟进半步。（图 15-3-2）

【要点】步幅不宜过大，上体姿势不变，跟步要快速、紧凑。

步　法

2. 退　步

右脚先向后退半步，左脚紧接着向后回收半步。（图 15-3-3）

【要点】同“进步”。

3. 上　步

右脚向前上一步，转身，左、右拳前后交换，成右脚在前的反架实战姿势。（图 15-3-4）

【要点】身体重心要平稳，移动迅速，前后脚保持适当距离。

图 15-3-2

图 15-3-3

图 15-3-4

4. 撤　步

左脚向后撤一步，变成右脚在前、左脚在后，左脚脚跟离地，右脚脚尖外展，重心偏右脚。（图 15-3-5）

【要点】同“上步”。

5. 垫　步

右脚蹬地并向左脚内侧靠拢，同时左腿屈膝提起。（图 15–3–6）

【要点】右脚向左脚靠拢要迅速，垫步与提膝不可脱节、停顿；身体向前移动时，不能向上腾空。

6. 插　步

重心前移，右脚经左脚后侧插一步，两腿呈交叉状，随后左脚向前上步。（图 15–3–7）

【要点】插步时，上体略右转；插步后，前脚上步要快，迅速还原为基本姿势。

图 15–3–5

图 15–3–6

图 15–3–7

7. 闪　步

左脚向左侧移半步，右脚随之向左滑步，同时身体向右转约 90°。右侧与左侧动作相同，方向相反。

【要点】步法灵活，躲闪快速、敏捷。

8. 纵　步

纵步分为单腿纵步和双腿纵步。

（1）单腿纵步：左腿屈膝上提，后腿连续蹬地向前移动。（图 15–3–8）

（2）双腿纵步：两脚同时蹬地，身体向上或向前后左右跳跃移动。（图 15–3–9）

【要点】腰胯收紧，上体正直，腾空不宜过高。

图 15–3–8

图 15–3–9

9. 环绕步

右（左）脚蹬地，左（右）脚向左（右）斜前（后）方滑移；左（右）脚着地后，右（左）脚也向左（右）斜前（后）方滑移，两脚交替连续滑移。（图 15–3–10、图 15–3–11）

【要点】连续滑移时，脚步路线应为弧形绕环。后脚步幅稍大于前脚步幅，上体和上肢姿势不变。

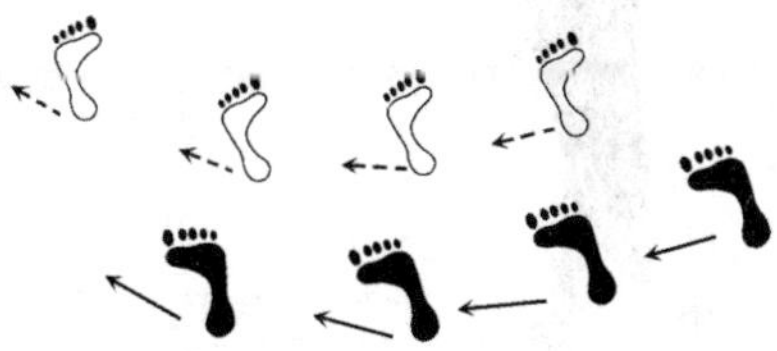

图 15-3-10

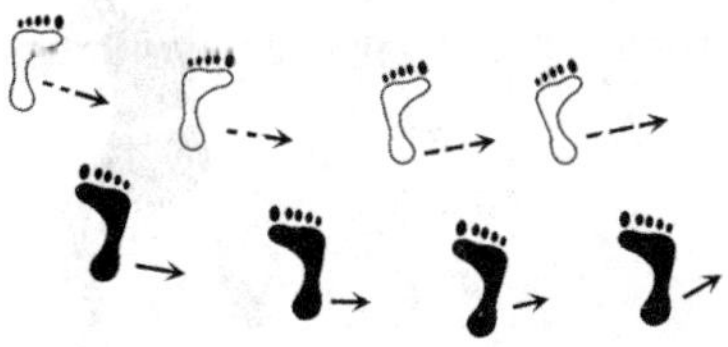

图 15-3-11

（三）基本拳法

1. 冲　拳

（1）左冲拳：正架实战姿势站立，右脚蹬地，发力于腰，上体微右转；同时左拳内旋，直线向前击出，力达拳面，右拳收至下颌处。（图 15-3-12）

（2）右冲拳：正架实战姿势站立，右脚蹬地，同时前脚掌向内转，转腰送肩，上体左转；右拳内旋，直线向前击出，力达拳面；左拳收至右肩前。（图 15-3-13）

拳　法

【要点】冲拳时，上体不可前倾，腰要拧转；上臂催动前臂，不可先向后引拳再击出。

2. 掼　拳

（1）左掼拳：正架实战姿势站立，上体微右转；同时左臂内旋，抬肘至水平，使左拳向外、向前、向内做弧形横击，拳心朝下，力达拳面。（图 15-3-14）

（2）右掼拳：正架实战姿势站立，右脚蹬地，上体左转；同时右臂微屈内旋，抬肘至水平，使右拳向外、向前、向内做弧形横击，拳心朝下，力达拳面。（图 15-3-15）

【要点】击打要借助转体的力量，转腰、发力要协调一致，腰背保持正直；不可掀肘，拳走弧线。

图 15-3-12

图 15-3-13

图 15-3-14

图 15-3-15

3. 抄　拳

（1）左抄拳：正架实战姿势站立，上体先向左转，重心微下沉；随后左膝及上体瞬间挺伸，并向右转体；同时左臂外旋，左拳由下向前上方勾起，拳心朝里，力达拳面。（图 15-3-16）

（2）右抄拳：正架实战姿势站立，右脚蹬地，扣膝合胯，腰稍右转；同时右臂外旋，右拳由下向前上方勾起，拳心朝里，力达拳面。（图 15-3-17）

【要点】发力时，上体不可后仰或挺腹，重心下沉；右脚蹬地拧转的同时，上体拧转，以加大抄拳的力量；动作要连贯顺达，由下至上用力，发力短促。

图 15-3-16

图 15-3-17

（四）基本腿法

1. 蹬　腿

（1）左蹬腿：正架实战姿势站立，右腿直立或微屈支撑，左腿屈膝前抬，脚尖勾起。当膝高于髋时，左腿快速蹬伸，力达脚跟；亦可送髋，脚掌下压，力达前脚掌。（图 15-3-18）

腿　法

（2）右蹬腿：正架实战姿势站立，重心前移，左腿直立或微屈支撑，右腿屈膝前抬，勾脚尖。当膝高于髋时，右腿快速蹬伸，力达脚跟；亦可送髋，脚掌下压，力达前脚掌。（图 15-3-19）

【要点】屈膝高抬时，上体不可过于后仰，爆发用力，动作快速连贯。

图 15-3-18

图 15-3-19

2. 侧踹腿

（1）左侧踹腿：正架实战姿势站立，重心右移，右腿直立或微屈支撑；同时左腿屈膝抬起，与髋同高，小腿外翻，脚尖勾起，展髋、挺膝，向前踹出，上体微侧倾，力达脚底。（图 15-3-20）

（2）右侧踹腿：正架实战姿势站立，身体左转 180°，重心移至左腿，左腿直立或微屈支撑；同时右腿屈膝抬起，与髋同高，小腿外翻，脚尖勾起，展髋、挺膝，向前踹出，上体微侧倾，力达脚底。（图 15-3-21）

【要点】上体、大腿、小腿和脚尽量保持在一条直线上，大腿带动小腿直线发力。

图 15-3-20

图 15-3-21

3. 鞭 腿

（1）左鞭腿：正架实战姿势站立，重心后移，右腿直立或微屈支撑，上体稍右转并侧倾，右脚脚跟内转；同时左腿屈膝内扣、绷脚背，向左侧摆起，随即伸髋、挺膝、向前鞭甩小腿，脚背绷平，小趾外侧朝上，力达脚背。（图 15–3–22）

（2）右鞭腿：正架实战姿势站立，重心移至左腿，上体向左转，左脚脚跟内转；同时右腿屈膝内扣、绷脚背、向右侧摆起，随即经外向斜上、向里、向前鞭甩小腿，脚背绷平，小趾外侧朝上，力达脚背。（图 15–3–23）

【要点】屈膝内扣，绷脚背；发力时，大腿带动小腿，力点准确。

图 15–3–22

图 15–3–23

4. 勾踢腿

正架实战姿势站立，左腿稍屈支撑，上体左转；同时右脚脚尖勾紧，大腿带动小腿以踝关节与脚背接合部为力点，向前弧形勾踢，脚底内侧贴地面擦行。（图 15–3–24）

【要点】勾踢腿时，不可向后预摆；接触用力时，上下肢协调配合。

图 15–3–24

（五）基本摔法

1. 抱腿前顶摔

基本姿势站立，上左脚，身体下潜，两手抱住对手的两腿，用力往回拉；同时用左肩前顶对手的大腿或腹部，将对手摔倒。（图 15–3–25）

摔 法

【要点】抱腿要紧，两臂与肩向相反方向协调用力。

2. 夹颈过背摔

基本姿势站立，右臂夹住对手颈部，右侧髋部贴紧对手小腹，两腿屈膝，随即蹬直，向下弓腰、低头，将对手背起后使其摔倒。（图 15–3–26）

【要点】夹颈牢固，屈膝、蹬伸、弓腰、低头等动作协调连贯。

图 15–3–25

图 15–3–26

3. 夹颈打腿摔

基本姿势站立，左手勾住对手颈部；同时右脚变步，与左脚平行；随即向右转体，用左小腿向后横打对手左小腿外侧，将对手摔倒。（图 15-3-27）

【要点】夹颈牢固，身体紧贴对手，打腿与转体动作协调。

4. 抱单别腿摔

基本姿势站立，抱住对手左腿后，用左腿别住对手右腿腘窝处，同时用胸和肩贴住对手左腿并向前下靠压，将对手摔倒。（图 15-3-28）

【要点】靠压要有力，腿要别紧，不能让对手的右腿有活动的余地。

图 15-3-27

图 15-3-28

5. 接腿勾踢摔

基本姿势站立，左手抄抱住对手右腿，右手向对手颈部下压，右脚勾踢对手左脚；同时上体右转，右手回拉，将对手摔倒。（图 15-3-29）

【要点】接抱腿动作要准确，转腰、压颈、勾踢等动作要协调有力、快速完整。

6. 接腿上托摔

基本姿势站立，两手抓住对手踢起的脚，屈臂上抬，迅速上托并向前上方推送，使对手向后倒地。（图 15-3-30）

【要点】抓脚动作准而牢，推托动作快速、连贯。

图 15-3-29

图 15-3-30

（六）基本防守技术

防守技法

1. 后　闪

重心后移，上体略后仰闪躲。（图 15-3-31）

2. 侧　闪

两膝微屈，俯身，上体向左侧或右侧闪躲。（图 15-3-32）

3. 下躲闪

两腿屈膝下蹲，同时缩头、含胸、收下颌，向下弧形躲闪，目视对手。（图 15-3-33）

4. 拍 挡

左手以掌心为力点向里横向拍挡。（图 15–3–34）

5. 外 格

左前臂边内旋边向左斜举，以前臂外侧为力点向外格挡。（图 15–3–35）

图 15–3–31

图 15–3–32

图 15–3–33

图 15–3–34

图 15–3–35

6. 拍 压

左拳变掌，以掌心或掌根为力点由上向前下方拍压。（图 15–3–36）

7. 勾 挂

左臂以肘关节为轴，由上向下、向外伸肘下挂于身体左侧，随即前臂内旋，以前臂和勾手勾挂住对手的来腿。（图 15–3–37）

8. 前抄抱

左臂屈肘，左手由上向下、向右上画弧，掌心向上，以前臂内侧部位为接触点，向上抄抱对手的来腿；右臂贴腹夹紧，以掌心为接触点向前抱推。（图 15–3–38）

图 15–3–36

图 15–3–37

图 15–3–38

9. 侧抄抱

身体左转，右肩前顶；左手由下向左上伸肘，左臂屈肘置于胸前，前臂内旋，掌心向外；两肘相对靠近，以前臂和掌心为接触点，同时合抱来腿。（图 15–3–39）

10. 阻 挡

两脚蹬地，重心稍前移，以肩部和掌心阻挡对手直线形拳法的进攻，以臂部阻挡对手直线形腿法的进攻。（图 15–3–40）

图 15–3–39

图 15–3–40

第十六章 健身气功

第一节 五禽戏

一、五禽戏概述

五禽戏

东汉时期，名医华佗根据古代导引、吐纳、熊经、鸟伸之术，加入虎、鹿、熊、猿、鸟五禽的活动特点，并结合人体脏腑、经络的功能，编制了一套具有民族特色的导引术，即五禽戏。五禽戏寓医理于动作之中，寓保健康复效果于生动形象的“戏”之中，这是它区别于其他导引术的显著特征。

五禽戏作为一种传统保健导引术，每一式禽戏不但要求形似，而且重视神似。练习者要做到心静体松、刚柔相济，以意领气、气贯周身，呼吸柔和缓慢，引伸肢体，动作紧凑而不慌乱。

五禽戏的动作全面而周到，从四肢百骸到五脏六腑，可以锻炼日常生活中活动不到的身体部位，改善机体功能，起到畅通经络、调和气血、活动筋骨、滑利关节的作用。

二、手型介绍

（一）虎 爪

五指张开，第一指节和第二指节弯曲内扣，虎口撑圆。（图 16–1–1）

（二）鹿 指

拇指向外撑开、伸直，食指、小指伸直，中指、无名指弯曲内扣。（图 16–1–2）

（三）熊 掌

五指弯曲，拇指扣压在食指第一指节上，其他三指并拢弯曲，虎口撑圆。（图 16–1–3）

图 16-1-1

图 16-1-2

图 16-1-3

（四）猿　勾

五指指腹捏拢，屈腕。（图 16-1-4）

（五）鸟　翅

五指伸直，拇指、食指、小指向上翘起，中指、无名指并拢下压。（图 16-1-5）

图 16-1-4

图 16-1-5

三、动作说明

（一）起势调息

（1）两掌上提、下按，意在两掌劳宫穴（握拳，中指指尖所点处），动作柔和、连贯。（图 16-1-6）

图 16-1-6

（2）动作可配合呼吸：两掌上提时，吸气；两掌下按时，呼气。

（二）虎　戏

1. 虎　举

（1）十指撑开，弯曲成虎爪（图 16-1-7），外旋握拳，这三个环节均要贯注劲力。

（2）两掌向上如托举重物，提胸收腹，充分拔长躯体（图 16-1-8）；两掌下落如拉双环，含胸松腹，气沉丹田。

（3）眼随手动。

（4）动作可配合呼吸：两掌上举时，吸气；两掌下落时，呼气。

图 16-1-7

图 16-1-8

2. 虎 扑

（1）上体前俯，两臂尽量向前伸，臀部向后引，充分伸展脊柱。（图 16–1–9）

（2）屈膝下蹲和收腹含胸的动作要与伸膝、送髋、挺腹、后引动作过程连贯，使脊柱形成由折叠到展开的蠕动状，两掌下按和上提要与之配合协调。

（3）虚步下扑时，速度可加快，先柔后刚，配合快速深呼吸，气由丹田发出，以气催力，力达指尖，表现出虎的威猛。（图 16–1–10）

（4）中老年练习者和体弱者可根据情况适当减小动作幅度。

图 16–1–9

图 16–1–10

（三）鹿 戏

1. 鹿 抵

（1）腰部侧屈拧转，侧屈的一侧腰部要压紧，另一侧腰部则借助同侧手臂的上举及后伸得到充分牵拉。

（2）后脚脚跟要蹬实，固定下肢位置，加大腰、腹部的拧转幅度，运转尾闾。（图16–1–11）

（3）动作可配合呼吸：两臂向上画弧摆动时，吸气；向后伸抵时，呼气。

2. 鹿 奔

（1）提腿前跨要有弧度，落步轻灵，体现鹿的安舒神态。

（2）身体后坐时，两臂前伸，胸部内含，背部呈横弓状；低头前伸，背后拱，腹收缩，臀内敛，背部呈竖弓状，使腰、背部得到充分伸展和拔长（图 16–1–12）。

（3）动作可配合呼吸：身体后坐时，吸气；重心前移时，呼气。

图 16–1–11

图 16–1–12

（四）熊 戏

1. 熊 运

（1）两掌应随腰、腹部的摇晃而被牵动画圆，动作要协调自然。（图 16–1–13）

图 16–1–13

（2）两掌画圆是外导，腰、腹部摇晃为内引，意念内气在腹部丹田运行。

（3）动作可配合呼吸：身体上提时，吸气；身体前俯时，呼气。

2. 熊 晃

（1）利用腰侧肌群的收缩来牵动大腿上提，按照抬脚—起腿—屈膝的顺序提腿。

（2）身体重心前移，左脚向左前方落地，横向间距稍宽于肩，全脚掌踏实，使震动感传至髋关节处，体现熊步的沉稳厚实。（图 16–1–14）

图 16–1–14

（五）猿 戏

1. 猿 提

（1）两手掌指撮拢变勾，速度稍快。

（2）按照耸肩—收腹—提肛—脚跟离地—转头的顺序上提重心。耸肩、缩胸、屈肘、提腕动作要到位（图 16–1–15）。

（3）动作可配合提肛呼吸法：两掌上提、吸气时，有意识地提起会阴部；两掌下按、呼气时，有意识地下放会阴部。

图 16–1–15

2. 猿 摘

（1）眼要随上肢动作变化而左顾右盼，表现出猿猴眼神的灵敏。

（2）屈膝下蹲时，全身呈收缩状；蹬腿迈步，做向上采摘动作，肢体充分展开（图 16–1–16）。采摘时，两掌变猿勾，手指快而敏捷地撮拢；握固后变成托桃状时，掌指要及时分开。

（3）动作以神似为主，重在体会其意境，不可太夸张。

图 16–1–16

（六）鸟　戏

1. 鸟　伸

（1）两掌在体前相叠，上下位置可任选，以舒适自然为宜。（图 16–1–17）

（2）注意动作的松紧变化。掌上举时，颈部、肩部、臀部紧缩（图 16–1–18）；掌下落时，两腿微屈，颈部、肩部、臀部松沉。

（3）两臂后摆时，身体向上拔伸，呈向后的反弓状。

2. 鸟　飞

（1）两臂侧举时，动作舒展，幅度要大，尽量展开胸部（图 16–1–19）；两臂下落内合时，尽量挤压胸部。

（2）手脚动作变化配合协调，同起同落。

（3）动作可配合呼吸：两掌上提时，吸气；两掌下落时，呼气。

图 16–1–17

图 16–1–18

图 16–1–19

（七）收　势

引气归元：两掌由上向下按时，身体各部位随之放松，直达脚底涌泉穴。两掌在腹前画平弧，动作衔接要自然、圆活，有向前收拢物体之势，意将气息合抱，引入丹田。（图 16–1–20）

图 16–1–20

第二节　八段锦

一、八段锦概述

八段锦由 8 节动作组成，简便易学，深受人们喜爱，因此被比喻成“锦”（精美的丝织品），故名八段锦。八段锦是中国古代导引术的一个重要组成部分，是一套针对特定脏腑、病症而设计的健身功法。其中每一句口诀都明确提出了动作的要领、作用和目的。八段锦中的伸展、前俯、后仰、摇摆等动作，分别作用于人体的三焦、心肺、脾胃、肾腰等部位或器官，可以辅助防治五劳七伤及去心火等，并有滑利关节、发达肌肉、增长气力、强壮筋骨、帮助消化和调节神经系统的功能。

八段锦
完整示范

八段锦之所以对人体有良好的作用，是因为它的动作可以对某一脏器起到一定的针对性作用，但是这种作用又是综合性、全身性的，并非“头痛医头、脚痛医脚”。只有把八段锦各节动作综合起来进行练习，才能起到调脾胃、理三焦、去心火、固肾腰等作用。

二、八段锦动作说明

（一）预备式

（1）两脚并步站立；两臂自然垂于体侧；身体中正，目视前方。（图 16–2–1）

（2）随着松腰沉髋，身体重心移至右腿；左脚向左侧开步，脚尖朝前，约与肩同宽；目视前方。（图 16–2–2）

（3）两臂内旋，两掌分别向两侧摆起，约与髋同高，掌心向后；目视前方。（图 16–2–3）

（4）上一动作不停。两膝稍屈；同时，两臂外旋并向前合抱于腹前，呈圆弧形，两掌与脐同高，掌心向内，掌指斜相对，间距约为 10 厘米；目视前方。（图 16–2–4）

图 16–2–1

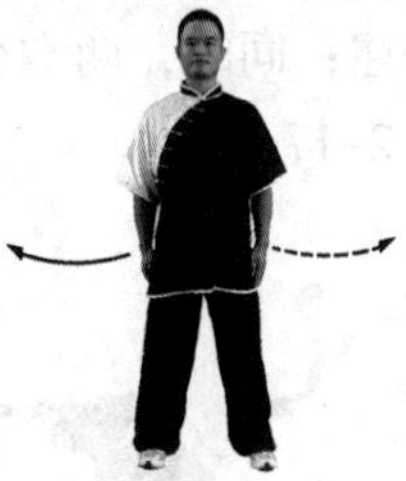
图 16–2–2

图 16–2–3

图 16–2–4

（二）两手托天理三焦

（1）接上式。两臂外旋微下落，两掌在腹前十指交叉，掌心向上；目视前方。（图16–2–5）

（2）上一动作不停。两腿徐缓挺膝伸直；同时，两掌上托至胸前，随之两臂内旋向上托起，掌心向上；抬头，目视两掌。（图 16–2–6）

（3）上一动作不停。两臂继续上托，肘关节伸直；同时，下颌内收，动作略停；低头，目视前方。（图 16–2–7）

（4）身体重心缓缓下降；两膝微屈；同时，十指慢慢分开，两臂分别向身体两侧下落，两掌捧于腹前，掌心向上，掌指相对；目视前方。（图 16–2–8）

本式托举、下落为 1 遍，共做 6 遍。

图 16–2–5

图 16–2–6

图 16–2–7

图 16–2–8

（三）左右开弓似射雕

（1）接上式。身体重心右移；左脚向左侧开步站立，两膝自然伸直；同时，两掌向上交叉于胸前，右掌在外，两手掌心向内；目视前方。（图 16–2–9）

（2）上一动作不停。两腿徐缓屈膝半蹲，成马步；同时，右掌屈指成“爪”，向右拉至肩前；左掌成八字掌，左臂内旋，向左侧推出，与肩同高，坐腕，掌心向左，犹如拉弓射箭之势；动作略停；目视左掌方向。（图 16–2–10）

（3）身体重心右移；同时，右手五指伸开成掌，向上、向右画弧，与肩同高，掌指朝上，掌心斜向前；左手五指伸开成掌，掌心斜向后；目视右掌。（图 16–2–11）

（4）上一动作不停。重心继续右移；左脚回收，成并步站立；同时，两掌分别由两侧下落，捧于腹前，掌指相对，掌心向上；目视前方。（图 16–2–12）

动作（5）～（8）同动作（1）～（4），只是左右相反。（图 16–2–13 ～图 16–2–16）

本式一左一右为 1 遍，共做 3 遍。第三遍最后一个动作之后，身体重心继续左移；右脚回收，成开步站立，与肩同宽，膝关节微屈；同时，两掌分别由两侧下落，捧于腹前，掌指相对，掌心向上；目视前方。（图 16–2–17）

图 16–2–9

图 16–2–10

图 16–2–11

图 16–2–12

图 16-2-13

图 16-2-14

图 16-2-15

图 16-2-16

图 16-2-17

（四）调理脾胃须单举

（1）接上式。两腿徐缓挺膝伸直；同时，左掌上托，左臂外旋经面前上穿，随即臂内旋上举至头部左上方，肘关节微屈，力达掌根，掌心向上，掌指向右；同时，右掌微上托，随即臂内旋下按至右侧髋旁，肘关节微屈，力达掌根，掌心向下，掌指向前，动作略停；目视前方。（图 16–2–18）

（2）松腰沉髋，身体重心缓缓下降；两膝微屈；同时，左臂屈肘外旋，左掌经面前落于腹前，掌心向上；右臂外旋，右掌向上捧于腹前，两手掌指相对，相距约为 10 厘米，掌心向上；目视前方。（图 16–2–19）

动作（3）～（4）同动作（1）～（2），只是左右相反。（图 16–2–20、图 16–2–21）

本式一左一右为 1 遍，共做 3 遍。第三遍最后一个动作之后，两膝微屈，同时两臂屈肘，两掌分别下按于同侧髋旁，掌心向下，掌指向前；目视前方。（图 16–2–22）

图 16-2-18

图 16-2-19

图 16-2-20

图 16-2-21

图 16-2-22

（五）五劳七伤往后瞧

（1）接上式。两腿徐缓挺膝伸直；同时，两臂伸直，掌心向后，掌指向下，目视前方；上一动作不停，两臂充分外旋，掌心向外；头向左后转，动作略停；目视左斜后方。（图 16–2–23、图 16–2–24）

（2）松腰沉髋，身体重心缓缓下降；两膝微屈；同时，两臂内旋，分别下按于同侧髋旁，掌心向下，掌指向前；目视前方。（图 16–2–25）

图 16-2-23

图 16-2-24

图 16-2-25

（3）同动作（1），只是左右相反。（图 16-2-26、图 16-2-27）

（4）同动作（2）。（图 16-2-28）

本式一左一右为 1 遍，共做 3 遍。第三遍最后一个动作之后，两膝微屈；同时，两掌捧于腹前，掌指相对，掌心向上，目视前方。（图 16-2-29）

图 16-2-26

图 16-2-27

图 16-2-28

图 16-2-29

（六）摇头摆尾去心火

（1）接上式。身体重心左移；右脚向右开步站立，两腿自然伸直；同时，两掌上托至与胸同高时，两臂内旋，两掌继续上托至头部上方，肘关节微屈，掌心斜向上，掌指斜相对；目视前方。（图 16-2-30）

（2）上一动作不停。两腿徐缓屈膝半蹲，成马步；同时，两臂分别向两侧下落，两掌分别扶于同侧膝关节上方，肘关节微屈，小指侧向前；目视前方。（图 16-2-31）

（3）身体重心稍升起，而后右移；上体先向右倾，随之俯身；目视右脚。（图16-2-32）

（4）上一动作不停。身体重心左移；同时，上体由右向前、向左旋转；目视右脚。（图 16-2-33）

（5）身体重心右移，成马步，同时，头转正，上体回正，下颌微收；目视前方。（图 16-2-34）

动作（6）～（8）同动作（3）～（5），只是左右相反。（图 16-2-35 ～图 16-2-37）

本式一左一右为 1 遍，共做 3 遍。做完 3 遍后，身体重心左移，右脚回收，成开步站立，与肩同宽；同时，两掌向外经两侧上举，掌心相对；目视前方（图 16-2-38）。随后松腰沉髋，身体重心缓缓下降，两膝微屈；同时两臂屈肘，两掌经面前下按于腹前，掌心向下，掌指相对；目视前方（图 16-2-39）。

图 16–2–30

图 16–2–31

图 16–2–32

图 16–2–33

图 16–2–34

图 16–2–35

图 16–2–36

图 16–2–37

图 16–2–38

图 16–2–39

（七）两手攀足固肾腰

（1）接上式。两腿挺膝伸直站立；同时，两手掌指向前，两臂向前、向上举起，肘关节伸直，掌心向前；目视前方。（图 16–2–40）

（2）两臂外旋至掌心相对，屈肘，两掌下按于胸前，掌心向下，掌指相对；目视前方。（图 16–2–41）

（3）上一动作不停。两臂外旋，掌心向上，随后掌指顺腋下向后插；目视前方。（图 16–2–42）

（4）两掌（掌心向内）沿脊柱两侧向下摩运至臀部；随之上体前俯，两掌继续沿腿后向下摩运，经两脚外侧置于脚背；抬头，动作略停；目视前下方。（图 16–2–43）

（5）两掌沿地面前伸，用手臂上举的动作带动上体起立，两臂伸直，掌心向前；目视前方。（图 16–2–44）

本式一上一下为 1 遍，共做 6 遍。做完 6 遍后，松腰沉髋，重心缓缓下降，两膝微屈；同时，两掌分别下按至同侧髋旁，掌心向下，掌指向前；目视前方。（图 16–2–45）

图 16–2–40

图 16–2–41

图 16–2–42

图 16–2–43

图 16–2–44

图 16–2–45

（八）攒拳怒目增气力

（1）接上式。身体重心右移，左脚向左开步；两腿徐缓屈膝半蹲，成马步；同时，两掌握拳，抱于腰侧，拳眼朝上；目视前方。（图 16–2–46）

（2）左拳缓慢用力向前冲出，与肩同高，拳眼朝上；瞪目，视左拳冲出方向。（图16–2–47）

（3）左臂内旋，左拳变掌，虎口朝下；目视左掌。左臂外旋，肘关节微屈；同时，左掌向左缠绕，当掌心向上后握拳；目视左拳。（图 16–2–48、图 16–2–49）

（4）屈肘，回收左拳至腰侧，拳眼朝上；目视前方。（图 16–2–50）

图 16–2–46

图 16–2–47

图 16–2–48

图 16–2–49

图 16–2–50

动作（5）～（7）同动作（2）～（4），只是左右相反。（图 16–2–51 ～图 16–2–54）

本式一左一右为 1 遍，共做 3 遍。做完 3 遍后，身体重心右移，左脚回收，成并步站立；同时两拳变两掌，自然垂于体侧；目视前方。（图 16–2–55）

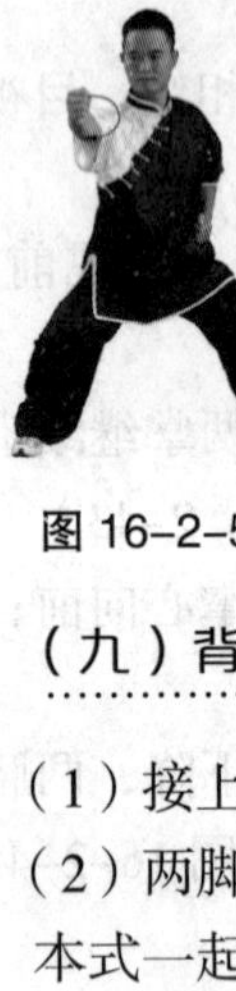
图 16–2–51

图 16–2–52

图 16–2–53

图 16–2–54

图 16–2–55

（九）背后七颠百病消

（1）接上式。两脚脚跟提起；头上顶，动作略停；目视前方。（图 16–2–56）

（2）两脚脚跟下落，轻震地面；目视前方。（图 16–2–57）

本式一起一落为 1 遍，共做 7 遍。

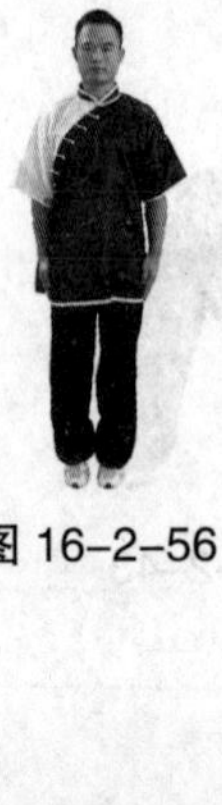
图 16–2–56

图 16–2–57

（十）收　势

（1）接上式。两臂内旋，向两侧摆起，与髋同高，掌心向后；目视前方。（图 16–2–58）

（2）两臂屈肘，两掌相叠置于丹田处（男性左手在内，女性右手在内）；目视前方。（图 16–2–59）

（3）两臂自然下落，两掌轻贴于同侧腿外侧；目视前方。（图 16–2–60）

图 16–2–58

图 16–2–59

图 16–2–60

第三节　易筋经

一、易筋经概述

易筋经是一种内外兼练的保健养生功法。易筋经是在 1624 年（明朝天启四年）由紫凝道人在宋代八段锦的健身理论等基础上，融合医、释、道各家流行的养生导引术，以及汉朝东方朔的洗髓伐毛健身法创编而成的。清初手抄本《易筋经》尚有海岱游人于元朝中统元年所作之序。综合各家观点，初步判定，易筋经在宋元以前在少林寺众僧之中即有流传，自明清以来逐步流向民间，并广为人知，在流传的过程中又演变出不同的流派。

易筋经注重内外兼修，强调动静结合。“练内名洗髓，练外名易筋”“所言洗髓者，欲清其内；易筋者，欲坚其外。如果能内清静、外坚固，登圣域在反掌之间耳”“动者外动以易筋强骨，静者内静以攻心纳意”。易筋经集内外兼修之长，静中求动（气）、动中求静（意），精练勤思，可达到预防疾病、延年益寿的目的。

二、易筋经动作说明

（一）预备式

全身放松，身体中正，呼吸自然，目光内含，心平气和。（图 16–3–1）

（二）韦驮献杵第一式

动作要领如图 16–3–2 所示。

（1）右脚向右迈一步，两脚间距约与肩同宽，松肩虚腋。

（2）两掌合于胸前，稍停片刻，以达气定神敛之功效。

（三）韦驮献杵第二式

动作要领如图 16–3–3 所示。

（1）两掌外撑，力在掌根。

（2）坐腕立掌时，脚趾抓地。

（3）自然呼吸，气定神敛。

图 16–3–1

侧 面

图 16–3–2

图 16–3–3

（四）韦驮献杵第三式

动作要领如图 16–3–4 所示。

（1）两掌上托时，提踵，前脚掌支撑，力达四肢，下沉、上托时，脊柱竖直，同时身体重心稍前移。

（2）体弱者可自行调整两脚提踵的高度。

（3）上托时，意念通过天门穴至两掌，目视前下方，呼吸自然。

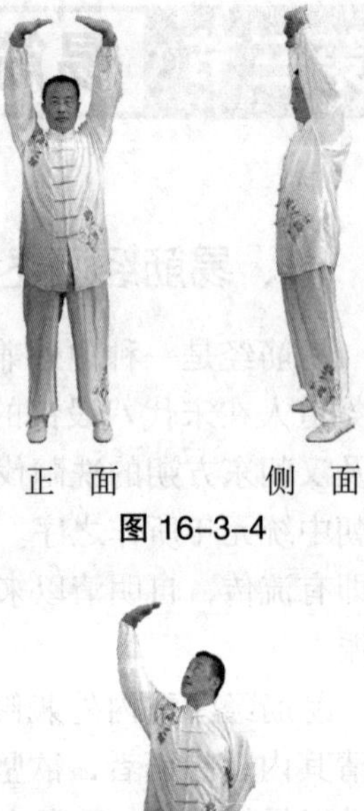

正 面 侧 面

图 16–3–4

（五）摘星换斗式

动作要领如图 16–3–5 所示。

（1）转身时，以腰带肩，以肩带臂。

（2）目视掌心，意注命门，呼吸自然。

（3）颈肩部不适者，可灵活掌握动作幅度的大小。

图 16–3–5

（六）倒拽九牛尾式

动作要领如图 16–3–6 所示。

（1）以腰带肩，以肩带臂，力贯两膀。

（2）两掌变拳，腹部放松，目视拳心。

（3）前后拉伸，松紧适宜，并与腰的旋转紧密配合。

（4）后退步时，注意控制重心，以保持身体平稳。

图 16-3-6

（七）出爪亮翅式

正　面　　　侧　面

图 16-3-7

动作要领如图 16-3-7 所示。

（1）出掌时，身体正直，瞪眼怒目；同时两掌运用内劲前伸，先轻如推窗，后重如排山；收掌时如海水还潮。

（2）注意出掌时为荷叶掌，收掌于云门穴时为柳叶掌。

（3）收掌时自然吸气，推掌时自然呼气。

（八）九鬼拔马刀式

动作要领如图 16-3-8 所示。

（1）对拔拉伸时尽量用力；身体自然弯曲转动，协调一致。

（2）扩胸展臂时自然吸气，松肩合臂时自然呼气。

（3）两臂内合、上抬时，自然呼气；起身展臂时，自然吸气。

（4）高血压、颈椎病患者和体弱者，头部转动的角度应小，且动作应轻缓。

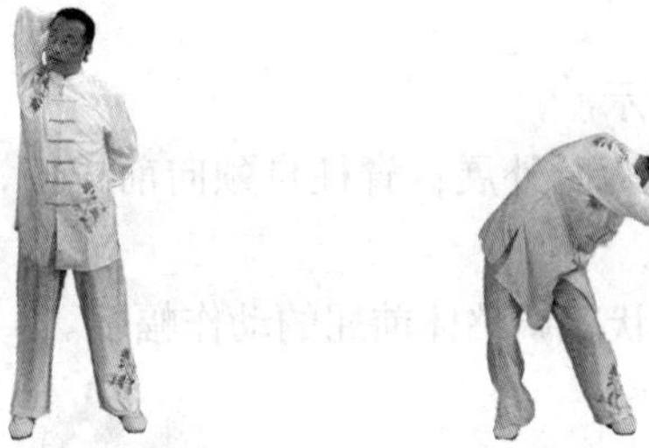

图 16-3-8

（九）三盘落地式

图 16-3-9

动作要领如图 16-3-9 所示。

（1）下蹲时，松腰、敛臀，两掌如负重物；起身时，两掌如托千斤重物。

（2）依次加大下蹲幅度。体弱者可灵活掌握下蹲幅度，身强体健者可半蹲或全蹲。

（3）下蹲与起身时，上体始终保持正直，不应前俯或后仰。

（4）吐“嗨”音时，口微张，上唇着力压龈交穴，下唇放松，不着力于承浆穴，音从喉部发出。

（5）瞪眼闭口时，舌抵上腭，身体中正安舒。

（十）青龙探爪式

动作要领如图 16–3–10 所示。

（1）伸臂探爪，下按画弧，力注肩背，动作自然、协调，一气呵成。

（2）目随爪走，意存爪心。

（3）体弱者前俯下按或画弧时，可根据自身的状况调整动作幅度。

图 16–3–10

（十一）卧虎扑食式

动作要领如图 16–3–11 所示。

（1）利用躯干的蛹动带动两手前扑绕环。

（2）抬头瞪目时，力达指尖，腰背部呈反弓状。

（3）体弱者可根据自身的状况调整动作幅度。

图 16–3–11

（十二）打躬式

动作要领如图 16–3–12 所示。

（1）做体前屈时，直膝，两肘外展；脊柱自颈向前拔伸，卷曲如勾；后展时，从尾椎向上逐节伸展。

（2）体弱者可根据自身的状况调整体前屈的动作幅度。

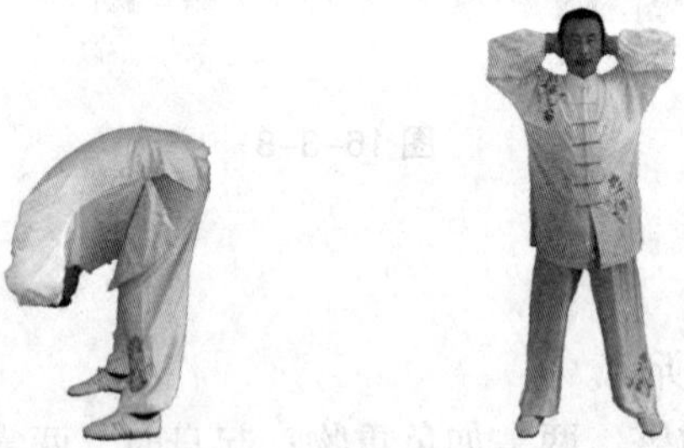

图 16–3–12

（十三）掉尾式

动作要领如图 16–3–13 所示。

（1）转头扭臀时，头部与臀部作相向运动。

（2）高血压、颈椎病患者和体弱者，头部动作幅

正 面　　侧 面

图 16–3–13

度应小，动作应轻缓，还应根据自身的状况调整体前屈和臀部扭动的幅度和次数。

（3）配合动作，自然呼吸，注意力专注。

（十四）收　势

动作要领如图 16-3-14 所示。

（1）第一、第二次两手下引至腹部后，意念继续下引，经涌泉穴入地。最后一次时，意念随两手下引至腹部稍停。

（2）下引时，两臂匀速缓缓下行。

图 16-3-14

第四节　六字诀

六字诀是我国古代流传下来的一种养生方法，是一种不同于形体导引的吐纳法，它通过“嘘、呵、呼、呬、吹、嘻”6 个字的不同发音口型引导唇、齿、喉、舌用力，并促进脏腑经络及气血的运行。它的最大特点是可以强化人体内部的组织机能，通过呼吸来调息导引，充分发挥人体脏腑的潜在能力，以抵抗疾病，防止早衰。

一、六字诀功法要点

六字诀功法要点如下。

（1）练习者在读“嘘”“呵”“呼”“呬”“吹”“嘻”6 个字时，发音要准确。

（2）发音的同时要缓慢、深长、均匀地呼气。

（3）掌握 6 个字的正确发音方法。发音时，要先发声母的音，然后带出韵母的音。在这一过程中要仔细体会口型的变化和气息的流动。开始练习发音时，一定要出声，熟练掌握发音吐气方法后，可逐步过渡到吐气轻声或无声的状态。

（4）身要正。身正是练功的基础，身正才能气顺，气顺才能身体轻盈、稳定、舒畅。身正的要求是收膝、凸臀、松胯，颈部大椎穴向后靠，形成头正、颈直、身正的自然姿态，以利于任脉、督脉和周身气血的畅通。

（5）体要松。练功时，全身关节放松，气随肢体放松下沉。下肢下蹲时，要求松腰松胯、臀部后坐，膝收紧且不超过脚尖，起到强壮膝关节和腿部筋骨的作用。上肢抬举时，要求舒展大方，以肩带肘、带手，深吸气。下落时，松肩、松肘、松腕、松指，深呼气。通过肢体上下起伏伸展配合呼吸，增加肢体的力量和灵活性，增强身体的活动机能。

（6）心要静。练功时，练习者应逐步把思想集中到动作上来，对场地周边事物应做到视而不见、听而不闻，全神贯注地练习动作，避免心生杂念。

（7）保持动作的舒缓圆活、动静相兼、协调配合。在整套功法练习中，要求意、气、行相随相融，一气呵成。

（8）采用顺腹式呼吸，先呼后吸，呼气时读字；同时提肛缩肾，重心落至脚跟。每个字读6遍后调息一次，稍作休息，恢复自然。

二、六字诀动作说明

（一）预备式

两脚开立，与肩同宽，头正颈直，含胸拔背，松腰松胯，两膝微屈，全身放松，呼吸自然。

（二）嘘字功平肝气

（1）嘘（xū）字发音口型：两唇微合，有横绷之力；舌尖向前并向内微缩，上下齿有微缝。

（2）呼气念“嘘”字，拇趾轻轻点地。两手自小腹前缓缓抬起，手背相对，经胁肋至与肩平，两臂如鸟张翼向上再向左右分开，掌心斜向上。两眼反观内照，随呼气之势尽力瞪圆。屈臂，两手经面前、胸腹前缓缓下落，垂于体侧，做第二次吐字。重复此动作6次为1遍，完成1遍后做1次调息。

嘘字功可以辅助治疗目疾、肝肿大、胸胁胀闷、食欲不振、两目干涩、头眩目晕等肝经疾患。

（三）呵字功补心气

（1）呵（hē）字发音口型：嘴半张，舌顶下齿，舌面下压。

（2）呼气念“呵”字，拇趾轻轻点地。两手掌心向里由小腹前抬起，经体前至胸部两乳中间位置，向外翻掌，上托至眼部。呼气尽，改为吸气。吸气时，翻转掌心向面，经面前、胸腹前缓缓下落，垂于体侧，做第二次吐字。重复此动作6次为1遍，完成1遍后做1次调息。

呵字功可以辅助治疗心悸、心绞痛、失眠、健忘、盗汗、口舌糜烂、舌强语塞等心经疾患。

（四）呼字功培脾气

（1）呼（hū）字发音口型：撮口如管状，舌向上微卷，两唇用力前伸。

（2）呼气念“呼”字，拇趾轻轻点地。两手自小腹前抬起，掌心朝上，抬至脐部，左手外旋上托至头顶；同时，右手内旋下并按至小腹前。呼气尽，改为吸气。吸气时，左臂内旋，左手掌心向里，从面前下落；同时右臂回旋，右手掌心向里向上穿；两手在胸前交叉，左手在外，右手在里。两手内旋下按至腹前，自然垂于体侧。再以同样要领，右手上托，左手下按，做第二次吐字。重复此动作 6 次为 1 遍，完成 1 遍后做 1 次调息。

呼字功可以辅助治疗腹胀、腹泻、四肢疲乏、食欲不振、肌肉萎缩等脾经疾患。

（五）呬字功补肺气

（1）呬（xì）字发音口型：开唇叩齿，舌微顶下齿。

（2）呼气念“呬”字，两手自小腹前抬起，逐渐转为掌心向上，至与两乳齐平。两臂外旋，翻转掌心向外，成立掌，指尖对喉，然后左右展臂、宽胸推掌如鸟张翼。呼气尽，两臂随吸气之势自然下落垂于体侧。重复此动作 6 次为 1 遍，完成 1 遍后做 1 次调息。

呬字功可以辅助治疗外感伤风、发热咳嗽、背痛怕冷等肺经疾患。

（六）吹字功补肾气

（1）吹（chuī）字发音口型：撮口，唇出音。

（2）呼气念“吹”字，五趾抓地，足心空起。两臂自体侧提起，绕长强穴、肾俞穴向前画弧，并经体前抬至与锁骨平，两臂撑圆如抱球，两手指尖相对。身体下蹲，两臂随之下落。呼气尽时，两手落于膝关节上部，改为吸气；身体随吸气之势慢慢站起，两臂自然下落，垂于身体两侧。重复此动作 6 次为 1 遍，完成 1 遍后做 1 次调息。

吹字功可以辅助治疗腰膝酸软、盗汗遗精、阳痿、早泄、子宫虚寒等肾经疾患。

（七）嘻字功理三焦

（1）嘻（xī）字发音口型：两唇微启，舌稍后缩，舌尖向下。面部有喜笑自得之貌。

（2）呼气念“嘻”字，第四、第五趾点地。两手自体侧抬起如捧物状，经腹部至与两乳齐平。两臂外旋，翻转掌心向外，并向头部托举。两手掌心转向上，指尖相对。吸气时，五指分开，由头部循身体两侧缓缓落下并以意引气至四趾端。重复此动作 6 次为 1 遍，完成 1 遍后做 1 次调息。

嘻字功可以辅助治疗由三焦不畅引起的眩晕、耳鸣、喉痛、胸腹胀闷、小便不利等疾患。

第十七章 民族民间传统运动

第一节 柔力球

一、柔力球概述

柔力球之前名为太极柔力球，2008 年，中国老年体育协会为了规范体育项目名称，将太极柔力球更名为柔力球。柔力球是一项新兴的运动项目，是由山西省晋中市卫生学校（现山西医科大学晋中学院）体育教师白榕于 1991 年发明的，后经柔力球创编组共同努力完善，开始向全社会推广。这项运动的创编和推广，得到了中华全国总工会宣传教育部体育处的高度关注与大力支持。在各方的支持下，柔力球创编组成员共同研讨、规范了技术动作，设计了多种娱乐方式和竞技比赛方法，制定了柔力球竞技比赛规则，完成了柔力球教材的编写和教学录像带的制作。

柔力球问世后，于 1992 年先后参加了全国名特优新体育产品展和北京国际体育用品博览会，并在 1993 年全国职工大众体育创编项目展示中被评为“优秀创编项目”。1994 年，国家教育委员会全国中小学体育教学改革指导小组、全国高等学校体育教学指导委员会公共体育组对柔力球运动进行了评审，评审意见主要为“符合学生的身心发展特点”“建议在大、中、小学校课外体育活动中开展此项运动，有条件的学校，可作为九年义务教育中民族传统体育部分的选用教材使用，待条件成熟后也可逐渐列为一项学校体育比赛项目”。1996 年，第 3 届全国工人运动会将柔力球列为正式比赛项目。截至 1996 年，全国性的柔力球项目的教练员、裁判员、运动员培训班已举办了多次，高质量、大规模的培训工作为柔力球的发展奠定了良好的基础。从此，柔力球项目走上了规范的良性发展之路。

2000—2006 年，柔力球运动已覆盖全国半数以上省份，柔力球竞技比赛的技术、战术水平不断提高，个人柔力球套路也不断推陈出新，特别是在全国中老年人群中发展迅速，参与人数不断增加。在此期间组织的 6 次全国性大型比赛，使柔力球运动得到了进一步的普及与发展。

经过多年的发展与完善，如今，柔力球运动已形成了一个较为完整的运动项目体系。随着柔力球运动的不断发展，有 20 多个国家和地区相继开展了这项运动，并成立了相应的专业协会，特别是亚洲和欧洲的国家开展的规模较大。2006 年 5 月，北京国际柔力球邀请赛成功举办。2006 年 9 月和 2007 年 10 月，日本先后举办了两届全国性的柔力球比赛。欧洲的德国、法国、意大利、奥地利、荷兰等 10 个国家在我国青岛建立了柔力球培训基地，这些国家每年都有大批的柔力球爱好者和有志于了解中国文化的学员前来接受培训。2006 年和 2007 年，德国和奥地利分别举办了欧洲柔力球锦标赛。

2003 年，北京市将柔力球项目列为中小学体育课选修内容。目前，在我国山东、辽宁、黑龙江等省份，柔力球项目已在小学和中学中开展，并受到了教师和学生的一致好评。山西财经大学、香港浸会大学、北京体育大学等多所高校已将柔力球列为必修课程或选修课程。这让我们看到了柔力球项目更加美好的未来。

柔力球是中华民族的智慧结晶，也是世界人民的财富。这项基于民族文化和民族智慧的体育项目将为人类的健康文化事业做出应有的贡献。

二、柔力球的基本技术

（一）持拍方法（以右手持拍为例，下同）

持拍方法是柔力球最基本的技术，也是最容易被忽略的技术。因此，初学者必须注意掌握正确的持拍方法。

持拍方法有正握和反握两种。

1. 正　握

正握是用拇指和食指第一指节的指腹相对捏握在拍柄与拍面平行的两个宽面处，其余手指顺势扣握，拍柄的底部靠在手掌的小鱼际处，掌心空出，以便球拍能在手中运转自如。

2. 反　握

反握是用拇指和食指第一指节的指腹相对捏握在拍柄与拍面垂直的两个窄面处，其余手指顺势扣握，掌心空出，以便能灵活方便地用球拍做出各种复杂的技术动作。

（二）基本站位（以右手持拍为例）

以接抛身体右侧的来球为例。面向对方，左脚在前、右脚在后（反手位右脚在前、左脚在后），两脚自然开立，间距略宽于肩，两膝微屈略内扣，重心在两脚之间，脚跟稍提起，以前脚掌着地，髋关节放松，含胸收腹，上体略向前，平视前方，非持拍臂自然置于身体右前上方。（图 17–1–1）

正手位　　反手位

图 17–1–1

（三）发　球

发球是指比赛开始时把球抛向对方的动作。发球时，左脚在前、右脚在后，两脚自然开立，左手拿球，将球由身体的前方向后上方抛起至少 10 厘米。抛球的同时，右手持拍向前迎球；球入拍后，采用高入低抛的弧形引化动作，将球抛出。发球时，一只脚不得移位和脱离地面。出球点不限，但必须符合接抛球的基本规定。发出的球分为高远球、平快球和网前球三种。

1. 高远球

运行轨迹高而远，落点在对方场区底线附近的球，叫作高远球。发球时，发球队员将球引入球拍后，顺势做弧形引化动作，利用腿和腰的蹬转合力，以及手臂挥摆的力量，将球向上方抛起。球出拍的瞬间，出球点的拍框外缘要指向出球方向。

2. 平快球

平快球的运行轨迹较低、速度较快，具有一定攻击力。出球时的挥摆动作要以向前用力为主，发出的球从接近网口的高度直奔对方后场。发球时，动作一定要规范，用力要完整连贯，不能用肘或手腕在发球的后程突然加速、加力。

3. 网前球

发网前球时，用力要柔和准确，发出的球最好贴网而过，使球在过网之后立即坠落。网前球的落点应在对方比赛场地的近网处。

（四）正手接抛球

1. 正手接抛高球

正手接抛高球是指接球队员正握拍接抛身体右侧前上方的来球。接抛球时，根据来球的方向和速度及时调整站位，使接球点位于身体右前上方。持拍臂以肩为轴，向右前方伸出迎球。当球触及球拍后，迅速顺势经右后上方、右后、右后下方做弧形引化动作，从身体的右前下方将球抛出。球入球拍时应从球拍的侧框切入，并从入球点对面的侧框出拍。球出球拍的瞬间，出球点的球拍侧框应与出球方向保持一致，不要让拍头对向出球方向。注意身体要正，腿和腰要同时用力。（图 17–1–2）

图 17–1–2

2. 正手接抛低球

正手接抛低球是指接球队员正握拍接抛身体右侧前下方的来球。接抛球时，根据来球的方向和速度及时调整站位，使接球点位于身体右前下方。持拍臂以肩为轴，向右前下方伸出迎球。当球触及球拍后，迅速顺势向右后 45° 方向做弧形引化动作，经右前上方将球抛出。在弧形引化过程中，动作要连贯。入球时，全身协调用力。在球出球拍的瞬间，球拍的侧框指向出球方向。（图 17–1–3）

图 17-1-3

正手接抛球是使用最多的基本技术之一，学会容易学好难，尤其是正手接抛低球，是一项较难掌握的动作技术。找准手臂挥旋的圆心和半径，上下肢协调配合，是掌握这一技术的关键。

（五）反手接抛球

1. 反手接抛高球

接球队员正握拍，在身体左侧按逆时针方向完成弧形引化动作，即为反手接抛高球。接抛球时，根据来球的速度和落点及时调整站位，使接球点位于身体左前上方。持拍臂以肩为轴外旋，拇指在下，其余四指在上，向左前上方伸出迎球，使球拍的边框对向来球。当球触及球拍后，两脚蹬转，使力集中在腰部，由腰部带动持拍臂向左后下方做弧形引化动作，将球由右前下方向前抛出。（图 17-1-4）

图 17-1-4

2. 反手接抛低球

接球队员正握拍，在身体左侧按顺时针方向完成弧形引化动作，即为反手接抛低球。接抛球时，根据来球的方向、速度及时调整站位，使接球点位于身体左前下方。持拍臂以肩为轴，向左侧前下方伸出迎球，持拍手拇指在上，其余四指在下。当球触及球拍后，使力集中在腰部，由腰部带动持拍臂向左后上方做弧形引化动作，将球由右前上方向前抛出。（图 17-1-5）

图 17-1-5

（六）体前平弧球

体前平弧球是指接球队员在体前采用水平弧形引化方法接抛球的技术。体前平弧球可采用正握拍法，也可用反握拍法。此技术的引化动作是有支撑点、无实体轴的运动，因此动作缺少力量，但是运用形式变化多样。

1. 右拉球

接球队员正握拍，使接球点位于体前偏左侧。持拍臂前臂外旋，向左前下方伸拍迎球，使球拍的侧框对准来球方向，拍面与地面垂直，拍头对准地面。当球入球拍后，迅速在体前向右侧做水平弧形引化动作，并将球从身体右侧择向抛出。（图 17–1–6）

2. 左拉球

接球队员正握拍，使接球点位于体前偏右侧。持拍臂前臂内旋，向右前下方伸拍迎球，使球拍侧框对准来球方向，拍面与地面垂直，拍头对准地面。当球入球拍后，迅速在体前向左侧做水平弧形引化动作，并将球从身体左侧择向抛出。（图 17–1–7）

图 17–1–6

图 17–1–7

（七）背后接抛球

在实战中，背后接抛球是常用且效果较好的隐蔽动作，包括原地背后接抛球、上步背后接抛球、撤步背后接抛球动作。以原地背后接抛球为例，接抛球点位于身体的右侧，在持拍臂引球入拍后，两脚同时蹬转，身体围绕纵轴向右后方转动 90° 。持拍臂围绕身体顺势做弧形引化动作，使球经体后至身体左侧抛出。做引化动作时，拍头应稍微翘起，以免球失控脱落。（图 17–1–8）

图 17–1–8

（八）腋下接抛球

接球队员正握拍，接球点位于身体的右侧。在持拍臂引球入拍的同时，右脚向左前跨半步，身体向左转体约 90° ，侧对进攻方向，左臂屈肘上抬。引球入拍后，顺势向左后方引化，使球由左腋下向身后抛出。注意出球时，头部向前，目视出球方向。（图 17–1–9）

图 17–1–9

（九）腾空右侧旋球

正手站位。当球向身体右侧飞来时，右手持拍向右前下方伸拍迎球，同时以滑步调整站位。当被引球入球拍后，左脚侧蹬，以右脚支撑起跳，或两脚同时向右后上方蹬转，使身体在空中旋转，带动手臂、球拍及拍中的球，由身体右前下方经体后向上，再从身体的右上方向前画一条完整的弧线。在弧线的最高点处，将球沿弧线的切线方向甩出球拍，出球点的拍框外缘指向出球方向。注意起跳不是单纯的上跳，在向上跳的同时，要使身体获得在空中旋转的力量。（图17-1-10）

图 17-1-10

（十）腾空左侧旋球

反手站位。当球向身体左侧下方飞来时，右手持拍向左前下方伸拍迎球，同时以滑步调整站位。当球被引入球拍后，右脚侧蹬，以左脚支撑起跳，使身体在空中旋转，带动手臂、球拍及拍中的球，由身体的左前下方经体前向上，再从身体的右上方向前画一条完整的弧线。在弧线的最高点处，将球沿着弧线的切线方向甩出，出球点的拍框外缘一定要对准出球方向。起跳时需要蹬旋身体，使身体获得足够的旋转力量和速度，从而产生更大的惯性，以加快出球的速度。在旋转过程中，头要领先身体旋转，提前观察对方的防守情况，将球有目的地攻入对方场地空当。（图 17-1-11）

图 17-1-11

（十一）正手高点球

正手站位。当球向身体右侧飞来时，通过滑步使身体处于适当的位置，右手持拍向右侧前下方伸拍迎球，同时两脚蹬地，使身体原地向上伸展，或以左脚向上起跳。在起跳的同时，持拍臂以肩为轴，以球拍带球，从右前下方向右后、向上再向前画一条完整的弧线。在弧形引化到最高点时，将球沿弧线的切线方向，向前下方甩出。这项技术的特点是进攻点高，视野开阔，攻点准确。要注意在入球时加大持拍臂的旋转初速度，拉出力量，使动作连贯完整，一气呵成。（图 17-1-12）

图 17-1-12

（十二）腾空水平旋球

正手站位。当球快速向身体右侧上方飞来时，可以在腾空水平旋转的最高点对进攻球进行拦截，并顺势反击。具体动作方法为：两脚迅速蹬地，身体跳起，在空中完成围绕身体纵轴的水平旋转。在旋转的同时，右臂持拍向右侧上方迎球。当球被引入球拍后，以身体的旋转力量带动手臂、球拍及拍中的球，使球从身体的右后侧甩出。旋转时，拍头向上，球拍的持球面与身体的纵轴平行。出球时，注意球被甩出球拍的瞬间，拍框的外缘要对准出球方向；落地后迅速恢复至基本站位。（图 17-1-13）

图 17-1-13

三、柔力球的战术及战术原则

（一）战术打法

柔力球的战术打法近似于羽毛球、网球等运动项目。柔力球的球拍与球的接触有相对较长的过程，这就为打法的真假虚实变化、随机进行方向变化和力度大小变化，以及寻找合适的落点提供了可能性，同时也使柔力球的战术打法有了更多的选择。

柔力球技术改变了一般球类直接硬性碰撞的通常技法，以弧形引化、柔化刚发为其主要特点，要求身、心、球融为一体；在身体运动和运用器械的同时，充分发挥人的主观能动性和创造性，最大限度地增强技术的技巧性、准确性和时效性，以使对方判断失误，尽可能地降低对方的技术水平和战术质量，从而为战胜对方创造条件。在掌握一定的基本技术以后，练习者应加强战术意识的培养和战术运用的训练，从而逐步提高柔力球技战术的整体水平。

（二）常用战术

（1）压后场战术：遇到对方技术不够熟练、后场还击能力差、回球路线和落点选择盲目性强时，本方一般采用这种战术，即通过压对方于后场底线附近造成对方被动，然后伺机进攻得分。另外，在对方后退较慢、反击能力较差时，本方重复压后场底线或重复攻后场直线，适时突击对角线，往往能取得较好的效果。

（2）放前攻后战术：在对方移动较慢、网前应变能力差时，本方先吊放网前小球打乱对方的阵脚，然后突然攻击对方的后场底线。

（3）打四方球结合突击战术：当对方体力差、移动慢时，本方使用这种战术较为有效。这种战术讲求以快速、准确的落点攻击对方场区的四个角落，调动对方前后左右奔跑，并在对方来不及回位时，向其空当部位进攻。

（4）攻后吊前战术：本方先用长线高点进攻球压攻对方的后场，然后突然利用旋转时的速度变化或隐蔽技术手段将球吊向网前。

（5）真假变换战术：本方要充分利用弧形引化过程，用身体的假动作、眼神等调动对方，真真假假，虚虚实实，让对方捉摸不定，疲于应付，从而可以攻其不备而得分。

（6）追身球：裆部到头部之间是正反手接抛球困难的区域，也是防守的弱点。本方可用追身球直指对方胸前，使对方接抛球困难或致其直接失误。

（三）双打战术

（1）攻人战术：在双打中，本方集中力量攻击对方两名队员中技术较弱的一个，尽量使对方的优势得不到发挥，从而使其弱点更充分地被暴露。

（2）攻间隙战术：当对方两名队员分边站位时，本方可将球尽可能地攻到两人之间的空隙，造成对方因争夺回击或犹豫不决而漏接失误，这是对付配合较弱的对手的有效战术。

（3）拉开掩护：在双打中，本方一人接抛球时，另一人积极跑位，拉开掩护，用准备接球进攻的行动吸引对方防守队员，为本方接球队员的进攻创造机会。

技术是战术的基础，战术是技术的灵魂，二者相辅相成。在运用战术时要注意技术的合理性，如求快时不可撞击或省略引化，求慢时不可停顿或持球引化，追求方向时不可折向，追求杀伤威力时不可二次发力。一次战术运用，往往能为下一次战术的运用创造机会。赛场情况千变万化，战术运用要灵活多变，不断有所创新和发展，这样才能将柔力球打出特色，打出品位。

（四）战术原则

（1）知己知彼，百战不殆。首先要了解自己，然后要掌握对方的身体情况和技战术特点，并且针对场上可能出现的情况，设计出多种可行的战术。做好赛前准备，在比赛中掌握主动权，控制场上局面，并根据情况调整战术。

（2）以己之长，克敌之短。比赛中要攻防结合、打吊结合，精心做好攻防动作的衔接和组合，强调攻防的一体性和进攻的连续性。

（3）双打中要发挥两名队员的技战术优势，正确选位，合理分工，默契配合，以形成最佳的攻防体系；在规则允许的范围内运筹谋划，细心果断。

（4）以柔克刚，后发制人。在柔力球训练和比赛中要着重强调松、柔，避免力取、蛮干。在实战中强调虚实的把握，刚中有柔、柔中寓刚、以柔克刚，最后达到刚柔相济、忽刚忽柔、亦刚亦柔的境界，巧妙地控制场上的节奏和进退分寸，从而赢得比赛的胜利。以平和的心态对待比赛，处理好每一个球，减少自身的失误和违例，这样才能更好地掌握场上的主动权。在柔力球比赛中更多体现的是双方心理素质的抗衡，如果在比赛之中没有争斗之心，把对手当朋友，心态平和，心、意、形相通，球就会随心而发，变化多端。这样，通过比赛，既交流了情感，切磋了技艺，也愉悦了身心。当然有比赛就会有胜负，在此强调的是比赛心态的重要性。

第二节 毽 球

一、毽球概述

（一）起源与发展

毽球是一项新兴的运动项目，是由我国古代的民间踢毽子游戏演变而来的，且在踢毽子游戏的趣味性、观赏性、健身性基础上增加了对抗性，是一种隔网相争的运动项目。国家体育运动委员会（1998 年改组为国家体育总局）于 1984 年批准将毽球列为全国正式比赛项目，并制定了《花毽竞赛规则》。中国毽球协会成立后，于 1997 年出版了《毽球竞赛规则与裁判法》，进一步促进了毽球的发展。

（二）特点与功能

1. 特　点

（1）观赏性：毽球是一项竞技性强，且十分吸引人的运动项目。毽球运动要求参加者具有熟练、准确、细腻的技巧，同时，毽球运动展现了快速多变、激烈反复的对抗过程，具有较强的观赏性，因而吸引了众多的观众和练习者。

（2）群众性：毽球易于开展，活动场地可大可小，活动时间可长可短，男女老少均可参加，普及性很强。

2. 功　能

（1）提高身体素质，增强体质。毽球的技法以踢、触为主，可用头、脚及身体其他部位接球，但不能用手臂接球，其打法类似于排球。经常参加毽球运动，可以增强心脏功能，增大肺活量，锻炼神经系统，提高机体功能水平和代谢能力，使身体协调性和柔韧素质进一步得到全面锻炼，以达到增强体质的目的。

（2）培养团结协作的集体主义精神。毽球是集体比赛项目，不管是在进攻还是防守过程中，全体队员都要相互配合、齐心协力、各司其职。因此，毽球能够培养练习者团结协作的集体主义精神和勇敢顽强、积极果断等优良品质。

（3）提高心理素质。毽球的娱乐性和趣味性比较强，因此它能够调节练习者的心态，使人身心愉悦，缓解心理压力和精神焦虑，特别是在增进人际关系协调方面效果明显。

（4）有利于继承和发扬传统文化。毽球是我国独有的民族体育运动项目之一，它同武术一样，是应该加以挖掘、整理、继承和发展的。开展毽球运动，能够彰显我国民族体育的独有特色，增强民族自豪感，对继承和发扬我国民族文化遗产有促进作用。

二、毽球基本技术

（一）准备姿势

准备姿势主要有两种形式，即左右开立准备姿势和前后开立准备姿势。

1. 左右开立准备姿势

两脚左右开立，间距比肩略宽，两膝微屈内扣，两脚脚跟提起，着力点在前脚掌内侧，身体前倾，重心前移；两臂于体侧自然弯曲。（图 17–2–1）

2. 前后开立准备姿势

两脚前后自然开立，相距一脚长距离，膝关节稍屈，两脚脚跟提起；两臂于体侧自然弯曲。（图 17–2–2）

图 17-2-1

图 17-2-2

（二）发球技术

发球技术可以分为侧身脚背发球、脚背正面发球、脚内侧发球等。

1. 侧身脚背发球（高位发球）

以右脚踢球为例。侧身对网，右手持球。向斜上方抛球的同时，左脚向前上一步，右腿以大腿带动小腿向上摆起，右脚脚背绷直，转胯，用脚背将球击打过网。

2. 脚背正面发球（低位发球）

以右脚踢球为例。正面对网，右手持球，右腿后撤一步的同时向前轻抛球，右腿以大腿带动小腿向前摆起，右脚脚背绷直击球，击球点不超过膝关节。

3. 脚内侧发球

以右脚踢球为例。向侧前方轻抛球，髋关节、膝关节外翻，右腿屈膝向前摆动，踝关节绷紧。当球落至与膝关节相近高度时，用脚内侧将球击出。

（三）踢球技术

1. 脚内侧踢球（盘踢）

以右脚踢球为例。左脚站立，右腿以大腿带动小腿向前上方摆动，用脚内侧部位击球。

2. 脚背正面踢球（绷踢）

以右脚踢球为例。左脚站立，右脚主动插入球下，利用适度的伸膝与踝关节背屈的协调勾脚动作将球向上踢起。

3. 脚外侧踢球（拐踢）

以右脚踢球为例。左脚站立，右腿小腿外翻，快速上抬，用脚外侧部位击球。

（四）攻球技术

1. 腾空前踏球

击球前，起跳腿蹬地起跳，摆动腿以大腿带动小腿迅速上摆；击球瞬间，前脚掌快速下压击球。

2. 头顶球

首先判断来球的方向及落点，上体后倾。顶球时，上体由后向前摆动，腰腹部和颈部快速摆动，用额头部位击球，将球攻入对方场区。

三、毽球基本战术

（一）进攻战术

毽球的进攻战术主要有三种阵型，即“一二”阵型、“二一”阵型和“三三”阵型。（图 17–2–3）

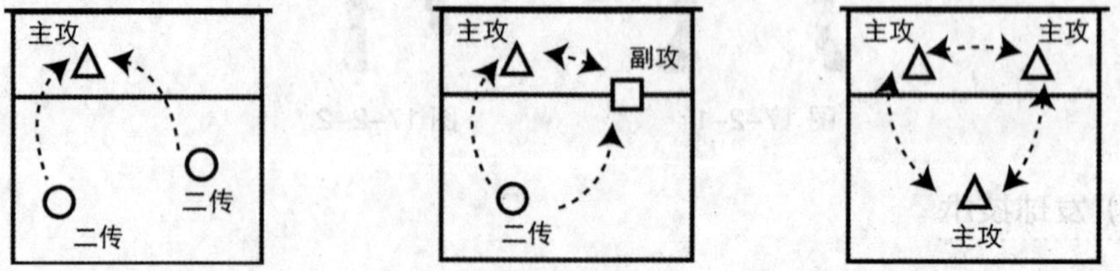

“一二”阵型　“二一”阵型　“三三”阵型

图 17–2–3

1. “一二”阵型

“一二”阵型就是 3 名场上队员中有 1 名主攻手和 2 名二传队员。运用此阵型时，主攻手一般不参与接发球，2 名二传队员交替接发球和做二传。这种战术的进攻特点是分工明确、稳而不乱，尤其适用于主攻手身材高大，擅长打“中一二”“两次进攻”等高举高打打法的运动队采用。

2. “二一”阵型

“二一”阵型就是 3 名场上队员中有 1 名主攻手、1 名副攻手和 1 名二传队员。这种阵型配备适用于倒勾球、脚踏球攻击力较强和传球水平较高的运动队。

3. “三三”阵型

“三三”阵型就是 3 名场上队员中，任何一名队员既是攻球手又是二传队员。在“三三”阵型中，场上队员的接球站位一般呈倒三角形，任何一名队员在接到球后随时都可以组织两人以上同时参与进攻。这种阵型可以打出掩护交叉战术，也可以打出“快攻”“背溜”“双快”“掩护”等较复杂多变的战术进攻球。

（二）防守战术

拦网战术是一种重要的防守战术，是破坏对方进攻并组织反击的重要手段，在比赛中可发挥重要的作用。运用拦网战术时，应根据对方进攻的不同特点决定本方的防守阵型。拦网战术一般分为单人拦网、双人拦网和全防守战术三种形式。

1. 单人拦网

单人拦网又称“一拦二防”战术，即在 3 名防守队员中，1 名队员在网前拦网，2 名队员在其身后分区防守（图 17–2–4）。这种战术一般在对方进攻威力不大、变化不多时采用，也常常在拦快球时被迫运用。单人拦网时，拦网队员一定要判断准确，把握好起跳时机，用身体堵防攻球点，拦住攻手主要且威胁大的进攻路线，其余 2 名防守队员可在其身后平行落位防守或一前一后防守。这种封线分防的特点是有两道防线，网上拦网封线路，网下中场防落点，拦防结合，有利于反击。

2. 双人拦网

双人拦网又称“二拦一防”战术或“二一”防守战术，即在 3 名场上队员中，有 2 名队员在网前拦网，1 名队员在场区中后区防守（图 17-2-5）。当对方进攻力量强大且有多条进攻线路时，本方可采用双人拦网战术。这样，不论对方在哪一个位置进攻，本方均有两人起跳拦网。防守队员应站在拦网队员身后中间位置，可靠前，也可靠后，以加强保护与防守。这种封线补防的特点是网上强行拦网封堵线路，网下保护补空缺，拦防互补，上下配合；既可在网上争先抑制对方进攻，又可在网下补空，防住对方的进攻变化，变被动为主动。

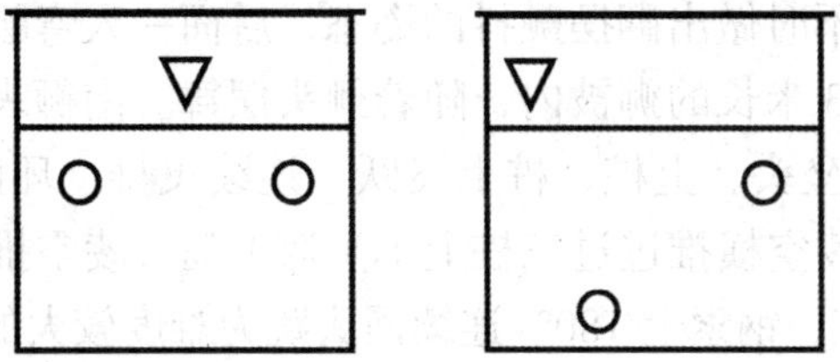

图 17-2-4

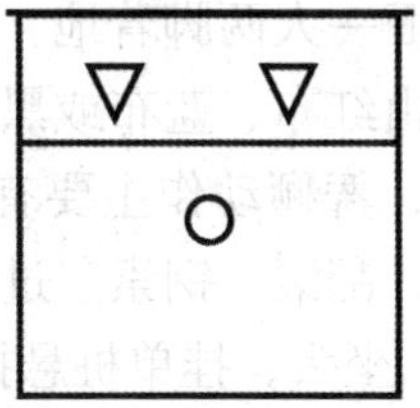

图 17-2-5

3. 全防守战术

全防守战术是水平一般球队较少采用的一种战术，主要在对方进攻威胁性不大，本方基本技术熟练、防守能力很强、队员脚步移动比较灵活时采用。此战术可以不拦网。

第三节　舞龙舞狮

一、舞龙舞狮概述

（一）舞　龙

对于中华民族来说，龙是祥瑞的象征。与之相关的舞龙风俗也由来已久，距今已有 2000 多年的历史。有史料考证，舞龙祈雨早在先秦时期就开始流行，到了汉代已具有相当规模，且各地风格各异、独具特色，形式也十分讲究。

到了近代，随着华人的迁移，舞龙习俗传播到了世界各地。当今凡有华人聚居的地方，每到庆典和佳节均有舞龙助兴。舞龙作为中华民族的传统文化，也逐渐为世界各国所接受，进而演变为颇具特色的舞龙运动。舞龙运动不但场面壮观，具有很强的观赏性，而且对提高练习者的协调素质、灵敏素质、力量素质、耐力素质等身体素质均大有益处。

1995 年 4 月，全国首届舞龙比赛在北京举办。中国龙狮运动协会成立后，舞龙逐渐发展为竞技舞龙。2001 年，国际龙狮总会（2006 年更名为国际龙狮运动联合会）制定并发布了《国际舞龙舞狮竞赛规则、裁判法》，进一步推动了世界各国舞龙运动的蓬勃发展，并使舞龙运动在保持传统风格的基础上，走上了规范化、科学化和国际化的轨道。

舞龙的主要道具是用草、竹、木、纸、布等扎制而成的龙。龙的节数以奇数为吉利，多见9节龙、11节龙、13节龙，多者可达29节。15节以上的龙体大而重，不易舞动，主要用来观赏，这种龙特别讲究装潢，具有很高的工艺价值。

舞龙是指手持龙珠、龙头、龙身和龙尾，在音乐伴奏下以大幅度的舞动来表现龙的各种腾跃加滚翻。珠引龙走，龙跟珠行，节节相随，快慢有序，形成各种巨龙腾跃的优美形态。

（二）舞　狮

舞狮有南狮和北狮之分。南狮又称醒狮，以广东狮最具代表性。表演时，两人扮一狮，前面一人两脚着地，两手举狮头，不时做出翻摆颤抖的姿态；后面一人弯腰屈背藏于一块由红布、蓝布或黑布制成的2～3米长的狮被内，随着狮头摆舞。南狮表演较注重形象，舞狮动作主要有上腿、站肩、坐头、上桩、桩上飞跃、连续飞舞、环回快走、壁虎功、翻滚、钢索、过桥等。其中，凌空横推进过三桩上单（双）腿、凌空推进接转体180° 坐头、挂单桩悬挂接横跃钳双桩、钢索上180° 连续回头跳为难度较大的动作。

北狮相传是在约1500年前由胡人从西域传到中原的。北狮的狮身为全身覆盖型，扮狮的队员衣裤应作为狮子的肢体（即狮子的前后腿），服饰要与狮毛的颜色一致，且覆盖狮毛状装饰物，鞋为狮爪型面覆盖。舞狮时，由两人合作扮狮，一般为4人扮两头狮，还有一人手持彩球，配以京鼓、京钹、京锣等乐声引狮子起舞。北狮的舞狮动作主要包括上肩、上腿、飞跃、回转、翻滚、倒立、接抛球等，以及引狮员的翻、腾、滚、跃等动作，双狮还要配合做造型。其中，梅花桩上站肩，狮头、狮尾双单足，连续飞跃3.5米以上接上腿，狮上坛子，引狮员上狮身旋转360°，高台、梅花桩上倒立，高台、梅花桩接抛球等为难度较大的动作。

二、舞龙舞狮基本技术

（一）舞龙的基本技术

舞龙的技术动作主要分为五大类，即8字舞龙动作、游龙动作、穿腾动作、翻滚动作和组图造型动作。根据动作完成的难易程度，舞龙动作又可划分为A级难度动作、B级难度动作和C级难度动作。

1. 8字舞龙动作

8字舞龙动作是指舞龙者将龙体在人体左右两侧交替做8字环绕的舞龙动作。8字舞龙动作包括原地8字舞龙（图17-3-1）和行进间8字舞龙（图17-3-2），可以根据伴奏锣鼓的节奏做快慢变化；或充分利用舞龙者的身体姿势变化，如在单跪、靠背、跳步、抱腰、绕身等身体姿势下，做各种不同的8字舞龙。做8字舞龙动作时，龙体的运动轨迹要顺畅、圆润，龙体的各种造型姿势要优美。快速舞龙要突出速度、力量，并保持龙体运行轨迹流畅。做8字舞龙动作时，动作不圆顺，队员的速度不一致，龙体运动与人体运动不协调、不统一等都会造成人龙脱节、龙体触地、舞动速度太慢等问题。

图 17-3-1

图 17-3-2

2. 游龙动作

游龙动作是指舞龙者在快速奔跑游走过程中，通过龙体的时高时低、时左时右、时快时慢的起伏行进，充分展现龙的辗转回旋、左右盘翻、屈伸绵延等动态特征。游龙动作主要包括直线行进、曲线行进、走圆场、起伏行进、行进中越障碍等。龙体在行进中应呈圆弧或曲线状，舞龙者应随龙体协调地起伏行进。（图 17-3-3）

图 17-3-3

3. 穿腾动作

穿腾动作包括穿越和腾越两种方式。龙体运行线路呈交叉形式，龙珠、龙头和龙身各节依次从龙身下穿过，称为穿越。龙珠、龙头和龙身各节依次从龙身上越过称为腾越。穿腾动作主要包括穿龙尾、龙穿身、越龙尾、首尾穿肚、穿尾越龙身、腾身穿尾、龙脱衣、龙戏尾等。在做穿腾动作时，龙形应保持饱满，舞龙动作应流畅、不停顿，速度应均匀，同时使龙身不拖地，且不碰踩龙身。

4. 翻滚动作

当龙身运行到舞龙者脚下时，舞龙者利用滚翻、手翻等动作从龙身上方越过，称为滚翻动作。在做滚翻动作时，舞龙者必须在不影响龙身运行速度、幅度和美感的前提下及时完成。翻滚动作应干净利索、规范准确，并保持龙身运行轨迹流畅圆顺、龙形饱满。

5. 组图造型动作

组图造型动作是指龙体在运行过程中组成活动的图案和相对静止的龙体造型。要求动态图案画面清晰；静态造型形象逼真、以形传神、以形传意，与龙珠配合协调。组图造型的连接和解脱要紧凑、利索。组图造型动作主要包括龙门造型（图 17-3-4）、塔盘造型（图 17-3-5）、龙出宫造型、龙舟造型、上肩高塔造型、龙尾高翘、组字造型、大横 8 字花慢行进等。

图 17-3-4

图 17-3-5

（二）舞狮的基本技术

1. 狮头的握法

（1）单阴手：单手握狮头，手背朝上，拇指托狮舌，其余四指握在狮舌上方。

（2）单阳手：单手握狮头，手心朝上，拇指托狮舌，其余四指下托狮唇，并且握住狮舌中间或一侧部位。

（3）双阴手：握法与单阴手相同，只是用两手握于狮舌两侧口角处。

（4）双阳手：握法与双阴手相反，两手拇指在狮唇上方口角处，其余四指下托狮唇。

另外，根据舞狮神态表演的需要还有开口式、闭口式等狮头握法。

2. 狮尾的握法

（1）单手握法：舞狮尾者一手拇指插入舞狮头者的腰带，其余四指轻抓腰带；另一手可做摆尾等动作。

（2）双手握法：舞狮尾者双手拇指插入舞狮头者的腰带；做各种动作时，其余四指应紧握腰带。

3. 基本步法

（1）上步和退步：两脚平行站立，左（或右）脚向前进步，另一只脚跟上，即上步（图 17-3-6）；反之为退步。

（2）侧步：包括左侧步和右侧步。两脚平行站立，左（或右）脚向左（或右）侧进一大步，另一只脚跟上，即左（或右）侧步。（图 17-3-7）

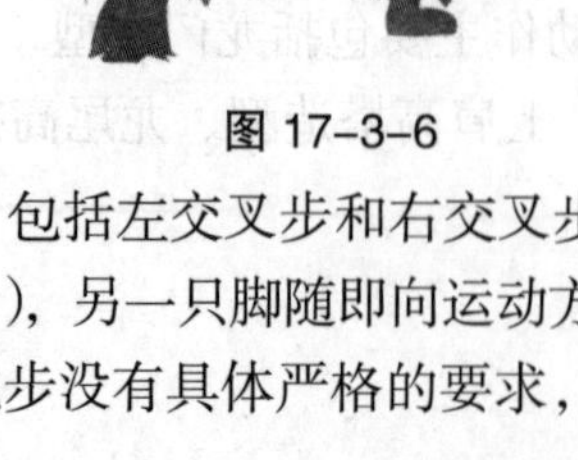

图 17-3-6

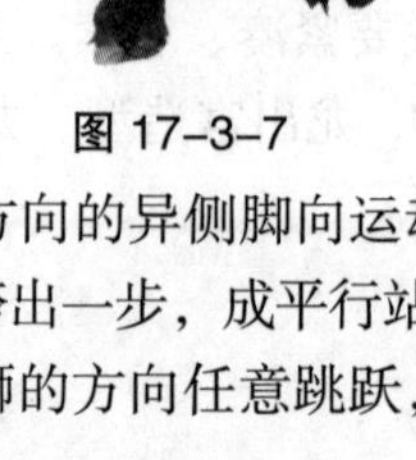

图 17-3-7

（3）交叉步：包括左交叉步和右交叉步。移动方向的异侧脚向运动方向一侧跨出一大步（经两腿交叉），另一只脚随即向运动方向一侧跨出一步，成平行站立。（图 17-3-8）

（4）跳步：跳步没有具体严格的要求，可随舞狮的方向任意跳跃，可单脚跳，也可两脚跳。

除以上步法外，舞狮的基本步法还有单跳步、跨跳步、击步、碎步、并脚直立跳、双飞脚、打转身等。

4. 舞狮的基本动作

（1）摇头摆尾：两人站在原地，舞狮头者不断地将狮头东摆西摇，舞狮尾者随狮头的摆动协调地进行摆尾。（图 17-3-9）

图 17-3-8

图 17-3-9

（2）叩首：两人一组，舞狮头者将狮头持于头上，用小碎步快速向前跑动，在跑动的过程中将狮头举起，并不停地左右摇头和眨眼；舞狮尾者低头塌腰，两手搂住舞狮者的腰部，用小碎步或左右摆尾跟随行进。之后两人用同样的小碎步动作退回，相互配合做狮子叩首动作。动作方向为先左后右，最后向中间叩拜。叩拜时，下肢伴随做小跳步动作。

（3）翻滚：两人一组，舞狮尾者抓住舞狮头者腰的两侧，身体重心下降，屈腿半蹲，一只脚用力蹬地，向一侧滚动；滚身时，舞狮头者须将狮头举高。

第四节 龙 舟

一、龙舟概述

龙舟就是画有龙的图案或做成龙的形状的船。赛龙舟是中国民间传统水上体育娱乐项目，多在喜庆节日举行，是一种多人集体划桨竞赛。赛龙舟不仅是一种体育娱乐活动，更体现出了我国人民的爱国主义精神和一脉相承的集体主义精神。

（一）龙舟的起源

提起龙舟，人们自然会想到屈原。其实，龙舟的出现比屈原生活的战国时期要早得多。据专家考证，龙舟竞渡最早出现在产稻米和多河港的地区，这正是我国南方地区的特点。古代典籍中有关龙舟起源的记载最早可追溯至东汉时期。据此可以推测，端午节赛龙舟的习俗最初可能只在长江下游吴越地区流行，后来吴越文化逐渐和中原文化交流融合，这种习俗才得以传到长江上游和北方地区。

（二）中国龙舟的发展

龙舟于1983年被列为全国正式体育竞赛项目，同年举办了第1届“屈原杯”全国龙舟赛。1985年，中国龙舟协会成立，结束了长期以来中国龙舟运动“群龙无首”的局面，开启了中国龙舟运动发展的新纪元。30多年来，中国龙舟运动由我国长江以南地区不断向北方扩展，“南舟北移”规划使龙舟运动在我国得到了长足的发展。

二、龙舟基本技术

（一）划手技术

龙舟技术

1. 选　桨

划龙舟的桨由重量轻、韧性强的碳铝合金材质制成。握桨时应感觉舒适，握桨处以前后成椭圆状为好。通常以划手的身高决定划桨的长度，划手的身高与桨长的对应关系见表18-4-1。

表18-4-1　划手的身高与桨长的对应关系

划手身高	桨　长
1.80米以上	1.25米
1.76～1.80米	1.20米
1.71～1.75米	1.15米
1.65～1.70米	1.10米

2. 坐　姿

髋关节紧贴船舷，外侧脚紧蹬前隔舱板底部，采用转体技术法。在划高桨频时，内侧腿放前侧、放后侧、放内侧均可，这样可充分发挥腿部大肌肉群的力量。

3. 握　桨

握桨的方法应根据划桨操作的位置而定。如果是右舷划桨，则划桨队员的左手应握在手柄上，作为高位手；右手握在桨把的下端，作为低位手。两手不要握得太紧，稍放松。左舷划桨时，左右手的位置与右舷划桨相反。

4. 插　桨

两手放松握桨，桨从前方队员腋下伸出，低位手尽量向前伸直，向左转体；高位手屈肘握桨于头正前靠右上方，外侧腿弯曲。从侧面看，桨杆紧靠船舷，与水平面成45°角入水。

5. 拉　桨

发力应从腰部开始，高位手保持稳定支撑，用适度的力往下压，使桨稳稳地抓住水。低位手的中指、无名指、小指开始紧握桨杆，直臂拉桨。拉桨发力时，桨叶与水平面之间的夹角为50° ～52° 。

6. 出　桨

桨拉至膝关节位置时，不再向后拉，提桨出水。两手向上提桨出水的同时，高位手向上、向内、向前随身体转动提桨出水。

7. 回　桨

出桨之后，两手放松握桨，腿部、腰部、背部、肩部、臂部放松，桨下缘贴近水面，桨叶外侧边缘朝侧前方，向前小弧度到达插桨位置。回桨不要提得太高或弧度太大，如遇风大浪高时，可适当提高桨的高度。

（二）鼓手技术

鼓手是全队最重要的人物。比赛时，一个队的实力能否正常发挥，在很大程度上取决于鼓手。拥有一个好的鼓手，全队就有希望划出好成绩。鼓声应一声重，一声轻，重桨入水，轻桨出水。鼓声力度大、节奏快，能有效提高划手中枢神经系统的兴奋性，调动其情绪，使之奋力划进。

（三）舵手技术

舵手对全队的成绩有重要影响。拥有一个好的舵手，有助于增强全队的信心。舵手技术是龙舟技术的重要组成部分。船能否走得直、船速是否快都与舵手有关系。

1. 舵手的年龄与身体形态要求

舵手年龄以 25 ～ 40 岁为宜。年龄太小，心理素质较差，可能难以承受比赛时的压力；年龄太大，可能难以满足训练与比赛的体能需要。如果年龄小，但心理素质较好，或有比赛经验，头脑灵活、反应快，也可予以考虑。对舵手的身体形态要求见表 18-4-2。

表 18-4-2　舵手的身体形态要求

指　标	男　子	女　子
身　高	1.65 ～ 1.70 米	1.55 ～ 1.60 米
体　重	50 ～ 55 千克	45 ～ 50 千克

2. 舵手专项技术

（1）点式技术：舵入水中很快就提出水面的技术称为点式技术。这种技术适于龙舟在行进过程中方向改变较小时采用。舵手应全神贯注，并能非常敏锐地感觉到船体方向的微小变化。当船稍微有点偏航时，采用点式技术效果较好。

（2）拨式技术：当船偏航角度较大时，舵手选定水中一个点，迅速下桨朝相反方向横向拨桨打舵的技术称为拨式技术。水中的这一点应根据船偏航的情况灵活选择。此技术主要在风平浪静的情况下，用于龙舟掉头、靠岸，以及在进入航道时摆正航向。

（3）拖式技术：船在行驶中，舵叶始终在水中控制方向的技术称为拖式技术。此技术在民间广为采用，它能有效地控制方向，比较稳定，但因船舵长时间拖在水中，对船的速度影响较大，故不建议在比赛中采用。

原则上，舵手不论采用何种技术，都应以不影响船速为原则。

3. 对舵手的要求

起航前舵手应使龙舟对正航道，起航时不要下舵桨；控制好船与船之间的距离，避免串道；熟知训练场和赛场水域的情况；注意风向，要有良好的辨别风向和感知风力等级的能力，要熟知不同的风向对龙舟泊船与行进的影响。

4. 龙舟偏航的原因

龙舟偏航一般由以下因素导致：左右划手总体重、总力量的差别太大；左右划手在技术上的差别太大；划手重心控制不好，重心在外，导致船不稳定；左右划手没有靠近船舷边下桨，产生了分力；风向、水流、暗流、漩涡、侧浪等的影响；舵桨支点松弛，舵叶无法正常施力。

（四）配合技术

1. 核心人物

一支龙舟队应有一位核心人物，没有核心人物的龙舟队如同一盘散沙，缺乏战斗力。教练员在组队初期就应物色一位有威信、有凝聚力、能准确理解自己意图、能协助自己完成训练和比赛任务的得力助手。这一核心人物通常为领桨手。

2. 领桨手的身体形态与素质要求

（1）身体形态要求见表 18-4-3。

表 18-4-3 领桨手的身体形态要求

指　标	男　子	女　子
身　高	1.70 ～ 1.75 米	1.65 ～ 1.70 米
体　重	70 ～ 80 千克	60 ～ 70 千克

（2）素质要求：领桨手通常是全队最出色的队员。领桨手的力量素质、耐力素质应突出，节奏感、速度感要强，水感要好，能有效地控制桨频。

3. 桨位安排

任何一支龙舟队，在刚下水训练时，都面临着桨位安排的问题。桨位的安排对一个队的成绩具有重要影响。在桨位安排的问题方面，教练员应注意以下几点。

（1）在安排桨位前，应对所有队员进行一次身体形态、身体素质和身体机能的测试。

（2）熟知每个桨位需要何种身体形态和身体素质的队员。

（3）应安排“左撇子”划左桨。但“左撇子”毕竟少，还需要很多习惯使用右手的队员划左桨，可安排右桨技术差的队员划左桨。左划手与右划手在总体重、总力量方面的差距越小越好。后 5 个桨位应与前 5 个桨位划手的总体重接近，或稍重于前 5 个桨位，这样可降低偏航的风险。

（4）1 号桨位要安排力量大、耐力素质好、节奏感突出、速度感强，但拉桨速度并不一定很快的、个头稍矮的队员。

（5）4 号桨位应安排拉桨速度快、插桨抓水比较稳的队员。

（6）5 号桨位应安排技术最差、水感最差、体能最差，尤其是下桨带入气泡较多的队员。

（7）5 号桨位与 6 号桨位之间是锣手的位置，应空一个桨位。如果竞赛规程没有要求必须安排锣手，桨位安排应尽量紧凑，中间不留空桨位，这样可使动力更为集中。

（8）6号桨位是第二领桨手，故6号桨位应安排手臂较长、体重大、技术好、拉桨速度快的队员。7号桨位可安排与6号桨位相比稍次之、技术稍差的队员。

（9）9号、10号桨位是非常重要的桨位，应安排手臂较长、坐高较低、力量较大、头脑灵活、反应快、善于帮助舵手控制方向的队员，其技术要求不高。

4. 划手间的整体配合技术

一个队若配合技术较差，即使个个队员都很出色，它仍然是一支没有希望的队。

（1）从上往下看：所有划手均应靠船舷发力，除1号、2号、10号划手的划水路线不在一条直线上外，其他划手的划水路线均应在一条直线上，成为两条并行前进的直线。

（2）从侧面看：所有划手应同时下桨（图17–4–1），同时出桨，下桨角度一致，不拍水，不带水花。

图 17–4–1

（3）从前往后看：插桨时，全体划手的重心在船舷边；回桨时，全体划手的重心在舱内。在插桨、拉桨、出桨、回桨的整个过程中，桨弧应一致，桨杆角度一致。

（4）7～10号桨位队员要把力量传递上去。

（5）前面的划手在桨入水时不要拍水，桨出水时桨叶不要往上挑，否则桨叶扬起的水花可能会使后面的划手无法睁眼。

（6）注意力集中，眼睛盯住前方下桨位置。

（7）在整个训练与比赛过程中，桨与人应合为一个整体，人与船也应合为一个整体。

5. 鼓手与划手的配合技术

鼓手击鼓传递的信息，事先应与划手约定好，如平桨、举桨、停桨、预备、冲刺、进入航道、提高与降低桨频、转向与掉头等。1号划手要与鼓手密切配合。对于体力分配、速度快慢、用力大小、桨频高低，1号划手的感觉最敏锐，他应时时将感觉反馈给鼓手，提醒鼓手击鼓频率是升或是降。鼓手与划手应随时保持信息的传递和沟通。划手心里要有鼓点，下桨抓水要恰好落在鼓点上。

6. 舵手与划手的配合技术

龙舟在行驶中如遇有横浪、大风大浪等特殊情况，仅靠舵手一人难以使船处于理想状态，这时就需要舵手与划手之间协调配合。目前，以下两种技术较为常用。

（1）向左转：当船向右偏而要使船向左行进时，左前桨1号、2号、3号划手与右后桨8号、9号、10号划手同时由外向内拉，舵手可同时采用拨式技术。

（2）向右转：当船向左偏而要使船向右行进时，右前桨1号、2号、3号划手与左后桨8号、9号、10号划手同时由外向内拉，舵手可同时采用拨式技术。

（五）起航技术

良好的开端是成功的一半。每次比赛时，起点是出问题最多的地方。因此，起航技术尤为重要，对短距离赛来说更是如此。起航是否成功，取决于全队的技术配合情况和全体队员的比赛经验。

1. 无风浪时的起航技术

（1）鼓手应指挥龙舟进入航道的速度和方向，由1号、2号划手控制龙舟进入航道的速度，使龙舟置于航道正中。

（2）鼓手应注意指挥全队，使龙舟与相邻的龙舟保持适当的距离，由1号、2号、3号划手控制好龙舟，使龙头位于起点线后。

（3）起航前全体队员不可东张西望、分心分神。

（4）当听到出发信号后，划手充分运用腰、背、肩等部位大肌肉群的力量，配合蹬腿，直臂拉桨。

（5）起航时，前5桨划距要大，拉全桨。

2. 有风浪时的起航技术

（1）顺风起航时，所有的划手可适当减小前倾的幅度，舵手可站立打舵，以身体作帆，利用风力起航，增加动力。

（2）逆风起航时，所有的划手身体应尽量前倾，舵手身体坐低打舵，以减小风的阻力。

（3）在遇有左前侧风或右后侧风的情况下，泊船时应将船向右摆，由左后8号、9号、10号划手严格控制泊船的角度和方向。